As boas famílias
e os outros

As elites de São Paulo
e a greve geral de 1917

Conselho Acadêmico
Ataliba Teixeira de Castilho
Carlos Eduardo Lins da Silva
Carlos Fico
Jaime Cordeiro
José Luiz Fiorin
Tania Regina de Luca

Proibida a reprodução total ou parcial em qualquer mídia
sem a autorização escrita da editora.
Os infratores estão sujeitos às penas da lei.

A Editora não é responsável pelo conteúdo deste livro.
O Autor conhece os fatos narrados, pelos quais é responsável,
assim como se responsabiliza pelos juízos emitidos.

Consulte nosso catálogo completo e últimos lançamentos em **www.editoracontexto.com.br**.

As boas famílias e os outros

As elites de São Paulo e a greve geral de 1917

José Roberto Walker

Copyright © 2024 do Autor

Todos os direitos desta edição reservados à
Editora Contexto (Editora Pinsky Ltda.)

Foto de capa
Trabalhadores com bandeiras vermelhas
na greve geral de 1917, descendo a ladeira do Carmo.
(Foto anônima publicada originalmente na revista
A cigarra em 26 de julho de 1917)

Montagem de capa e diagramação
Gustavo S. Vilas Boas

Preparação de textos
Lilian Aquino

Revisão
Ana Paula Luccisano

Dados Internacionais de Catalogação na Publicação (CIP)

Walker, José Roberto
As boas famílias e os outros : as elites de São Paulo
e a greve geral de 1917 / José Roberto Walker. –
São Paulo : Contexto, 2025.
256 p.

Bibliografia
ISBN 978-65-5541-487-5

1. Greves e lockouts – São Paulo – História – Séc. XX. I.
Título

24-5786   CDD 981.05

Angélica Ilacqua – Bibliotecária – CRB-8/7057

Índice para catálogo sistemático:
1. Greves e lockouts – São Paulo – História – Séc. XX

2025

EDITORA CONTEXTO
Diretor editorial: *Jaime Pinsky*

Rua Dr. José Elias, 520 – Alto da Lapa
05083-030 – São Paulo – SP
PABX: (11) 3832 5838
contato@editoracontexto.com.br
www.editoracontexto.com.br

*... o historiador não é aquele que sabe,
mas aquele que procura.*

Lucien Febvre

Sumário

INTRODUÇÃO 9

SÃO PAULO SE ENCONTRA COM O SÉCULO XX 15
As ruas se agitam 15
Um cenário em construção 22
O nascimento da metrópole 48
A novidade da vida urbana 52

OS NOVOS PERSONAGENS 73
As boas famílias 73
Os industriais 94
Os operários 107

A GREVE DE 1917 NA IMPRENSA PAULISTA 115
Greves não eram novidade 115
O ano em que tudo mudou 123
A greve 134

AS BOAS FAMÍLIAS E OS OUTROS 193
As elites 195
Os industriais e os seus conflitos 196
A resposta das elites 200
Pobres, operários, classe operária 201
Poder público, ordem pública 203
No Palácio 205
O papel dos anarquistas 206
Riscos reais 209
As elites e os novos-ricos, um resumo literário 209

EPÍLOGO 215

Notas 225
Fontes e Bibliografia 243
O autor 249

Introdução

Em 1917, São Paulo foi sacudida por um movimento popular de amplas proporções que surpreendeu os seus habitantes. Entre 9 e 15 de julho, durante 7 dias frenéticos, os operários das indústrias paulistanas foram capazes de paralisar primeiro as suas fábricas, e depois toda a cidade. Ao longo dessa semana, os serviços públicos e particulares foram sendo paulatinamente interrompidos até que a cidade praticamente parou. Não havia bondes, o pão e o leite não foram distribuídos, os telefones não funcionavam, faltou gás e, em algumas ruas, também luz. As lojas do Triângulo – o conjunto de ruas que constituía o núcleo principal do comércio paulistano – fecharam suas portas, e as vias centrais ficaram quase que inteiramente desertas, ocupadas apenas pelos grevistas e pela polícia.

Essa greve, a maior já havida na cidade em qualquer tempo, é um ponto-chave para a compreensão das mudanças em curso em São Paulo e no país naquele início do século XX. Não são, no entanto, os trabalhadores e suas lutas o foco deste livro. Ele busca compreender como os diversos grupos sociais em que se dividia a sociedade paulista reagiram àquele acontecimento tão poderoso e surpreendente.

Durante a greve, ao contrário do que se poderia esperar, os jornais da cidade se manifestaram de forma inequívoca a favor da causa dos operários. *A Gazeta*, já no início do movimento, sintetizou a opinião que se tornou corrente nos dias seguintes:

> A Capital Paulista Ameaçada de Uma Greve Geral
>
> A gravíssima situação originada pela resistência que os industriais paulistas oferecem às justas pretensões dos operários degenerou num colossal movimento que ameaça perturbar integralmente a vida econômica da cidade e afetar diretamente a população da capital.[1]

Ao examinarmos o conjunto das publicações produzidas pelos jornais de São Paulo, expressão das suas elites, durante o período da greve, fica patente que elas nunca pretenderam estabelecer uma aliança com os industriais, em choque com os seus operários.

Caminhando para trás, para melhor compreender a gênese dos grupos que se tornaram, econômica e depois politicamente, hegemônicos em São Paulo, constata-se que a sua formação é mais complexa e os seus interesses mais amplos e matizados do que habitualmente se considera.

A ascensão das elites paulistas foi resultado de um longo processo que se completou no final do Império. Nas últimas três décadas do século XIX, São Paulo passou por um período de transformações profundas. Nos primeiros anos da década de 1870, já era evidente que a escravidão tinha os dias contados, e que o surto de expansão da economia cafeeira e os novos investimentos que estavam sendo realizados dependiam da continuidade do alargamento da fronteira agrícola e das receitas advindas da produção e da comercialização de safras crescentes de café, que exigiam cada vez mais mão de obra.

INTRODUÇÃO

O fim da escravidão foi enfrentado de maneiras diversas. Por um lado, muitos membros da elite se envolveram diretamente na mobilização antiescravagista, de que o grupo abolicionista dos Caifazes, liderado por Antônio Bento – herdeiro de Luiz Gama e que teve Júlio Mesquita como um dos seus mais ativos participantes –, representava a face mais radical.[2] Mas, se parte dos filhos da elite paulista, principalmente os mais jovens, se mobilizou para libertar o maior número de escravos possível, outros trataram de organizar o trabalho livre, visto desde muito cedo como essencial para a continuidade da vida econômica de São Paulo. Já em 1871, fazendeiros e empreendedores paulistas constituíram, em estreita sintonia com o governo provincial, a Associação Auxiliadora da Colonização e Imigração, destinada a auxiliar os fazendeiros – com o apoio de verbas do orçamento provincial – a obter trabalhadores necessários para seus empreendimentos. Mais tarde, em 1886, a Sociedade Promotora da Imigração buscou, com sucesso, ampliar o fluxo de imigrantes, através da propaganda e do subsídio direto.

A rápida organização da imigração fez com que um enorme fluxo de trabalhadores livres estrangeiros se dirigisse para São Paulo. Como veremos adiante, além de prover braços para a lavoura em permanente expansão, fez também crescer a capital num ritmo que não se imaginava possível até então. Na última década do século XIX, a cidade se expandiu a uma taxa média de incríveis 14% ao ano, passando de 64 mil em 1890 para 240 mil habitantes em 1900. Esse crescimento, produto do desenvolvimento geral da economia cafeeira e das mudanças ocorridas no período final do Império e de implantação do regime republicano, foi o estopim de grandes transformações. Entre elas se destacam o firme crescimento da indústria e o aparecimento de um novo personagem, desconhecido até então: o operário imigrante.

Além dos operários e da sua contraparte, o industrial, também predominantemente imigrante, o crescimento fez surgir uma série de novos protagonistas, típicos do meio urbano, frutos da ampliação do comércio, dos serviços e da intermediação financeira, sem a qual nenhuma dessas grandes transformações seria possível.

O objetivo central desta obra é o de conhecer melhor as articulações internas das elites paulistas, que estiveram à frente da política e dos negócios nesse período de grandes mudanças. Procura compreender a sua constituição e evolução e, por conseguinte, as suas convergências e divergências, que ficam todas muito evidentes durante a greve de 1917.

Para alcançar esse objetivo, buscou-se ver nos jornais da cidade como os diversos atores sociais se expressavam. Nessas publicações, podem-se observar com grande detalhe os debates que antecedem e acompanham o desenvolvimento da greve, principalmente do ponto de vista das elites de São Paulo, cuja voz se ouve claramente através da imprensa.

Para maior abrangência e um melhor ângulo de visão foram analisados, especialmente, mas não exclusivamente, os grandes diários – *Correio Paulistano, O Estado de S. Paulo, A Gazeta* e *O Combate*. Esses quatro periódicos abarcam, ainda que *grosso modo*, a maior parte do espectro de visões de mundo e da realidade brasileira em vigor nos meios cultos daqueles anos, desvelando, como se verá adiante, as várias faces das elites locais. Foram examinados também várias revistas e semanários, que representam, por seu lado, os diversos nichos de opinião que se abrigam na cidade. Não se examinou, a não ser como contraponto, a ativa imprensa operária publicada nesses anos de grande agitação social e mudanças profundas.

A leitura atenta dos jornais desse período permite perceber com clareza que as elites tradicionais e os seus porta-vozes habituais viam o movimento dos operários com grande condescendência e, em vários momentos, com um certo incentivo. As críticas veiculadas pelos grandes jornais paulistanos nos primeiros dias do movimento grevista centravam-se nos casos de distúrbios e depredações ocorridos pontualmente. Quando, no final, a greve fugiu ao controle – a cidade parou e a violência se espalhou –, os veículos da grande imprensa passaram a criticar com mais intensidade os "extremismos" e "a radicalização", considerados injustificados, dada a simpatia da sociedade paulistana pela causa dos operários. Foi com o agravamento dos distúrbios e a radicalização do movimento que se buscou uma intermediação entre as partes em conflito, consideradas sempre como sendo "os industriais e os seus operários", intermediação essa que, finalmente, se deu através da imprensa, e não pelos mecanismos de Estado. A presumível aliança entre as elites paulistas e os industriais afetados diretamente pela mobilização operária nunca se concretizou, e eles, até o fim do movimento, foram sempre classificados como os principais responsáveis nesses eventos.

Pela leitura dos testemunhos desse período sobre a greve, fica claro que o uso do aparelho de Estado não chegou a ser considerado como alternativa para defender os interesses dos industriais. Isso não quer dizer que não tenha havido repressão aos grevistas, como também se verá adiante, inclusive com a ameaça de uso das Forças Armadas caso os distúrbios não fossem contidos. No entanto, o poder público não foi agente de intervenção, a não ser na manutenção da ordem, e os industriais em vários momentos se queixaram da inércia do Estado, acusando-o de ter simpatia pela causa dos operários. Esse panorama mudou muito rapidamente depois da greve de 1917, e essas mudanças também devem ser compreendidas na sua dinâmica, embora não sejam o objeto deste trabalho. Essas constatações que partem de uma base empírica – as centenas de textos publicados na imprensa paulista – e que, com pequenas variações, seguem na mesma direção podem apontar para um novo horizonte de pesquisa para a compreensão da Primeira República e, sobretudo, para o papel que São Paulo teve nela e na formação do Brasil dos anos posteriores.

As longas transcrições de textos jornalísticos e de autores que escreveram no tempo em que se passam os acontecimentos narrados não estão aqui por acaso. É preciso ouvir o passado e prestar a máxima atenção aos testemunhos que ele nos deixou. É muito comum hoje em dia e frequente nos cursos de História reforçar-se a ideia de que o documento deve ser criticado, visto sob um olhar criterioso para que revele aquilo que se oculta sob a superfície. A prática sem dúvida é útil, porém isso não deve permitir que as vozes do passado sejam obscurecidas pela nossa visão do presente.

Ao analisar a visão de mundo que orienta os jornais daquele período, é preciso também notar que eles dispõem de um arsenal limitado de ideias, e estas não são as mesmas do nosso tempo. Elas não podem ser confrontadas com as nossas, mas compreendidas de acordo com a sua época. Como lembrou Thompson, referindo-se aos trabalhadores do período de formação da classe operária inglesa, "eles viveram aqueles tempos, nós não".[3] É muito necessário e esclarecedor ouvir essas vozes, tal como elas são, com seus maneirismos, suas idiossincrasias, seus preconceitos e seus enganos. Elas nos dão pistas sobre uma certa visão de mundo, ou seja, sobre uma forma específica de compreender a realidade, que é sempre histórica e marcada pelo seu tempo.

Entre a segunda metade do século XIX e as primeiras décadas do século seguinte, São Paulo deixou de ser uma pequena e pouco importante capital provinciana e se integrou progressivamente ao mundo moderno, que trouxe para a cidade o impacto das mudanças sociais e culturais que foram a marca do século XX.

Nesse canto perdido nos confins da América do Sul, na periferia de uma economia periférica, aquele modo de crescimento acelerado, sustentado pela expansão cafeeira, transformou não só a cidade, mas também as bases sobre as quais ela se assentava, dando início a um prolongado ciclo de crescimento que iria transformá-la em uma grande metrópole, que influenciaria decisivamente o desenvolvimento futuro do país.

São Paulo se encontra com o século XX

AS RUAS SE AGITAM

Na tarde do dia 5 de abril de 1917, uma Quinta-Feira Santa, os jornais do Rio de Janeiro começaram a afixar nos *placards* colocados à porta das redações os primeiros telegramas informando a população sobre o torpedeamento do cargueiro brasileiro Paraná, nas proximidades do porto do Havre, na Normandia, norte da França. Embora não houvesse ainda confirmação oficial, todas as notícias davam como certo que o ataque havia sido realizado por um submarino que participava do bloqueio que a Alemanha pretendia impor aos Aliados.

A notícia caiu como uma bomba, provocando imediatas reações em diversas cidades brasileiras.

Naquela mesma tarde, os vespertinos já estampavam os primeiros relatos e, no dia seguinte, os jornais trouxeram mais informações. O cargueiro Paraná era o maior e melhor navio da Cia. de Comércio e Navegação e fazia a rota entre o Brasil e a Europa desde antes da guerra. Havia feito uma escala em Funchal em 26 de março e devia aportar no Havre em 5 de abril. Tinha uma tripulação de 40 homens, todos brasileiros, residentes no Rio de Janeiro, e os primeiros telegramas já davam conta de três desaparecidos, o que mais tarde se confirmou. Transportava 95 mil sacas de café e de feijão.[1] O café era a carga que rotineiramente lotava os porões dos navios que saíam dos portos brasileiros, mas desde o início do conflito, as remessas de feijão e de outros produtos alimentícios para a Europa faminta, que teve sua agricultura desorganizada pela guerra, tornaram-se cada vez maiores. Essas exportações foram duramente sentidas pela população brasileira, principalmente pelos mais pobres, que não podiam comprar alimentos com os preços agora inflacionados pela procura do mercado consumidor internacional.

Até aquele início de 1917, o Brasil havia se mantido neutro. Mas, mesmo que as relações comerciais com as potências centrais fossem amenas, era cada vez mais difícil para o país se manter equidistante. Em 31 de janeiro daquele ano, sem romper a neutralidade, o Congresso Nacional reconheceu o estado de guerra, o que permitiu aos navios americanos se reabastecerem nos portos brasileiros.[2]

O afundamento do Paraná, porém, mudava tudo. A notícia chegou em plena Semana Santa, quando não havia expediente nas repartições públicas do Rio de Janeiro. Enquanto o presidente Venceslau Brás aguardava a confirmação oficial em Petrópolis, seu ministro de Relações Exteriores, Lauro Müller, que descansava em Jacarepaguá, correu ao Rio e, através dos canais diplomáticos do Itamaraty, procurou contato direto com o comandante da embarcação, em busca de um relato definitivo que pudesse orientar a ação do governo.[3] Ao longo do dia, foram sendo recebidos informes que esclareciam as causas do naufrágio. Embora o embaixador alemão, em audiência com o ministro Lauro Müller, houvesse negado o ataque, sugerindo que o navio brasileiro poderia ter sido vítima de uma mina desgarrada, os primeiros relatos do capitão do Paraná, comandante José de Souza Peixe, recebidos no Rio no fim do dia, e publicados imediatamente nos jornais, não deixavam margem para muitas dúvidas.

> **Companhia Comércio e Navegação** – "Paraná" torpedeado sem aviso, à meia noite. O 4º. Maquinista e dois foguistas foram mortos, ficando ferida grande parte da tripulação em consequência da explosão. Espero a remessa urgente de crédito. Fomos salvos depois de 12 horas, em botes de torpedeiras francesas. O procedimento dos alemães atingiu ao cúmulo da barbaridade.[4]

Em várias cidades do país, manifestantes saíram às ruas e, em São Paulo, os estudantes da Faculdade de Direito marcaram, para o dia 10, um ato de desagravo e em memória dos marinheiros mortos. Mesmo durante os feriados, a agitação popular nas maiores cidades foi se espalhando e a cobertura da imprensa estimulava a indignação dos manifestantes. Todos podiam prever que na segunda-feira, com a abertura da Câmara e do Senado, haveria mais protestos. As exigências, que estavam em todas as bocas, podiam ser sintetizadas com facilidade: a honra nacional estava em jogo e o ato hostil da Alemanha tinha que ter uma resposta. Além disso, já no fim de semana, começaram a repercutir intensamente as matérias da imprensa francesa, reproduzidas pelos grandes jornais do Rio e de São Paulo, que davam conta de uma iminente decisão do governo brasileiro, que não podia ser outra que não a sua adesão à causa dos Aliados. O jornal *Le Petit Parisien*, reproduzido pelo *Estado*, dizia que nos últimos dois anos haviam sido frequentes as demonstrações de antipatia do povo brasileiro aos impérios centrais, e citava discursos de Rui Barbosa e do ministro Lauro Müller, que responsabilizava o Almirantado alemão por qualquer dano que sofresse uma embarcação brasileira em razão dos bloqueios. Isso, segundo o jornal francês, seria a garantia da atitude que o governo brasileiro tomaria em razão do torpedeamento do Paraná.[5]

Apesar dos feriados de Páscoa, o governo desceu de Petrópolis para o Rio de Janeiro e se manteve reunido durante toda a tarde de domingo, enquanto a polícia da Capital Federal procurava conter os protestos comandados pelos estudantes da Faculdade de Direito. A embaixada e os estabelecimentos comerciais alemães foram protegidos pela polícia, mas durante todo o dia houve manifestações nas ruas centrais e até em Copacabana, naquela época ainda um bairro distante.

Na segunda-feira, 9 de abril, depois de esgotadas as consultas realizadas em Cherbourg pelo emissário da embaixada brasileira em Paris, e apesar da resistência de elementos considerados germanófilos no governo – sendo o mais notório deles o ministro do exterior Lauro Müller, descendente de alemães –, ficou decidido, no fim do dia, o rompimento de relações diplomáticas com o Império Alemão. Na terça-feira, o governo convocou o embaixador para lhe devolver os passaportes. Também foi rapidamente providenciado um navio do Lloyd Brasileiro – o paquete Rio de Janeiro – para transportar os representantes da Alemanha, ação que acabou não se concretizando.[6]

A notícia do rompimento foi divulgada em São Paulo na terça-feira logo cedo e a cidade rapidamente se enfeitou, com grande parte das vitrines das lojas exibindo bandeiras brasileiras e dos países aliados. As ruas ficaram repletas, e à tarde, depois do comício programado pelos estudantes da Faculdade de Direito no Largo de São Francisco, não se esvaziaram mais, ficando impossível circular pelo Centro. O *Correio Paulistano* do dia seguinte resumiu a impressão geral:

> A manifestação ontem promovida pelos nossos acadêmicos, e à qual se associou uma boa parte da população da cidade, foi a maior e mais vibrante que S. Paulo se recorda de ter visto. Uma enorme massa popular, que chegou a encher todo o triângulo, e que se compunha de muitos milhares de pessoas...[7]

O comício teve início às 14 horas e o velho Largo foi tomado por manifestantes, empunhando bandeiras do Brasil e dos países aliados.[8] Ao final, formou-se uma passeata com a participação estimada de 4 a 5 mil pessoas, que seguiu pela rua São Bento, a qual passou em frente ao consulado dos Estados Unidos. Na fachada do prédio, a multidão encontrou hasteada a bandeira brasileira e, com os aplausos, o cônsul apareceu numa das janelas e foi ovacionado.[9] Seguiu pela rua Direita e passou pela Casa Alemã e o *Deutsche Bank*, que foram intensamente vaiados. Já na rua 15 de Novembro,

> [...] em frente ao Banco Italiano, foram erguidos calorosos vivas à Itália. Todo o pessoal do banco estava apinhado na sacada. Nesse momento, foi içado da sede do banco o pavilhão brasileiro, ato que foi acolhido pelos manifestantes com grandes aplausos.[10]

Tudo teria terminado pacificamente se um grupo de "rapazes mais exaltados", segundo *O Estado*, não tivesse tido a ideia de se dirigir até o *Diário Alemão*, na rua Líbero Badaró. Apesar da proteção da polícia, lá os ânimos se inflamaram e o prédio foi apedrejado. A guarda, composta por meia dúzia de soldados, segundo o jornal, foi incapaz de impedir o ataque. Porém,

> [...] logo apareceu, acompanhado de numeroso grupo de soldados, o 3º. Delegado auxiliar, dr. Rudge Ramos, que, precipitadamente, ordenou às praças o espadeiramento dos exaltados, o que foi feito de maneira pouco lisonjeira para a reputação da polícia.[11]

Ao cair da noite, e ao contrário do costume, as ruas se encheram mais de gente, carregando bandeiras brasileiras e cantando hinos patrióticos. Milhares de pessoas saíram em passeata, dando a volta pelo Triângulo e se concentrando na praça Antônio Prado. Por volta das 21 horas, "um cidadão sírio, Miguel Dahruy, redator da revista *Educador*, leu, da sacada do Café Central, uma entusiástica saudação que provocou vivos aplausos".[12] A multidão aplaudia tranquilamente e em ordem, segundo publicaram o *Estado* e o *Correio*, que tinham suas redações ali mesmo e testemunhavam tudo. Porém, enquanto a manifestação corria pacífica, um grupo de soldados se reuniu em frente à atual rua João Brícola:

> Esse magote de soldados [...] dali partiu em acelerado, de espadim desembainhado, em direção à praça Antônio Prado, onde a multidão, desde a porta dos nossos colegas do *Correio Paulistano* até a frente do Club Fenianos ouvia o orador sírio.

19

> E assim calmos, entregues aos ardores patrióticos da situação que nos encontramos, toda aquela gente, de um momento para outro era vítima de uma carga traiçoeira e bárbara da força armada.
>
> Os soldados, numa brutal investida, fechando os ouvidos aos protestos, carregavam sobre o povo, desabridamente, esbordoando pacíficos cidadãos, velhos e até crianças, que vieram à rua atraídos por expansões de verdadeiro patriotismo! [...] A fúria da soldadesca, que dizem ter obedecido as ordens emanadas do dr. Fontes de Rezende, não se continha. O povo, na primeira refrega, desorientado, debandou refugiando-se nos cafés e corredores que invadia. A carga continuava e os soldados, verdadeiros bárbaros, davam às cegas. Os delegados drs. Rudge Ramos e Octavio Ferreira Alves, diante de tão extravagante selvageria, abandonaram os seus postos, recolhendo-se à Polícia Central [...]. Após esse espetáculo a praça Antônio Prado apresentava um aspecto tristíssimo, vendo-se pelo chão, pessoas caídas, chapéus estilhaçados e ensanguentados, pedaços de livros, tudo demonstrando, enfim, até que ponto chegara a cena que acabava de presenciar-se e que a todos horrorizara.[13]

O jornal relaciona dezenas de feridos, inclusive um menor de 15 anos, atingido na cabeça, que se encontrava em estado grave. O maior tumulto se deu bem à porta da sede de *O Estado de S. Paulo*, naquele momento repleta de jornalistas que colhiam as notícias e fechavam a edição do dia seguinte. Nessa edição, distribuída pela manhã, o jornal não economizou críticas. A prestigiosa coluna "Notas e Informações", reservada sempre aos grandes temas, dizia que:

> Estava escrita e composta a nota [...] quando em frente ao nosso escritório, se deram fatos extraordinários, jamais presenciados na nossa capital, onde aliás nunca houve, da parte da polícia, grande respeito pelas liberdades populares. [...] Aqui só nos referiremos à cena capital do drama tristíssimo a que assistimos. Eram pouco mais ou menos 21 horas. Aglomerava-se na praça Antônio Prado uma compacta multidão. Nunca vimos multidão mais ordeira. Muito entusiasmo, muitos vivas, nenhum desrespeito a alguém ou a alguma nacionalidade, nem o mais leve sinal de tumulto [...] quando, de repente, surge, da rua do Rosário e da rua de São Bento, uma verdadeira legião de demônios fardados, com a honrosa farda da nossa Força Pública, e de réfle desembainhado, espadeirando a torto e a direito, furiosamente. Como é natural, a multidão surpreendida e aterrada debandou [...].

Todas as salas da nossa redação encheram-se de gente. Uns gritavam protestando, outros choravam de dor e vergonha [...] não lhe sendo possível conter o seu comovido espanto, o dr. Júlio Mesquita foi ao aparelho telefônico, e, depois de tentar em vão comunicar-se com a repartição policial, pediu ligação direta para o palácio da Presidência do Estado. O dr. Altino Arantes teve a gentileza de atendê-lo sem demora. Travou-se entre o jornalista e a nossa suprema autoridade o seguinte diálogo:

– Posso afirmar a v.exa., com a responsabilidade moral de quem nunca mentiu, que o que está sucedendo em frente a esta redação é simplesmente uma infâmia.

– Já sei, e estou tomando enérgicas providências.

– Muito obrigado. Espero que as providências, v.exa. toma, sejam eficazes.

– Sê-lo-ão.

Ao mesmo tempo, organizava-se às pressas uma comissão de imprensa desta capital, para entender-se com o dr. Eloy Chaves, secretário da Justiça.

[...] limitar-nos-emos a dizer ao nosso governo que pode contar com a nossa dedicação para que deste drama tristíssimo não restem germens de outros dramas iguais. Já ontem desenvolvemos os maiores esforços junto ao povo, no sentido de uma pronta pacificação dos espíritos. Não o aconselhamos, porém, nem o aconselharemos a que se acovarde e desista dos seus direitos, com medo a violências. Aliás, ele, ontem, não nos pareceu muito disposto a aceitar conselhos desta natureza... O governo é que pode seguramente remediar a situação anormalíssima, que ontem nesta capital tão deploravelmente se criou. Não esqueça por um instante sequer que, por sobre as cabeças da multidão, que se apinhava na praça Antônio Prado, flutuava a gloriosa bandeira do Brasil, e que, talvez em vésperas de uma guerra contra o estrangeiro que nos ultrajou, o primeiro sangue que se verte em terra brasileira é sangue paulista, derramado por soldados de S. Paulo.[14]

Os outros jornais seguiram na mesma linha, inclusive o *Correio Paulistano*, órgão oficial do Partido Republicano Paulista e, na prática, porta-voz oficioso do governo do Estado.

Das janelas do *Estado de S. Paulo*, vários oradores, inclusive o sr. Dr. Júlio de Mesquita, verberaram em termos enérgicos a exorbitância dos soldados, dirigindo-se em seguida, com uma comissão de outros jornalistas, ao gabinete do sr. Secretário da Justiça e da Segurança Pública, a quem pediram providências.[15]

Porém, o clima já havia mudado, e a multidão exaltada atacou a polícia e depredou vários estabelecimentos identificados com a Alemanha, desde o fim de semana considerada "a inimiga". Foram depredadas a Casa Alemã, um grande magazine de elite, o Banco Alemão Transatlântico, vários estabelecimentos comerciais com nomes alemães e novamente o *Diário Alemão* na rua Líbero Badaró. A polícia mais uma vez teve de intervir dispersando os manifestantes, que só desocuparam o Centro por volta de uma hora da madrugada. O secretário Eloy Chaves mandou abrir "rigoroso inquérito" para apurar as responsabilidades pelos excessos do dia.

Apesar das negativas oficiais da Alemanha, em 20 de abril foi a vez do cargueiro Tijuca ir a pique sem deixar mortos, torpedeado nas costas da Bretanha. Dias depois, em 25 de abril, o Macau foi atingido no litoral da Espanha. Os afundamentos agitaram ainda mais a opinião pública e, em 3 de maio, o ministro das Relações Exteriores, Lauro Müller, há muito acusado de germanófilo, teve de renunciar cedendo o posto ao ex-presidente Nilo Peçanha.[16]

Estava começando para valer o agitado ano de 1917, e o século XX invadia a até então pacata cidade de São Paulo.

UM CENÁRIO EM CONSTRUÇÃO

Desde a sua fundação em 1554 até a metade do século XIX, São Paulo repousou sossegadamente, num sono de três séculos, sobre uma colina cercada pelos rios Tamanduateí e Anhangabaú, que, com suas curvas, davam forma de meia-lua ao platô onde se edificava a cidade.

Segundo Saint-Hilaire, que percorreu a província em 1819:

> A cidade de São Paulo mais não é do que um centro de depósito das mercadorias da Europa e de trânsito para os produtos do país; é-lhe

indispensável o porto de Santos, o qual poderia, em rigor, dispensá-la. São Paulo nunca teria sido, certamente, mais florescente do que Santos, se não se tivesse tornado a capital da Província e a sede residencial de todas as autoridades civis e eclesiásticas.[17]

Porém, já nos últimos anos do período colonial, o perfil da população da cidade refletia as características propriamente urbanas da economia local:

> Funcionários de todas as ordens, operários de diversas categorias, um grande número de mercadores, proprietários de casas urbanas, proprietários de bens rurais que, ao contrário de Minas Gerais, não moram em suas fazendas, compõem a população da cidade de São Paulo.[18]

Mesmo nesses tempos remotos, é possível vislumbrar uma atividade econômica mais dinâmica do que comumente se poderia esperar numa vila tão longínqua e isolada. Com a chegada da família real ao Brasil e, tendo o novo governo a necessidade de viabilizar a arrecadação de tributos, foi instituída na colônia a prática de cobrança da Décima Urbana, que foi a primeira forma de imposto predial pago à Fazenda Real, que correspondia a 10% do rendimento líquido de todos os bens de raiz. De início restrita às cidades litorâneas, foi, em 1809, estendida para todas as vilas e povoações. Para a sua cobrança, eram arrolados em livro específico todos os imóveis existentes no perímetro urbano.[19] Dos 1.281 imóveis arrolados em 1809 em São Paulo, 1.269 foram classificados segundo a sua destinação econômica. Destes, 638 ou 50,27% eram destinados ao aluguel, demonstrando a existência de "setores médios de não proprietários capazes de alimentar um mercado locatício bastante intenso".[20] Por outro lado, os dados também demonstram a existência de um número considerável de investidores. Dos 748 proprietários desses 1.281 imóveis arrolados, os 24 maiores possuíam em conjunto 302 propriedades, cerca de 25% do total.[21] Entre eles constam nomes que terão presença na vida futura da cidade, por si ou pelos seus descendentes, como o do Cel. José Arouche de Toledo, com 18 imóveis, o futuro brigadeiro Luiz Antônio, com 7, e o Cel. Joaquim José dos Santos, pai do futuro Barão de Itapetininga, com 5 casas.

Em 1835, com a criação da Assembleia Legislativa Provincial, os deputados recém-reunidos aprovaram uma lei determinando a elaboração de uma estatística e de um mapa da província. Dessa lei resultou o famoso *Ensaio d'um quadro estatístico da província de São Paulo*, de autoria de Daniel Pedro Müller, publicado em 1838.[22] Pela primeira vez desde a Independência, a população da cidade foi contada. A cidade possuía então 21.933 habitantes.[23] Mas o seu território incluía as freguesias de Cotia, Guarulhos, Juqueri, São Bernardo e a Capela Curada do M'Boi (Embu), que foram desmembradas da cidade ao longo do século XIX. Se considerarmos apenas o território que constituía a cidade no final do século XIX, teríamos uma população de 12.356 habitantes, que se dividiam entre as freguesias da Sé, Santa Ifigênia, Brás, Penha e N. Sra. do Ó. Desses, 8.786 eram livres e 3.570 escravos, que representavam 28,9% da população. Nessa época, já havia na cidade 1 juiz, 10 juízes de paz, 49 alfaiates, 77 carpinteiros, 69 sapateiros, 401 comerciantes e negociantes. Do total dos habitantes da cidade, 1.455 eram membros da Guarda Nacional,[24] o que significava que eram eleitores e possuíam renda.

Em 1854, foi realizado outro levantamento e, dessa vez, a população da cidade em todo o seu amplo território alcançou 25.254 habitantes.[25] Considerando apenas o seu núcleo, composto pelas mesmas freguesias que mais tarde constituiriam a cidade, veremos que o centro urbano evoluiu pouco e atingiu apenas 15.363 habitantes, sendo 11.294 livres e 4.069 escravos, que representavam 26,5% do total. Mas os estrangeiros começavam a se estabelecer na cidade e já eram 738, atingindo quase 5% da população. A principal conexão com o mercado internacional, o porto de Santos, estava longe do que viria a ser no final do século XIX. No quinquênio 1852-1857, Santos exportava apenas 6% da produção nacional de café, contra 92% que saíam pelo Rio de Janeiro.[26]

A cidade não despertava grandes elogios em quem a visitava. Augusto Emílio Zaluar, que esteve em São Paulo em 1860, depois de longa viagem pela província, a descreve com pouco entusiasmo: "*Apesar da majestosa natureza que a circunda, da suave elevação em que se acha colocada e do ameno clima que a bafeja, a cidade de S. Paulo é triste, monótona e quase desanimada".*[27]

Nessa época, visitar a cidade de São Paulo era uma aventura, as comunicações eram precárias e as ferrovias ainda um sonho distante. Mas ela já era um ponto crucial para a comunicação entre o porto de Santos e o vasto planalto onde se produziam as riquezas que iriam mover a cidade, primeiro o açúcar e depois o café.[28] Se um viajante queria ir até Santos, era necessário usar o serviço de diligências. Em 1865, os jornais anunciavam a inauguração de um novo serviço com frequência diária, saindo "um carro, solidamente construído na Europa", às sete horas, chegando a Santos às quatorze horas do mesmo dia.[29] Apesar de permanecer até os anos 1860 como um lugarejo de escassa relevância no cenário do Império, São Paulo era ponto de passagem de um grande volume de mercadorias e reunia condições para que a riqueza se acumulasse. As cargas vinham transportadas por mulas, e muitas centenas delas chegavam e saíam da cidade diariamente. É difícil estimar o movimento de tropas na cidade de São Paulo nesses anos anteriores à instalação das ferrovias. Porém, logo que a estrada de ferro que ligava Santos a Jundiaí começou a funcionar, o governo provincial montou uma barreira para a coleta de impostos em Jundiaí, fim da linha da São Paulo Railway, e para onde se transferiu o movimento de tropas que antes se dirigia para São Paulo. O registro de passagem nesse primeiro ano pode nos dar uma boa ideia do tráfego que existia na capital antes da ferrovia.

> Apenas no primeiro ano de funcionamento, entre julho de 1868 e junho de 1869, nada menos que 465.614 mulas carregadas pagaram imposto na barreira, numa média de 1275,6 por dia. Elas levaram, além de 2,25 milhões de arrobas de café, 157 mil arrobas de algodão, 40 mil arrobas de toucinho e 11 mil arrobas de açúcar, entre outros produtos.[30]

A *Gazeta de Campinas* estimou em mais de 12 mil contos o valor das mercadorias transportadas, sendo aproximadamente 80% desse valor correspondente ao café.[31]

Com a chegada da ferrovia, a velha cidade, cuja economia era movida principalmente pelo trânsito de mulas e tropas, logo ficou para trás.

As mudanças, que se aceleravam rapidamente, refletiam o que também ocorria no restante do mundo.

Durante a segunda metade do século XIX, o Brasil foi, progressivamente, ampliando a sua inserção no circuito internacional de comércio. O crescimento industrial da Europa e dos Estados Unidos fez expandir o número de habitantes das cidades, assim como propiciou o aumento do consumo de produtos, antes considerados de luxo, por amplas camadas dessas populações. A evolução tecnológica que atingiu os meios de transporte, tanto marítimos quanto terrestres, reduziu significativamente os custos de viagem, tornando os artigos que o Brasil produzia acessíveis a grandes mercados, estimulando as exportações.[32]

Essas mudanças atingiram São Paulo em cheio. A crescente integração do Brasil à economia mundial acelerou também alterações institucionais, que resultaram, no plano nacional, no Código Comercial, na Lei de Terras e na aprovação, depois de longas discussões no Parlamento, da Lei Eusébio de Queiroz, que extinguiu o tráfico legal de escravos para o Brasil, promulgada por pressão direta dos navios britânicos que apresavam barcos negreiros no litoral brasileiro.[33]

Esse processo era comandado pela Grã-Bretanha, que procurava estender as suas cadeias de comércio por todo o globo. A sua economia passava também por grandes transformações e, poucos anos antes, em 1844, o Bank of England passou a emitir cédulas somente até o valor correspondente ao ouro depositado em seus cofres. Com o firme estabelecimento do padrão-ouro, a Grã-Bretanha buscava conectar as diversas economias nacionais a um sistema financeiro mundial com centro em Londres.[34] Procurando se adaptar a esses novos tempos, em 1846 o governo brasileiro reduziu a paridade do mil-réis para 27 *pences*,[35] e os sucessivos ministérios que vieram desde então buscaram defendê-la mantendo constante o volume de moeda em circulação. A manutenção do padrão-ouro se transformou no objetivo ideal a ser alcançado pela grande maioria dos gabinetes do Segundo Reinado.

Mas a contenção do meio circulante num ambiente de crescente internacionalização da economia, decorrente principalmente da expansão do café, era também propícia à eclosão de crises. Em setembro de 1864, ocorreu aquela que ficou conhecida como "A crise do Souto", provocada, em parte, pela contração do meio circulante no período imediatamente anterior. Atingiu fortemente a praça do Rio de Janeiro, provocando a quebra da Casa Souto e, na sua esteira, outras quatro casas bancárias da cidade. Chegou com tal intensidade e de tal forma afetou a vida da população da Corte, que Machado de Assis não se furtou a descrevê-la numa das suas crônicas semanais publicadas no *Diário do Rio de Janeiro*.

> Crise! Crise! Crise!
> Tal foi o grito angustioso que se ouviu, durante a semana passada, de todos os peitos da população e de todos os ângulos da cidade.
> A fisionomia da população exprimiu sucessivamente o espanto, o terror, o desespero – conforme cresciam as dificuldades e demorava-se o remédio.
> Era triste o espetáculo: a praça em apatia, as ruas atulhadas de povo – polícia pedestre a fazer sentinela, polícia eqüestre a fazer correrias – vales a entrarem, dinheiro a sair – vinte boatos por dia, vinte desmentidos por noite – ilusões de manhã, decepções à tarde – enfim uma situação tão impossível de descrever como difícil de suportar, – tal foi o espetáculo que apresentou o Rio de Janeiro durante a semana passada.[36]

A crise alcançou com intensidade também Recife e Salvador, provocando outras quebras sucessivas nessas praças.

Em São Paulo, os seus efeitos foram, aparentemente, muito diferentes. O *Correio Paulistano* retratou um ambiente diverso daquele que atingiu a capital do Império:

> Em vista do terror pânico por que está passando a praça do Rio de Janeiro, motivado pela atual crise bancária daquele lugar, era de esperar-se que a nossa capital se ressentisse de alguma maneira em face desse acontecimento. Entretanto bem outra coisa é o que estamos presenciando. A praça de S. Paulo está completamente tranquila e não acordou ainda do descanso que lhe inspiram a confiança e o crédito de seus banqueiros. As transações de qualquer gênero têm continuado sem embaraços e tão desassombradas como anteriormente.[37]

Havia motivos para isso. Desde o final do século XVIII, a agricultura diversificada – que não se limitava ao açúcar, mas também produzia gêneros de consumo interno, como milho, feijão, toucinho e aguardente –, o movimento de tropas e o comércio de longo curso vinham permitindo que a economia paulista se expandisse silenciosamente. Esses capitais que foram se acumulando na província deram base a uma crescente prosperidade e, principalmente, permitiram que muitas fortunas se formassem. As diferentes reações à crise são um sinal de que a economia paulista já seguia um rumo distinto do Rio de Janeiro, e essas distinções iriam pouco a pouco se aprofundar.

Ao preservar o valor da moeda e sua paridade em ouro, o governo do Império acabava privilegiando a manutenção de uma elite estável cujo centro estava na Corte, em detrimento das forças inovadoras, como aquelas que, sem alarde, prosperavam em São Paulo.

Meses depois da crise do Souto teve início, em dezembro de 1864, a Guerra do Paraguai. Não só em decorrência da crise, mas principalmente em virtude da eclosão da guerra, o governo se viu obrigado a romper a contenção monetária e a emitir moeda para fazer frente aos gastos militares, alterando a política econômica que vinha sendo mantida por duas décadas.

No ano fiscal de 1863-1864, o meio circulante no Brasil, incluindo papel-moeda, cédulas do Banco do Brasil e outras, totalizava 84 mil contos. Em 1870-1871, esse valor havia subido para 193 mil contos.[38] Boa parte dessas emissões acabou sendo gasta em São Paulo, que era onde o governo central se abastecia principalmente de mulas e outros produtos para as tropas militares.[39] Ao contrário do que sucedia no restante do Império, ali os acontecimentos corriam em outra direção. Impulsionados pelas demandas da Guerra do Paraguai, os lucros que se acumulavam no comércio, nos transportes e na agricultura buscaram avidamente aplicação.

O trem vai partir

Esses capitais acumulados e dispersos começaram a se organizar no final da década de 1860 e início da seguinte, em torno do negócio que parecia mais promissor na província: a construção de ferrovias.

Em 1867, depois de mais 10 anos da concessão original, havia sido concluída a primeira e mais importante ferrovia da província, a São Paulo Railway, ligando o planalto paulista ao porto de Santos, iniciativa do Barão de Mauá, finalizada e operada por capitais ingleses. A obra enfrentou inúmeros percalços, inclusive um acidente na sua viagem experimental, realizada em setembro de 1865, e que resultou na morte do maquinista e ferimentos em inúmeros membros da comitiva oficial que participava dos festejos, entre eles o presidente da província, o Barão de Itapetininga.[40]

O decreto de concessão[41] previa garantia de juros sobre os capitais aplicados, sendo 5% por parte do governo do Império e 2% do governo da província de São Paulo, até o limite de capital de 2 milhões de libras, ao câmbio de 27 *pences*, e concedia exclusividade de operação numa faixa de mais ou menos 30 km de cada lado da linha.[42] Além disso, dava isenção nos direitos de importação de máquinas, equipamentos, material rodante e combustíveis (carvão ou outros) pelo prazo de 33 anos e estabelecia uma restrição relativa à mão de obra, proibindo o uso de trabalho escravo.[43] Mas havia contrapartida:

> Quando os dividendos da Companhia excederem a 8 por cento ao ano, o excesso de tais dividendos será repartido igualmente entre o Governo e a Companhia, sendo a parte destinada àquele uma compensação pela responsabilidade a que se submete pela garantia do juro.[44]

A *Inglesa*, como logo foi chamada, provocou de imediato uma revolução. Com ela abriu-se a porta do mercado internacional para os produtos do planalto paulista, principalmente café, algodão e açúcar. Além de acelerar, ampliou muito a capacidade de movimentação de cargas entre o porto e o planalto. Em 1867 já transportava 28 mil passageiros e 16 mil toneladas de carga.[45] Com um movimento como esse, podia-se pensar em retorno do capital em poucos anos, e os empreendedores paulistas viam isso com clareza.

Em outubro de 1867, em plena guerra, foi nomeado para a presidência da província o liberal Saldanha Marinho.[46] Ele presidiu a província de São Paulo por apenas seis meses, mas a influência da sua gestão teve grande alcance. Quando tomou posse, a questão central que mobilizava os paulistas era o prolongamento da linha ferroviária da São Paulo Railway.

Considerando as condições do contrato, era praticamente impossível convencer a empresa inglesa a investir no prolongamento da linha até Rio Claro, a principal reivindicação dos paulistas. Assim que a linha começou a operar, as perspectivas de lucro da companhia indicavam que não só os governos ficariam rapidamente dispensados da obrigação de garantia de juros, como a empresa seria obrigada a repassar parte de seus lucros ao poder público. Em razão disso, desde 1865 as discussões entre a São Paulo Railway e o governo central se concentravam na revisão do contrato. A empresa inglesa pedia autorização para melhorar e ampliar a capacidade de carga na serra, bem como as condições de operação no planalto, aumentando o capital autorizado, isentando-a de devolver ao governo os excedentes de juros. O fato era que os ingleses, satisfeitíssimos com os lucros da sua ferrovia e bem conscientes de que tudo o que fosse produzido no próspero planalto paulista teria que necessariamente ser embarcado nos trens da Inglesa para atingir o porto de Santos, nem cogitavam investir mais libras para prolongar a linha.

Assim que assumiu a presidência, Saldanha Marinho estabeleceu como prioridade da sua administração a solução dessa questão. Fez imediatamente duas viagens. A primeira para Santos, para conhecer as condições do porto e o ânimo do comércio. A segunda ficaria na história.

Em 14 de dezembro de 1867, o presidente da província seguiu para Campinas, acompanhado "de considerados cidadãos da Praça de Santos e desta Capital".[47] O objetivo da viagem, segundo o *Correio Paulistano*, "era conhecido de todos, de dar corpo e realização ao projeto de prolongamento da estrada de ferro até aquele ponto".[48] Até a década de 1870, Campinas foi o centro irradiador e catalisador do crescimento da nova economia do café, posição que só perdeu depois da implantação das ferrovias. No Censo de 1872, a cidade ainda era a maior da província, superando por pouco a capital. Era também em Campinas que se concentravam os capitais acumulados na lavoura e nos transportes.

Tanto no *Correio Paulistano* quanto na *Gazeta de Campinas,* inúmeros artigos vinham procurando mobilizar os interessados com estimativas do impacto da ferrovia, a capacidade de carga futura, os preços e, sobretudo, os rendimentos que poderiam auferir os investidores, com cálculos minuciosos dos futuros dividendos.

> Se não falharem os esforços do exmo.sr. conselheiro Saldanha Marinho e de tantos outros que propugnam pela mesma ideia, será o prolongamento da estrada de ferro eloquente demonstração de que os paulistas de hoje vão compreendendo que é tempo de abandonar as velhas e tacanhas rotinas de outras eras e que a vida e desenvolvimento industrial do país somente podem prosperar ao benéfico impulso da iniciativa particular, e do espírito de associação inteiramente livre da tutela do governo.[49]

A viagem foi minuciosamente relatada pelo *Correio Paulistano* e espelha as dificuldades que enfrentavam os paulistas daqueles tempos. A comitiva partiu às seis horas da manhã, em trem especial para Jundiaí, onde chegou às 8h30. Depois do almoço, seguiu às 10h30 em direção a Campinas, usando a estrada de rodagem. Segundo o jornal:

> Aqui ouvimos s.ex.ª. falar a respeito do estado da estrada que percorria, lamentando, que em seguida à estrada de ferro, a estrada para Campinas, centro de grande exportação e comércio, se achasse em tão mau estado de trânsito.[50]

A observação não era gratuita. Em meio do caminho, uma diligência que levava o Barão de Limeira, o engenheiro e mais dois acompanhantes sofreu um acidente que a deixou inutilizada, obrigando os passageiros a abandoná-la. A comitiva chegou finalmente a Campinas depois das 16 horas, sendo recebida, ainda na estrada, por considerável multidão. No dia 16, na Câmara Municipal da cidade, realizou-se a reunião que era o principal objetivo da viagem. Não era uma reunião de caráter político e Saldanha foi direto ao ponto.

> Ele disse que sua estada em Campinas não era um passeio rodeado de ostentação e de vaidade; que delegado do Governo Imperial ali se tinha dirigido só e unicamente para tratar de um dos mais vitais interesses

da província, pois que assim considerava o prolongamento da estrada de ferro até Campinas.[51]

E foi logo aos números:

> As vantagens que resultarão aos agricultores deste lado da província, do prolongamento da estrada de ferro de Jundiaí a esta cidade [Campinas] se demonstram facilmente e de modo irrecusável.
>
> Ponhamos ao alcance de todos essa demonstração; e é fácil fazê-lo:
>
> Tomemos por base, na qual aliás concordam todos os srs. Fazendeiros presentes, a quantidade de 2.400.000 arrobas de café por ano que tem de ser transportada pela estrada de ferro de Campinas a Jundiaí. Tomemos também por ora o preço atual do transporte nessa distância, é no mínimo 440 por arroba.
>
> Desde que esse preço fosse reduzido a 140 rs. (máximo a pagar pela estrada de ferro) terá o agricultor assim realizado uma economia de 300 rs. por arroba.
>
> Funcionando a estrada de ferro, o produtor de 5 mil arrobas de café, por exemplo, fará anualmente uma economia de 1:500$000 e desde que assim em 2 anos poder salvar o capital de 3:000$000, tem possibilidade, sem sacrifício, e antes com manifesto lucro, de concorrer com 3:000$000, isto é, com a subscrição de 15 ações de 200$000 cada uma.[52]

E ia além:

> Concorrendo, pois, com 3:000$000 terá o acionista agricultor:
>
> Em 4 anos:

Economia feita no transporte	6:000$000
Juros garantidos, que receba	840$000
[total]	6:840$000

> Se não teve o dinheiro para fazer a sua entrada e o tomou emprestado a 12% mesmo, despendeu com isso (suponhamos) no máximo de 4 anos: 1:440$000.

Ainda lhe ficam líquidos	5:400$000
Pago o que tomou de empréstimo para a sua entrada	3:000$000
Restar-lhe-ia ainda	2:400$000
Mas está então senhor das 15 ações que subscreveu no valor de	3:000$000

Terá, portanto, naquele limitado prazo, mesmo que se conte do começo do trabalho da estrada, aumentada a sua fortuna em 5:400$000.[53]

Com tais argumentos, expostos pela mais alta autoridade da província, os resultados não se fizeram esperar. O entusiasmo e a mobilização dos capitalistas e agricultores reunidos no salão da Câmara resultaram na subscrição imediata de 1.250 contos, dos 5.000 necessários para a concretização do projeto. Abriram a lista de subscritores o Barão de Limeira[54] e o Barão de Itapetininga,[55] cada um com 1.000 ações que representavam 200 contos de réis, uma considerável fortuna naquela época. Outros 51 participantes subscreveram entre o máximo de 500 e o mínimo de 5 ações, sendo útil lembrar que esse número mínimo custava ao novo acionista 1 conto de réis. Para efeitos de comparação, o preço médio de um escravo masculino vendido nesse mesmo ano em Guaratinguetá, no Vale do Paraíba, era de 1 conto e 100 mil réis.[56] Ainda não satisfeito, Saldanha Marinho fez organizar comissões para promover a subscrição do capital restante, compostas pelas principais lideranças de cada localidade, em Campinas, Amparo, Mogi Mirim, Limeira, Rio Claro, Piracicaba, Capivari, Descalvado, Pirassununga, São Carlos, Araraquara e Santos.

Apesar do entusiasmo que a obra despertou, a Companhia Paulista só obteve autorização para funcionar pelo Decreto Imperial de 28 de novembro de 1868, quase um ano depois da assembleia da Câmara de Campinas. Desde a subscrição de suas ações, os acionistas tinham garantido pelo governo da província de São Paulo juros de 7% ao ano sobre o capital investido. Esse seria o único compromisso de investimento do poder público, que poderia se ressarcir desse gasto, em caso de lucro, o que de fato ocorreu.[57]

Apesar das muitas dificuldades, a obra foi rapidamente concluída e, em 11 de agosto de 1872, se deu a tão sonhada inauguração da ferrovia ligando Campinas, e o vasto interior que a ela se conectava, com o porto de Santos e o mercado internacional. Saldanha Marinho já não era, há muito tempo, presidente da província e, rompido com o governo, era agora um dos líderes mais notórios do Partido Republicano. E foi nessa condição que ele compareceu à inauguração, como convidado de honra e principal homenageado.

No discurso feito na inauguração pelo Presidente da Companhia Paulista, Clemente Falcão de Souza Filho, atribui-se à iniciativa dos empreendedores de São Paulo o principal mérito pela obra.

> Parabéns, Paulistas!
> Estão coroados os nossos esforços! [...]
> Ninguém, mais do que nós, pode dizer com o poeta:
> Labor omnia vincit improbus.
> Tudo venceu o duro labor. [...]
> O aparecimento, a vida, as tradições da Companhia Paulista querem dizer uma regeneração, e as regenerações de hábitos antigos, fortificados pelo passar dos tempos, não se fazem sem grandes penas e custosos esforços!
> Ainda bem que o conseguimos! [...]
> Os brios paulistanos acordaram lembrando antigas glórias e feitos inequívocos de coragem, perseverança e máscula energia. [...]
> Grandes e pequenas fortunas fundiram-se num só mealheiro – a cornucópia dos cabedais acumulados vasou tesouros com que não contavam incrédulos, e o dinheiro, o sangue precioso da vida das indústrias, correu abundante nas artérias da empresa que se formou. [...]
> Dia hoje duplamente memorável para a província de S. Paulo, porque ele vai marcar a era em que uma empresa, toda provincial, de iniciativa particular, com capitais e pessoal Brasileiros, limpando o suor da fronte, que atesta o trabalho da véspera, apresenta-se hoje perante este público, que regurgita de entusiasmo e diz-lhe:
> Concluí a tarefa esplêndida.[58]

Ao contrário do que se poderia esperar, o discurso não destaca o imperador nem o poder central, nem tampouco homenageia títulos ou autoridades. Saúda a ideia, o capital e, sobretudo, o trabalho.

Saudemos:
A ideia na pessoa do dr. Joaquim Saldanha Marinho!
O capital nas pessoas dos briosos acionistas, quase todos filhos desta província.
O trabalho nas pessoas de todos, que carregaram as pedras para este edifício de sete léguas; desde os lidadores do espírito até os trabalhadores da forja e da picareta.
E, se me fosse lícito escolher dentre esses, um tipo para emblema das fadigas acumuladas aí por essa extensão de 44 km, eu vos apresentaria a figura em desalinho, tisnada de poeira e carvão, do trabalhador proletário – do cavador de terra; é ele talvez, que tem mais títulos à nossa veneração, porque seu trabalho é aquele que custa dores e sacrifícios, porque é aquele que faz verter sangue das mãos – lágrimas dos olhos – suor da fronte – realizando assim à risca de século em século a sentença do paraíso – tu comerás teu pão no suor do teu rosto!
Basta! Chovam as bençãos sobre a trindade designada.
Viva o dr. Joaquim Saldanha Marinho!
Vivam os acionistas da Companhia!!
Vivam todos os operários da linha paulista!!![59]

É preciso colocar esse discurso no seu contexto. A Cia. Paulista de Estradas de Ferro foi a primeira ferrovia inteiramente formada por capitais paulistas a entrar em operação. Eram apenas 44 km de trilhos, mas uma mudança crucial se iniciara. Naqueles dias, estava recém-terminada a Guerra do Paraguai e o país havia debatido acaloradamente, nos meses anteriores, a Lei do Ventre Livre, que só foi aprovada, após longas discussões, em 28 de setembro de 1871. Mas o discurso do presidente da Companhia Paulista parece distante desse debate. Nele não se vê sombra do espírito que norteou a resistência parlamentar à Lei Rio Branco, mas, ao contrário, a valorização do capital e do trabalho, principalmente o trabalho manual do proletário, não menos digno do que as ideias que moveram os empreendedores ou o capital dos acionistas. Não é a visão de mundo de latifundiários senhores de escravos que se vê em Campinas naquele festivo 11 de agosto de 1872. O que se vê e se expressa no discurso de inauguração da ferrovia eram as ideias de um grupo social emergente, formado de empreendedores capitalistas que viam no capital e no trabalho as bases de um mundo novo e de enormes possibilidades.

Não foi, com certeza, um discurso isolado nem provocado pela emoção do momento. Num artigo escrito na *Gazeta de Campinas* em 1869, bem antes, portanto, da inauguração da ligação dessa cidade com Jundiaí, o futuro presidente Campos Salles, na época um jovem redator do jornal local, argumentava:

> O vigor com que se desenvolve nesta província o espírito de associação vantajosamente iniciado com a incorporação da Companhia Paulista convida ao estudo e exame dos meios que possam levar a obra de prolongamento da estrada de ferro até onde chegarem os nossos recursos. É ponto incontrovertido que a estação terminal desta linha ficará em Campinas só enquanto não for conhecida a possibilidade de levá-la avante.
>
> A questão, portanto, é saber-se se é já tempo de pensar em um cometimento maior do que aquele que por enquanto está nas vistas da Companhia Paulista; se é possível o levantamento de capitais para o prolongamento até o Rio Claro; se os capitais empregados terão as vantagens dos juros e devida compensação nos lucros que aufere a lavoura.[60]

O autor arrolou de forma cuidadosa a produção das localidades que futuramente seriam servidas pelo prolongamento da ferrovia e rapidamente concluiu que o investimento no negócio, estimado em outros 5 mil contos, poderia esperar um retorno de 12,25% já no primeiro ano.[61] Bem antes, portanto, do trem chegar a Campinas, já se discutia o prolongamento da linha, demonstrando o vigor e a mobilização que essas ideias provocavam.

A Companhia Ituana de Estradas de Ferro, ligando Jundiaí a Itu, foi concluída meses depois, em 17 de abril de 1873. Nas festas que tomaram a cidade de Itu naquela ocasião, a imprensa não deixou de:

> Consignar um fato que por muitos foi notado na festa Ituana: apesar de ser aquela a maior festa de Itu, sendo naturalíssimo que procurassem todos apresentar-se com o que tinham de melhor, tornou-se sensível a ausência de chapéus armados, fardões, penachos, fitas e galões.
>
> Provou-se de tal arte que o espírito democrático alastra e aprofunda raízes mais e mais no espírito dos paulistas e que no município de Itu é solida realidade. Expansões festivas da indústria, era justa essa tácita, mas significativa homenagem às vitórias eminentemente democráticas da viação a vapor e do telégrafo.[62]

No dia seguinte à inauguração da ferrovia, realizou-se na cidade de Itu a Convenção que fundou, em São Paulo, o Partido Republicano, reunindo mais de 200 representantes da capital e diversos municípios do Oeste Paulista.

Em 1875, foi a vez da Sorocabana e da Mogiana. Todas elas firmaram com o governo provincial contratos que asseguravam garantia de juros. Em poucos anos, os trilhos se multiplicaram pelo interior e convergiram para São Paulo, e o apoio do governo provincial foi decisivo para essa expansão.

Em 1875, o Brasil já possuía 1.801 km de ferrovias. Destes, 655 km estavam situados em São Paulo e representavam 36,4% do total.[63] Porém, ao contrário do que ocorreu na maior parte do Brasil, as ferrovias paulistas logo acumularam resultados positivos, tornando dispensáveis os contratos de garantias de juros com o governo. As próprias ferrovias tomavam essa iniciativa, pois os contratos também estabeleciam, além da garantia, que a renda líquida superior a 9% do capital autorizado fosse partilhada com o governo. Como nota Flávio Marques de Saes, "como não havia um limite ao seu funcionamento [da cláusula] as ferrovias passaram a restituir ao Governo mais do que haviam recebido na fase de baixos rendimentos. É claro, portanto, o motivo pela qual as ferrovias tinham interesse em desistir da Garantia de Juros".[64]

Mas não foi São Paulo a província que mais investiu recursos públicos em ferrovias, muito pelo contrário. O apoio do governo provincial de São Paulo se limitou, em todos os casos, à garantia de juros. O governo do Império teve outra diretriz. Em 1855 constituiu, por decreto, a Companhia da Estrada de Ferro de Dom Pedro II, que ligaria a Corte às províncias cafeeiras de São Paulo, Rio de Janeiro e Minas Gerais. Com capital autorizado de 12 mil contos, a obra, no entanto, logo enfrentou percalços e atrasos. Dez anos depois, o governo acabou por encampar a companhia, trocando as ações por apólices da dívida pública.[65] No Rio de Janeiro, outro exemplo emblemático foi o da Estrada de Ferro de Cantagalo, construída entre 1857 e 1873 pelos barões de Nova Friburgo e inaugurada pelo imperador, que a visitou duas vezes.[66] Depois de muitos prejuízos, acabou sendo encampada em

1877 pelo governo do Rio de Janeiro por 17 mil e 200 contos, o equivalente a quatro anos de receitas da província.[67] Modelos diferentes, decorrentes de articulações de poder diversas e que deram resultados diametralmente opostos.

O Trono ainda tem voz

> Sendo urgente vivificar o mais poderoso elemento da riqueza pública, chamo vossa esclarecida atenção para o estado da lavoura.
> A criação de estabelecimentos de crédito que lhe facilitem capitais, e a aquisição de braços, são necessidades indeclináveis.
> Há de ser principalmente pelo acréscimo da produção que conseguiremos restaurar as nossas finanças e adquirir os meios de levar a efeito os melhoramentos de que mais carece o Brasil.[68]

A Fala do Trono, proferida pelo imperador perante o Parlamento na sessão de 5 de maio de 1879, um discurso de não mais de três minutos, mostra a urgência e a importância daqueles temas. Não era por acaso. No ano anterior, em julho de 1878, o governo do Império fez convocar um Congresso Agrícola, realizado no Rio de Janeiro, tendo justamente o objetivo de discutir o "estado da lavoura". Capital e braços foram o centro dos debates, como aliás vinha acontecendo há muito também no Parlamento. Havia um sentido de urgência nessas questões. Sinimbu, nomeado presidente do Conselho, havia escolhido para si o Ministério da Agricultura. A decisão da Espanha de decretar a abolição gradual da escravidão em Cuba transformou o Brasil na última nação "do mundo civilizado" a manter o trabalho escravo.[69] O Congresso, que reuniu 200 representantes do Rio, 100 de São Paulo e outros 99 de Minas, Espírito Santo e da Corte, refletiu esse sentimento de urgência e, por que não dizer, de uma certa angústia.[70] A pauta era clara e, antes de chegarem, os participantes deviam responder a um questionário que sintetizava os problemas para os quais o governo buscava a solução. Junto ao convite, seguia uma programação com dez itens – orientações para a realização do evento – e um questionário de sete perguntas:

1. Quais as necessidades mais urgentes e imediatas da grande lavoura?
2. É muito sensível a falta de braços para manter ou desenvolver os atuais estabelecimentos da grande lavoura?
3. Qual o modo mais eficaz e conveniente de suprir essa falta?
4. Pode-se esperar que os ingênuos, filhos de escravos, continuem um elemento de trabalho livre e permanente na grande propriedade? No caso contrário, quais os meios para reorganizar o trabalho agrícola?
5. A grande lavoura sente carência de capitais? No caso afirmativo, é devido este fato à falta absoluta deles no país ou à depressão do crédito agrícola?
6. Qual o meio de levantar o crédito agrícola? Convém criar estabelecimentos especiais? Como fundá-los?
7. Na lavoura têm-se introduzido melhoramentos? Quais? Há urgência de outros? Como realizá-los?[71]

A comissão de representantes dos agricultores de São Paulo, que tinha entre os seus porta-vozes Campos Salles, campineiro e republicano, resumiu sua posição num comunicado conjunto: "A comissão se absterá de responder em detalhes, uma por uma, todas as interrogações do questionário porque toda a questão pode reduzir-se a dois pontos: capital e braços".[72]

Em São Paulo, essas claras prioridades resultaram em ações concretas.

O crédito

Todos compreendiam que a ampliação da rede de transportes era essencial para o crescimento da economia do café em São Paulo. Mas o financiamento dessa expansão era também uma questão crucial. O café, planta perene, produzia normalmente por até 40 anos e seu plantio era um investimento de longo prazo, ademais os recursos necessários para iniciar o negócio eram proporcionalmente muito grandes. Além do valor da terra, que muitas vezes era baixo, havia a questão da abertura das fazendas, que exigia um grande investimento para recrutar os trabalhadores necessários, derrubar a mata e plantar o cafezal. Tudo isso feito, o agricultor deveria manter a plantação limpa e cuidada, substituir as mudas que não vingaram e aguardar cinco anos para que as plantas –

tudo correndo bem – começassem a produzir plenamente. Eram raros os casos de fazendeiros com capitais próprios, capazes de fazer frente às enormes necessidades do negócio. Sendo cultura de capital intensivo, o empreendimento exigia crédito, e não existia a possibilidade de se abrir uma fazenda de café sem o capital necessário para o investimento inicial e a manutenção durante o período em que a plantação ainda não produzia. O financiamento sempre foi uma questão-chave para o desenvolvimento da cultura do café.

A construção de um sistema de crédito que atendesse às necessidades básicas da economia e fosse capaz de financiar a produção foi o resultado final de um longo processo. Depois da liquidação do primeiro Banco do Brasil em 1829, o país não teve mais nenhum banco até 1838, quando se inaugurou o Banco Comercial do Rio de Janeiro. Este, depois de um processo de fusões e incorporações, comandado pelo gabinete Conservador, que tinha o Visconde de Itaborahy como ministro da Fazenda, se transformou em 1853 em um novo Banco do Brasil.[73] O novo banco estabeleceu uma Caixa Filial em São Paulo em 1856[74] e essa foi a única instituição bancária que funcionou na cidade até 1870.[75]

Na ausência de um sistema bancário, eram os comissários e os capitalistas locais os principais fornecedores de crédito para a agricultura. A prática mais usual, nesse tempo, era o empréstimo entre pessoas que se conheciam e se relacionavam – tanto tomadores como financiadores – e o das casas bancárias, garantidas pelo patrimônio pessoal de grandes comerciantes que descontavam letras e faziam adiantamentos. A lenta modernização do mercado de capitais, que a rigor acompanhava com atraso as mudanças que ocorriam na Europa e nos Estados Unidos, permitiu essa predominância do crédito de natureza pessoal, que era pautado pelas relações de amizade, parentesco ou dependência, que facilitavam a avaliação dos riscos e a capacidade de pagamento do tomador.[76]

A rápida expansão da cafeicultura, tanto no Vale do Paraíba quanto no Oeste Paulista, contou desde o início com o fornecimento de crédito dessa elite regional, que possuía capitais acumulados.[77] Esses capitalistas tinham uma grande presença nesse sistema de financiamento informal da produção e eram amplamente dominantes no fornecimento de crédito.

Um morador de Lorena, no Vale do Paraíba, o português Joaquim José Moreira Lima (1807-79), registrou na sua cidade 37 hipotecas entre 1866 e 1878, num total de 437 contos de réis, quantia que representava um terço dos empréstimos hipotecários locais. Em Guaratinguetá, ele possuía outras 14 hipotecas, totalizando 184 contos. Em Bananal e Areias, mais 34 hipotecas, somando 875 contos de réis. De acordo com o estudo de Renato Marcondes sobre Lorena e Guaratinguetá, 58,6% e 50,2%, respectivamente, dos empréstimos hipotecários realizados no período de 1865-87 correspondiam a créditos locais fornecidos por investidores da região.[78] Também os comissários, que intermediavam as transações entre os produtores e o mercado internacional, foram por longo tempo os mais eficientes agentes de financiamento disponíveis. Warren Dean observa que, na região de Rio Claro, durante a década de 1850, de um total de 886 contos emprestados por 39 financiadores, 6% vinham de fazendeiros e comerciantes de Rio Claro, 14% de fazendeiros e comerciantes de outras regiões da província e 80% de exportadores e comerciantes de Santos e do Rio.[79] Porém, os juros eram elevados e variavam, em São Paulo, de 12% a 18%, e eram alvo de constantes reclamações dos agricultores.[80] No entanto, esse nível de taxa proporcionava uma remuneração atrativa, capaz de compensar os riscos para os financiadores, que somente a alta rentabilidade da cafeicultura naquele período tornava possível. Essa rentabilidade era tão elevada que o sistema contava também com agentes de intermediação:

> Auxílios à lavoura
>
> João Egydio de Souza Aranha tira dinheiro a prêmio por hipoteca, do Banco do Brasil e Predial. Incumbe-se de tais serviços mediante módica porcentagem; não só neste município como nos que são servidos por estradas de ferro ou próximos delas.
>
> Para esse fim dispõe dos meios necessários, escritório em Campinas à rua do Comércio n. 12.[81]

A aprovação do Código Comercial de 1850 e das leis que regulavam as hipotecas de 1864-5 abriu a possibilidade do financiamento hipotecário e de uma institucionalização maior do sistema de crédito, porém a sua implantação foi muito lenta. Nas áreas de fronteira agrícola, onde o financiamento de longo prazo era mais necessário, as terras não tinham mercado. Nas áreas de ocupação mais antiga, os títulos de propriedade em geral eram vagos e a sua execução problemática.[82] Embora a Lei de Terras de 1850 obrigasse a inscrição da propriedade no Registro Geral de Imóveis, demorou muito para que a prática se estabelecesse.

E havia uma questão mais relevante em jogo. A lei estabelecia que:

> Art. 13. [...]
> § 5º Os empréstimos hipotecários não podem exceder à metade do valor dos imóveis rurais e três quartos dos imóveis urbanos.
> § 7º Os empréstimos hipotecários são pagáveis por anuidades calculadas de modo que a amortização total se realize em 10 anos pelo menos e em 30 no máximo.[83]

Como lembra John Schulz, em caso de não pagamento, presumia-se que a propriedade valia o dobro da dívida, cabendo ao credor entregar um montante equivalente ao devido para poder executar a hipoteca.[84] O mercado formal oferecia opções muito mais líquidas e de menor prazo, e com maiores garantias do que empréstimos longos aos produtores de café. Numa época em que apólices do Tesouro pagavam um juro certo, não era fácil reunir capital para financiar empreendimentos de risco como esse, baseados em propriedades de difícil execução.[85] O próprio Banco do Brasil só deixou de fazer hipotecas sobre escravos em 1884, demonstrando que, mesmo às vésperas da abolição, quando já havia consenso de que o regime escravista tinha os dias contados, os escravos ainda eram considerados um bem mais líquido e facilmente executável.[86]

A penetração dos bancos, principalmente depois da lei hipotecária de 1864, permaneceu lenta,[87] embora a demanda por capital fosse cada vez mais intensa.[88] Em São Paulo, a situação do sistema de crédito era mais difícil do que na Corte. Além da Caixa Filial do Banco do Brasil, em 1880 havia apenas três bancos na cidade.[89] Ali, a simbiose entre os interesses da elite local e o governo provincial foi novamente o motor de mudanças cruciais. No início da década de 1880, a situação institucional começou a se alterar fortemente.

A Assembleia aprovou em junho de 1881 uma lei que oferecia 7% de garantia de lucros para um banco com capital de 5 mil contos que atuasse como financiador hipotecário exclusivamente na província. A taxa de juros das hipotecas não poderia ultrapassar os 9%, muito abaixo portanto do que o mercado praticava, e o prazo poderia ser de no máximo 20 anos. Segundo a lei, o banco poderia emitir letras hipotecárias até o quíntuplo do capital realizado.[90] Com isso se garantiu a criação do Banco de Crédito Real de São Paulo, que se constituiu em importante passo para a institucionalização de um sistema de crédito para a cafeicultura paulista. O Banco alcançou 5 mil contos em hipotecas em 1886 e 9 mil e 500 contos em 1889.[91] Em 1899, num contexto já muito diferente e com as elites paulistas firmes nas rédeas do poder central, a lei é alterada, autorizando a elevação do capital do banco para 10 mil contos e mantendo a garantia de juros de 7% pelo prazo de 20 anos. A nova lei fixava prazos de vencimento de 5 a 20 anos e a obrigatoriedade de "não realizar empréstimo senão sobre bens agrícolas e acessoriamente sobre propriedades urbanas, sitas no Estado."[92]

Mais uma vez o impulso decorrente das mudanças institucionais do período final do Império foi muito amplificado pela atuação do poder público provincial em São Paulo, que atuou consistentemente no sentido de modernizar as instituições e prover de suporte a cafeicultura em expansão. Com a República, e a consequente mudança no controle político do país, uma série de reformas legais impulsionou a organização de novas empresas e contribuiu para formalizar o mercado de crédito. Os decretos de janeiro de 1890 consolidaram e ampliaram o conceito de responsabilidade limitada nas empresas e estimularam a abertura de novos bancos que, mesmo após o estouro da bolha do Encilhamento, mantiveram o crédito em expansão em São Paulo. Em 1886, o total do crédito bancário foi de 25,7 mil contos. Em 1890, esse volume alcançou 77,3 mil contos, explodindo para 122,1 mil contos em 1892, em razão da euforia provocada pelo Encilhamento, e estabilizou-se em 114,1 mil contos em 1899,[93] número que representa um crescimento superior a quatro vezes em termos nominais desde os últimos anos do Império. As taxas de juros caíram com a maior formalização do mercado e, no caso dos empréstimos hipotecários, atingiram uma taxa média de 8,03% para o período de 1888 a 1899 em São Paulo.[94]

A criação de um sistema institucionalizado de financiamento da produção teve um enorme impacto no desenvolvimento e na expansão da economia cafeeira, porém contribuiu para ampliar os antagonismos entre as elites locais, aprofundando as divisões entre os financistas e os agricultores.

Monteiro Lobato, ele mesmo um ex-fazendeiro, escrevendo já na segunda década do século XX, mas refletindo provavelmente as experiências da sua juventude, passada na grande fazenda de café do seu avô, resume a situação e demonstra a longa vigência desse conflito:

> Tirar uma fazenda do nada é façanha formidável. Alterar a ordem da natureza, vencê-la, impor-lhe uma vontade, canalizar-lhe as forças de acordo com um plano preestabelecido, dominar a réplica eterna do mato daninho, disciplinar os homens da lida, quebrar a força das pragas... – batalha sem tréguas, sem fim, sem momento de repouso e, o que é pior, sem certeza plena da vitória.
>
> Colhe-a muitas vezes o credor, um onzeneiro que adiantou um capital caríssimo e ficou a seu salvo na cidade, de cócoras num título de hipoteca, espiando o momento oportuno para cair sobre a presa como um gavião.[95]

Braços para a lavoura, mas não só para ela

A terceira intervenção relevante do poder público provincial foi o apoio decidido e o subsídio à imigração.

No primeiro recenseamento geral do Império, realizado em 1872, a população da cidade de São Paulo ainda era de apenas 23.373 habitantes, se considerarmos exclusivamente o núcleo urbano que veio a constituir a cidade no final do século XIX.[96] O número de escravos era de 3.394 e eles representavam somente 14,5% da população, porém os estrangeiros já somavam, nesse levantamento, 1.926 indivíduos, ou 8,2% do total.[97] São Paulo disputava com Campinas o título de maior cidade da província, e era superada em população por Belém, São Luiz, Cuiabá, Manaus, entre outras. Isso sem mencionar a capital do Império, dez vezes maior.

Em 1871, sob a coordenação do governo provincial, reuniu-se um grupo de fazendeiros e financistas para formar a Associação Auxiliadora da Colonização e Imigração, com o propósito de "facilitar para os nossos fazendeiros a aquisição de trabalhadores livres".[98] A lei provincial autorizou o apoio de até 900 contos de réis para o incentivo à imigração. Ao mesmo tempo que aprovava subsídios para a vinda de trabalhadores livres, a Assembleia Provincial também se preocupava em taxar o trabalho escravo para financiar a imigração.[99] O valor era quase simbólico, mas deixava claro de que lado o poder público da província estava.

Entre 1875 e 1879, o registro de entrada foi de 10.455 imigrantes em São Paulo.[100] Para organizar esse crescente fluxo, em 1881, por iniciativa da Assembleia Provincial, foi criada uma comissão para estabelecer uma Hospedaria de Imigrantes, que até então eram alojados precariamente em edifícios improvisados e inadequados na Luz, em Santana e no Bom Retiro.

Mas as necessidades de mão de obra eram muito maiores e, em julho de 1886, um grupo formado pelos principais nomes da cafeicultura e dos negócios de São Paulo, em estreita sintonia com o governo provincial, constituiu uma sociedade civil, sem fins lucrativos e com um capital autorizado de 500 contos, destinada a organizar o "mais importante dos serviços públicos provinciais – o serviço de imigração".[101]

A Sociedade Promotora da Imigração é um bom exemplo da simbiose que se formou entre a elite cafeeira e o poder público, sendo este usado não na perseguição de objetivos privados dos membros desse grupo com acesso ao poder, mas sim no sentido de atender aos interesses gerais da classe. A Sociedade foi criada com o propósito de organizar o fluxo de imigrantes e, no primeiro momento, de combater a má fama que o Brasil havia acumulado na Europa desde os tempos das colônias de parceria. Formada por cidadãos privados, foi contratada em 3 de julho de 1886 para organizar o recrutamento, o transporte e a distribuição de trabalhadores imigrantes.[102] Como contrapartida:

> A sociedade receberá da província para as despesas inerentes ao serviço de introdução e promoção da imigração subsídios pecuniários distribuídos da seguinte forma: 85$ por indivíduo maior de 12 anos; 42$500 por indivíduo de 7 a 12 anos; 21$250 por indivíduo de 3 a 7 anos; todos os subsídios acham-se sujeitos às condições de estado, parentesco e procedência dos imigrantes, determinados nas leis vigentes de imigração provincial.[103]

E para evitar as práticas que causaram críticas nos anos precedentes:

> Atendendo ao fecundo princípio prescrito pela natureza das relações da imigração, a observação e prática dos fatos, estipulou o governo provincial a rigorosa obrigação de que só seria concedido o auxílio do contrato de 3 de Julho do corrente aos imigrantes que fossem transportados à província com plena liberdade de se colocarem onde melhor lhes aprouver, ficando ainda a cargo da associação contratadora promover todos os meios de boa e leal colocação dos imigrantes.[104]

Sob a presidência de Martinho Prado Jr., a Sociedade começou imediatamente a operar, assumindo o compromisso de recrutar e transportar 6 mil imigrantes no ano financeiro de 1886-87. E, aproveitando-se de que Antônio Prado, irmão de Martinho, estava à frente do Ministério da Agricultura do Império, obteve deste uma subvenção para imprimir 80 mil livretos de propaganda em português, alemão e italiano para distribuição na Europa, destacando as vantagens de São Paulo.[105]

Em 1887, uma lei provincial transferiu a administração da nova Hospedaria de Imigrantes para a Sociedade e, periodicamente, o Legislativo de São Paulo aprovava novos fundos para subsidiar a vinda de trabalhadores.[106] A parceria entre interesses públicos e privados deu bons resultados. As despesas do governo provincial com imigração passaram de 223 contos, em 1886, para 2 mil e 500 contos ao final de 1887.[107]

Quando o prédio definitivo da Hospedaria foi concluído, em 1888, ao custo de mais de 400 contos, os números já eram outros. Se entre

1882 e 1886 as chegadas anuais de imigrantes eram inferiores a 6 mil por ano, com o funcionamento da Sociedade Promotora da Imigração, esse número se elevou para 32 mil em 1887, e quase 92 mil em 1888, ano da Abolição.[108] A safra de café nesse ano de mudanças tão cruciais foi maior que a do ano anterior no Oeste Paulista, demonstrando que o modelo dava resultados superiores às mais otimistas expectativas. "De 1889 ao início do século seguinte, chegaram quase 750.000 estrangeiros a São Paulo, dos quais 80 por cento eram subsidiados pelo governo."[109]

Com a República e sob a nova Constituição federalista que permitia grande autonomia aos estados, a Secretaria de Agricultura de São Paulo foi paulatinamente assumindo as tarefas da Sociedade. "Em 1895, a Sociedade Promotora recebeu seus últimos grupos de europeus, e a Secretaria de Agricultura tomou a si uma parte maior do programa. Completada a transição administrativa, alcançados seus propósitos, a Promotora se desfez no curso de 1895."[110]

População da cidade de São Paulo

Inclui o núcleo histórico formado pelas Freguesias da Sé, Santa Ifigênia, Brás, Penha e N. Sra. do Ó e a partir de 1872 Consolação e exclui Cotia, Guarulhos, Juqueri, São Bernardo e a capela curada do M'Boi (Embu) desmembradas da cidade ao longo do séc. XIX.

Ano	População	Livres	Escravos	Estrangeiros	% Estrang.
1836	12.356	8.786	3.570		
1854	15.363	11.294	4.069	738	4,8
1872	23.373	19.979	3.394	1.926	8,24
1890	64.934			14.303	22,03

Fonte: BASSANEZI, Maria Silvia C. Beozzo. *São Paulo do passado*: dados demográficos – capital VII. São Paulo: Editora Unicamp, 2000.

No censo de 1890, o primeiro da República, o impacto de tantas mudanças era visível e a população da cidade atingiu 64.934 habitantes. Os escravos já não existiam, mas o número de estrangeiros se ampliara muito e eles representavam mais de 22% do total da população.

O sono dos três séculos anteriores se acabara e a cidade despertou para o progresso. E não parou mais.

O NASCIMENTO DA METRÓPOLE

> O CAMARTELLO tem arrasado quase tudo do São Paulo antigo e já hoje seria difícil reconstruir, mesmo graficamente, aquele pitoresco e multifário aspecto da cidade das rótulas, dos estudantes e das xícaras de café a 40 réis. Pouco e pouco vão desaparecendo os velhos edifícios de fisionomia naife, mais ou menos colonial, para dar lugar aos mais elegantes palácios da moderna arquitetura. Quem volver o pensamento para o passado dificilmente poderá reconstruir a estrutura da nossa urbs, visto como se apagaram as suas mais fortes características ao impulso de uma remodelação constante e radical.
>
> A evolução tudo transforma. A São Paulo de hoje não é a São Paulo de há 40 anos. Os que não viveram durante esse lapso de tempo se agora viessem surpreendê-lo na sua vida social e material, ficariam extáticos ante os usos e costumes da população e o modernismo das construções que se enfileiram ao longo das avenidas, ruas e praças, dando a cada local um aspecto inteiramente novo.
>
> Basta estender os olhos à Avenida que está sendo concluída no antigo campo do Anhangabaú. O que hoje nos deslumbra pela arquitetura dos jardins era há bem poucos anos um terreno utilizado exclusivamente pela indústria de verdura.[111]

O surto espetacular de progresso e crescimento que foi deflagrado na década de 1890 tinha, portanto, raízes fundas, ancoradas nas transformações promovidas pelas elites paulistas ao longo da segunda metade do século XIX. Principalmente a partir da década de 1860, a articulação entre o poder público provincial e os interesses privados dos empreendedores paulistas impulsionou o crescimento da economia e o surgimento de novas e mais intensas pressões por mudanças. Havia ficado cada vez mais nítido para esses paulistas que o modelo de governo unitário e centralizador do Império era um poderoso obstáculo ao desenvolvimento. Enquanto São Paulo crescia e se modernizava, articulando recursos e capitais locais, o governo central ia cada vez mais assumindo o papel de entrave a esses esforços. Nos anos finais do regime monárquico, 62,5% do orçamento nacional era gasto na Corte,[112] que, além de drenar as receitas, impedia uma maior autonomia das províncias, reivindicação básica dos paulistas.

A República mudou radicalmente esse panorama. Ao instituir um regime federalista que permitia aos novos estados eleger os seus dirigentes e estabelecer políticas próprias, inclusive em relação às suas economias, alterou também estruturas legais que funcionaram, em termos práticos e por um longo período, como obstáculos ao crescimento.

Havia um claro sentimento de urgência e, nas primeiras semanas da República, as novidades se sucederam rapidamente. A economia e a legislação que a organizava logo ocuparam o primeiro plano. Segundo Gustavo Franco e Luiz Correa do Lago:

> O país precisava se renovar de muitas maneiras, com atitudes e medidas mais favoráveis à iniciativa privada, ao internacionalismo e ao investimento, desafios que o Império genericamente nunca considerou prioritários, e que, neste momento em particular, tornavam-se críticos [...].[113]

A moeda, a disponibilidade de crédito e o volume do meio circulante eram decisivos para a definição das opções do novo regime.[114] Segundo os mesmos autores:

> Logo em 17 de janeiro de 1890 a jovem República conhece o seu primeiro grande "pacote econômico". O salto para a "modernidade" seria ambicioso e irreversível: em suas crônicas, Machado de Assis repetidamente referia-se àquela data como "o primeiro dia da criação", o dia em que uma série de decretos trouxe uma nova lei para bancos de emissão, criando várias instituições, e para diferentes regiões do país, e também algumas importantes alterações na lei societária, modificando substancialmente os entraves à incorporação de novas empresas. A reação do "mercado" a tudo isso foi de absoluto deslumbramento. A euforia na bolsa, que já vinha de antes, ganhou renovado impulso: de pouco mais de 90 companhias listadas no início de 1888, passou-se a cerca de 450 em meados de 1891, às vésperas da débâcle.[115]

Essas alterações profundas na economia resultaram na bolha especulativa do Encilhamento, na crise bancária e cambial, e se associaram a uma desvalorização dos preços do café, resultante da enorme expansão da produção. Acrescente-se a isso uma conjuntura internacional desfavorável, decorrente da crise internacional, detonada pelas operações do banco Baring Brothers, na Argentina, que foi provavelmente uma das primeiras crises bancárias globais.[116] A essa conjuntura econômica negativa se juntaram as sucessivas crises políticas, como a Revolução Federalista no Rio Grande do Sul, a Revolta da Armada e a Campanha de Canudos, que marcaram a primeira década republicana.

Apesar desse contexto desfavorável, a cidade de São Paulo cresceu como em nenhum outro momento da sua história. A relação entre as mudanças desse período e esse crescimento explosivo merece um estudo específico e parece impossível dissociá-los.

Entre 1890 e 1900, a velha cidade colonial praticamente desapareceu, demolida pelas novas construções, a abertura e o alargamento de ruas e o loteamento das grandes chácaras, que ainda ocupavam a área central e serviam de moradia para a velha elite. A população passou de 64.934 para 239.820 habitantes,[117] com um incremento espantoso de quase 14% por ano. A diferença entre a população existente em 1890 e a de 1900 é de quase 175 mil pessoas, o que significa que, em média, a cada ano, a cidade passou a abrigar quase 18 mil novos habitantes. Muito certamente, a esmagadora maioria deles veio de fora, e esses recém-chegados foram os personagens que, de fato, ajudaram a construir uma nova cidade. Os números são tão expressivos que, fazendo-se a suposição, numa hipótese absurda, que todos os moradores da São Paulo de 1890 estivessem vivos em 1900, significaria que apenas pouco mais de 25% da população haveria conhecido a cidade "velha" e, portanto, as marcas que o século XIX brasileiro deixou nela, como a monarquia, os presidentes de província nomeados pelo imperador e a escravidão.

Embora a população do estado de São Paulo também tenha aumentado expressivamente nesse período, passando de 1.384 mil para 2.279 mil, o crescimento da cidade de São Paulo, muito maior, resultou numa inédita concentração na capital. Se, em 1890, ela reunia 4,7% da população do estado, esse número subiu para expressivos 10,5% em 1900 e atingiu 12,8% em 1920.[118]

É preciso notar que a grande expansão da cidade nesse período não é apenas consequência do crescimento da economia cafeeira e, sobretudo, não é uma derivação simples dele. Não há dúvida de que ela cresceu num ritmo e numa intensidade que superavam em muito o da cultura do café. A política de imigração, base dessa expansão, atendeu, durante todo esse período, com muita folga, às necessidades da lavoura. A suposição, muito repetida, de que o fluxo intenso de imigrantes era patrocinado exclusivamente pelos interesses dos produtores de café e se dirigia prioritariamente às lavouras ainda precisa ser mais bem investigada.

Segundo Holloway, que estudou esse processo em detalhe,

> [...] para todos os períodos mostrados, o serviço de imigração e trabalho de São Paulo supriu o planalto ocidental com muito mais trabalhadores do que os necessários para atender ao crescimento da lavoura cafeeira. Durante a estagnada primeira década [do século XX] foram fornecidos quase dez vezes mais trabalhadores do que os reclamados pela expansão do café.[119]

Segundo o mesmo autor:

> Em 1910, calcula-se que 248.000 trabalhadores eram necessários nas fazendas de café. Nos dezesseis anos precedentes, de 1893 a 1909, 520.000 pessoas saíram da hospedaria [do Imigrante] para o planalto ocidental, e cerca de 364.000 estavam em idade ativa quando fizeram a viagem.[120]

Apesar disso, essa política continuou a ser praticada até o final da década de 1920 e trouxe, com subsídios do Estado, dezenas de milhares de imigrantes que nunca puseram os pés numa fazenda de café. Grande parte desse excedente das lavouras se dirigiu para a cidade de São Paulo e engrossou as fileiras dos trabalhadores urbanos que se ocuparam principalmente na indústria.

Entre 1890 e 1920, a quantidade de café exportado pelo país pouco mais que dobrou, passando de 5 milhões e 100 mil sacas em 1890 para 11 milhões e 500 mil em 1920. O valor desse café exportado cresceu 2,3 vezes, indo de 17.800 mil libras em 1890 para 40.400 mil libras em 1920. São índices espetaculares, mas muito inferiores ao crescimento da cidade de São Paulo, que nesse período passou de 64.934 para 579.033 habitantes em 1920, um acréscimo de quase 9 vezes.

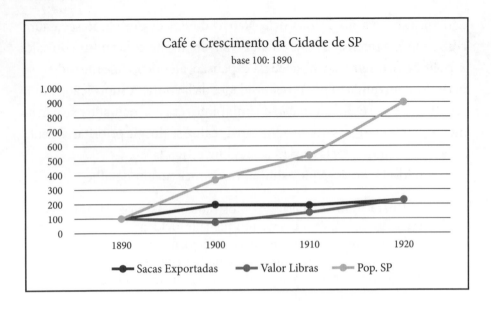

A NOVIDADE DA VIDA URBANA

A ocupação de novos espaços

> A Vida Mundana
> A nossa capital já é um centro onde as manifestações de vida mundana se fazem sentir fortemente. Já não somos os tristes moradores de uma cidade provinciana que às nove horas dormia a sono solto, depois dos mexericos através das rótulas ou à porta das farmácias.[121]

Nos anos finais da Primeira Guerra, a cidade já não estava mais circunscrita pelos dois rios – o Tamanduateí e o Anhangabaú –, que durante os primeiros trezentos anos de sua história lhe serviram de limite. Ela havia se espalhado muito e ocupava uma área várias vezes maior que a pequena colina da sua fundação. Ao norte, alcançava a Freguesia do Ó, Santana e a Casa Verde, na outra margem do rio Tietê. A oeste, Lapa, Pinheiros, Vila Pompeia e Perdizes; ao sul, Vila Mariana e Ipiranga e, margeando o rio Tamanduateí, o Brás, a Mooca e o Cambuci. Na direção leste, a partir do Belenzinho, praticamente um prolongamento do Brás, a cidade se estendia até o Tatuapé e a Penha.

Mas entre eles ainda havia enormes áreas desocupadas. O vetor da ocupação era sempre a linha de bondes da Light, que fazia a ligação entre os bairros e o Centro.

O Centro da cidade era o triângulo irregular formado pelas ruas 15 de Novembro, São Bento e Direita, que reuniam o melhor do comércio paulistano, as primeiras grandes lojas, como o Mappin Stores, a Casa Alemã, a Casa Lebre, e os principais cafés e confeitarias. Lá também estavam localizados os mais valiosos prédios e muitos capitalistas sustentavam suas fortunas com o aluguel de cobiçados imóveis no Triângulo.

Boa parte das elites ainda habitava as ruas mais próximas do Centro e as do bairro da Liberdade. Albuquerque Lins, ex-presidente do Estado, morava numa grande mansão na rua da Glória. Antônio Lara, Conde de Lara, um dos maiores proprietários urbanos da cidade, tinha casa na rua Ipiranga;[122] a Marquesa de Itu, na rua Florêncio de Abreu, e Antônio Paes de Barros, na rua Brigadeiro Tobias.[123] Na virada do século, o Conde Prates construiu um palacete na rua dos Guaianases, nos Campos Elísios, ocupando todo um quarteirão. Mas continuou a morar por um bom tempo na rua São Bento, porque considerava perigoso morar tão longe.[124]

Com a construção do Viaduto do Chá, em 1892, a maior intervenção urbana até então realizada na cidade, a região do morro do Chá foi rapidamente ocupada e o Vale do Anhangabaú, antigamente utilizado "unicamente pela indústria da verdura" no dizer de um cronista da revista *A Cigarra*, se transformou num belo jardim projetado pelo arquiteto e urbanista francês Joseph-Antoine Bouvard, que em 1911 foi contratado pelo prefeito Raimundo Duprat para projetar um novo cartão-postal para a cidade. Apesar do enorme crescimento, quem cruzava o viaduto ainda podia ver no horizonte a torre da Estação da Luz.

Desde a inauguração do viaduto, se acelerou a ocupação dos vastos terrenos que viriam a constituir os bairros de Campos Elísios e Vila Buarque, que se formaram a partir do loteamento das velhas chácaras. Parte desses terrenos foram ocupados por grandes mansões dos antigos proprietários e a área remanescente parcelada em lotes menores, onde se construíram casas modernas e confortáveis.

Em 1908, Jorge Americano, às vésperas de iniciar o seu curso na Faculdade de Direito, fez um retrato dos Campos Elísios, um dos principais redutos dessa nova elite da cidade:

> Eu tinha razão de sentir que essa região era o Centro do Universo. Nele estava o Palácio dos Campos Elísios.
>
> Moravam ali a Condessa do Pinhal, D. Elisa Monteiro de Barros, D. Olívia Guedes Penteado, a Condessa Pereira Barreto, a Baronesa de Arary, D. Chiquinha Fagundes, o Coronel Lacerda Franco e o Dr. Rubião Júnior, da comissão diretora do P.R.P., o Dr. Cardoso de Melo (pai), Galeno Martins, José de Queiroz Lacerda, diretor do Banco Comércio e Indústria, José Paulino Nogueira Filho, o Coronel Silva Teles, o Conselheiro Duarte de Azevedo, os Drs. Dino Bueno e João Monteiro, lentes da Academia, Álvaro de Menezes, lente da Escola Politécnica, D. Joana de Morais Sales, viúva do Dr. Alberto Sales, que veio a ser sogra do Roberto Moreira, que residia fronteiro; o Dr. Firmiano Pinto, Luís Levy, compositor e dono de casa de pianos, irmão do compositor Alexandre Levy, o Dr. Bernardo Magalhães, João Conceição, o Dr. Carlos Norberto de Souza Aranha, o Dr. Candido Espinheira, João Baruel e seu genro Galvão Bueno, o Dr. Ribeiro dos Santos, Luís Galvão, o Capitão Antônio Luís Ribeiro e o irmão Francisco de Paula Ribeiro (pai de Samuel e de Abraão Ribeiro), Hermes Alves de Lima, Trajano Fonseca, Alberto Penteado, Bento Bueno, Moreira de Barros.
>
> E nós.[125]

Com a implantação da avenida Paulista, em 1891, a cidade também se espalhou pelas regiões mais altas em direção ao espigão da avenida. Essas regiões foram sendo habitadas pelos que procuravam os ares mais saudáveis e os terrenos mais elevados. Na subida da Consolação, além do cemitério, surgiu o novo bairro de Higienópolis – *a cidade higiênica* –, de ar puro e ruas arborizadas. O bairro reunia grandes mansões, como a de Dona Veridiana Prado, que por muitos anos foi considerada a maior e mais rica casa da cidade, e a enorme casa do Conde Álvares Penteado na avenida Higienópolis, ambas ainda existentes.

No alto, na Paulista, se concentraram, principalmente, os novos ricos. A maior parte dos grandes palacetes da avenida pertencia a sobrenomes como Matarazzo, Crespi, Siciliano, Pinotti Gamba, Calfat, Rizkallah, Jafet,[126] os capitães da indústria que foram se instalando ali, em mansões que rivalizavam umas com as outras e que foram construídas, muitas vezes, poucos anos após a chegada dos seus proprietários à cidade. Matarazzo é um exemplo disso. Chegando ao Brasil em 1881, estabeleceu-se inicialmente em Sorocaba e só se mudou para São Paulo em setembro de 1890, ainda como negociante de banha, instalando uma casa comissária na praça do Mercado na rua 25 de Março.[127] Em 1896, já inaugurava uma magnífica residência na avenida.

Zélia Gattai, que viveu sua infância em São Paulo nos anos 1910 e 20, descreve com graça a geografia da cidade naqueles anos:

> [...] a Alameda Santos é a primeira rua paralela à Avenida Paulista, onde residiam, na época, os ricaços, os graúdos, na maioria novos-ricos.
>
> Da Praça Olavo Bilac até o Largo do Paraíso, era aquele desparrame de ostentação! Palacetes rodeados de parques e jardins, construídos, em geral, de acordo com a nacionalidade do proprietário: os de estilo mourisco, em sua maioria, pertenciam a árabes, claro! Os de varandas de altas colunas, que imitavam os "palazzos" romanos antigos, denunciavam – logicamente – moradores italianos. Não era, pois, difícil, pela fachada da casa, identificar a nacionalidade do dono.[128]

Segundo ela, a elite tradicional não morava ali, mas em áreas de ocupação mais antiga, como "[...] o elegante bairro de Higienópolis, esse sim, bairro dos ricos autênticos, com tradição e fidalguia".[129]

Nas partes mais baixas, nas várzeas do Tamanduateí e do Tietê, se espalhavam, em ruas pontilhadas de chaminés, as moradias dos novos personagens da cidade. Esses eram, na sua ampla maioria, recém-chegados e habitavam uma outra São Paulo que se ergueu quase que do dia para a noite, povoando o Brás, a Mooca, o Cambuci, a Barra Funda e os bairros mais distantes, Ipiranga e Lapa, onde grandes fábricas e oficinas davam emprego à maioria dos seus moradores.

O Brás, principalmente, era o polo dinâmico dessa nova cidade de operários e imigrantes. Ao contrário do Centro antigo, de ruas estreitas e sinuosas, cheio de ladeiras e becos, o Brás era mais moderno, com um arruamento regular de ruas retas, largas e planas. A maioria não possuía calçamento, a exemplo do que ocorria nos demais bairros recentemente abertos, mas sua avenida central, a Rangel Pestana, que atravessava o rio ao lado do Gasômetro, era uma das mais largas e certamente uma das mais movimentadas da cidade. Milhares de pessoas a ocupavam durante todo o dia, indo e vindo, do Centro, das fábricas, lotando os bondes e as calçadas, num trajeto que só era interrompido pelas porteiras da Central, que volta e meia se fechavam e impediam o tráfego de veículos e pedestres para a passagem do trem.

Uma cidade, muitas línguas

Entre 1884 e 1904, mais de 2 milhões e 700 mil imigrantes entraram no Brasil, e São Paulo foi o principal polo de atração para esses estrangeiros. Entre 1893 e 1928, um milhão e meio deles passaram pela Hospedaria de Imigrantes, sendo mais de 900 mil subsidiados pelo governo de São Paulo.[130]

Em 1890, os estrangeiros eram 14 mil na capital e representavam 22% da população.[131] No Censo de 1920, quando a população da cidade atingiu 579 mil habitantes, os estrangeiros já eram 205 mil e representavam mais de 35% do total da capital paulista.[132]

A presença maciça desses imigrantes rapidamente alterou a feição tradicional da velha São Paulo, e essa crescente multidão, vinda de todas as partes do mundo, tomou conta das ruas a tal ponto que até a fala corrente foi sendo cada vez mais influenciada por eles.

Essas rápidas mudanças ocorridas na cidade eram facilmente percebidas por todos, mas foi o jovem jornalista Oswald de Andrade quem primeiro foi capaz de sintetizar e dar forma literária e jornalística a esse fenômeno. Oswald, embora fosse muito rico e filho de um dos grandes empreendedores imobiliários da cidade, desde jovem era ativo em diversos jornais paulistanos.[133] Em 1911, ele fundou um pequeno semanário satírico que logo se tornou um sucesso. Era *O Pirralho*, e nele se reuniu o que havia de mais criativo e moderno na imprensa de São Paulo.

Entre as muitas invenções e novidades d'*O Pirralho*, Oswald teve a ideia de criar duas seções imitando a língua das ruas, como ela era falada pelos imigrantes. Logo no segundo número surgiu uma coluna, escrita por ele e assinada com o nome de *Annibale Scipione*, chamada "Cartas d'Abax'o Piques", sendo o Piques o nome genérico pelo qual era conhecida a região do Bixiga, que concentrava um grande número de italianos pobres. Nos primeiros números da revista, a coluna dividia espaço com "O Birralha, Xornal Allemong", também escrita por Oswald e que, em geral, ocupava uma página inteira da publicação. Como os italianos eram esmagadora maioria, as "Cartas d'Abax'o Piques", que inicialmente eram apenas uma coluna pequena, logo se tornaram a principal atração d'*O Pirralho*.

Era uma mistura curiosa e engraçadíssima de português com sotaque e italiano arrevesado. Aquilo acabou conhecido como "português macarrônico", expressão que até hoje perdura. Oswald, cada vez mais envolvido nas atividades da revista, que cresceu rapidamente, em pouco tempo procurou quem o substituísse numa das colunas. Um dos seus amigos de *O Estado de S. Paulo* lhe apresentou um estudante de engenharia que trabalhava como revisor do jornal. Chamava-se Alexandre Marcondes Machado e precisava do trabalho para sobreviver. Ele assumiu as "Cartas" assinando-se como *Juó Bananére*, "*barbiere e giurnalista*". O sucesso foi imediato e logo todos perceberam que o "português macarrônico" era a sua verdadeira língua, e ele a escrevia com uma naturalidade assombrosa. Na primeira metade da década de 1910, as "Cartas d'Abax'o Piques" assinadas pelo Juó Bananére tomaram conta da cidade e foram decisivas para o sucesso de *O Pirralho*. Em pouco tempo, o "português macarrônico" criou a sua própria literatura e até poesia. Alexandre Machado, travestido de Juó Bananére, além de crônicas e comentários sobre a vida social e política da cidade, fazia paródias de versos famosos dos poetas românticos e parnasianos. Embora não selecionasse muito os seus alvos, criticando quase tudo, tinha entre as vítimas preferidas o poeta Olavo Bilac, o mais famoso literato brasileiro do seu tempo, a quem parodiava frequentemente, como no soneto XIII da *Via Láctea*, conhecido como "Ouvir estrelas".

> *Che scuitá strella, né meia strella!*
> *Vucê stá maluco! E io ti diró intanto,*
> *Chi p'ra iscuitalas moltas veiz livanto,*
> *i vô dá una spiada na gianella.*[134]

Mas, além das paródias, ele também criava seus próprios poemas, sempre na língua macarrônica, como "Sodades de Zan Paolo".

> *Tegno sodades dista Pauliçéa,*
> *Dista cidade chi tanto dimiro!*
> *Tegno sodades distu çéu azur*
> *Das bellas figlia lá du Bó Ritiro.*
>
> *Tegno sodades, ai de ti – Zan Baolo!*
> *Terra chi eu vivo sempre n'un martiro,*
> *Vagabundeano come un begiaflore,*
> *Atraiz das figlia lá du Bó Ritiro.*[135]

Se o italiano penetrou na cultura da cidade vindo diretamente das ruas e seu uso literário era exclusivamente satírico, o uso do francês – cuja presença também é marcante – tem origem bem diversa.

A velha elite – pequeno grupo de poder e riqueza que dominava a cidade no século XIX – tinha o francês quase como língua principal e o usava amplamente para ter acesso às informações do mundo e até na vida doméstica, como narra Maria Paes de Barros, discorrendo sobre sua infância e primeira juventude nos anos de 1850-60:

> Grandes e pequenos, todos no sobrado falavam francês. Também eram nessa língua os livros didáticos, como os volumes de duas estantes que se viam na espaçosa sala de estudos. [...] No afã de ilustrar os filhos, o Comendador Barros mandara vir da França uma boa coleção de obras para a mocidade: histórias, viagens e biografias de homens célebres. As mais velhas recebiam a revista *Popular*, tão apreciada das famílias, e *L'Echo des Feuilletons*, publicação de novelas que as deliciavam com as façanhas dos heróis de Alexandre Dumas e as apaixonadas ternuras de Mme. Cottim. [...] As lições ministradas por Mademoiselle eram todas em francês e alemão. [...] Pobre vernáculo! Enquanto a gramática francesa era decorada a fundo, limitava-se o ensino de português a minguados estudos no pequeno volume da Enciclopédia.[136]

Nas duas primeiras décadas do século XX, apesar das grandes transformações, ainda se mantinham muitos dos hábitos e da cultura herdados do século anterior, e a língua francesa era presença constante no dia a dia. Embora houvesse pouquíssimos franceses autênticos na cidade, que nunca recebeu muitos imigrantes desse país, a língua era de uso obrigatório nos meios cultos. Era tão disseminada que era comum encontrar textos em francês em jornais e revistas, e praticamente todas as companhias de teatro estrangeiras que vinham se apresentar na cidade faziam seus espetáculos inteiramente em francês. Algumas das principais revistas consumidas pelas classes letradas e vendidas em quase todas as livrarias vinham da França: *L'Illustration*, *Revue des Deux Mondes*, *La Saison*, assim como todas as revistas femininas e de moda que circulavam amplamente.

Até mesmo na publicidade, a língua francesa era largamente utilizada. O Mappin Stores, aliás propriedade de ingleses e com sede em Londres, por exemplo, apresentava no *Correio Paulistano* sua nova seção de costura sob medida, que seria dirigida por um profissional francês de grande experiência, capaz de produzir peças de acordo com as últimas novidades vindas de Paris, com um anúncio inteiramente redigido em francês.

> Rayon de Couture
>
> Notre rayon pour robes e tailleurs est maintenant dirigé par un déssinateur français de grand experience. Nos clientes peuvent nous confier leurs commandes, avec la certitude de recevoir une conféction d'une elegance suprême et qui suive les dernières idées des grands couturiers de Paris. Prix modérés.[137]

A tradição do uso do francês também envolvia as gerações mais jovens. Em 1916, Oswald de Andrade e Guilherme de Almeida publicaram em parceria o seu primeiro livro. Embora com grande presença na imprensa, os jovens escritores – ambos tinham 26 anos – ainda não haviam estreado em livro e Oswald, que vivia uma crise romântica, convocou Guilherme para ajudá-lo. Juntos escreveram duas curtas peças teatrais chamadas *Leur âme* e *Mon coeur balance*, totalmente em francês. As peças foram lidas pelos autores em saraus e nas redações de jornais e da revista *A Cigarra*, e um ato de *Leur âme* foi representado no Theatro Municipal pela companhia da atriz francesa Suzanne Desprès.[138] Era um pouco esnobe, mas ninguém achou demasiadamente estranho que dois jovens escritores lançassem seu primeiro livro em francês. N'*O Pirralho*, em que se reunia a turma de jovens literatos ligada a Oswald e Guilherme de Almeida, Dolor de Brito, amigo de ambos, escreveu:

> *Mon Coeur Balance* é escrita em francês. Acham uns que é um defeito. Acham outros que não. Sendo a peça conjunto de cenas refinadamente elegantes, acham os segundos que só em francês poderia ser escrita. Os nacionalistas, os fascinados pela palavra mágica de Bilac, acham que não... Por isto mesmo é o acontecimento literário do Ano Novo...[139]

Ela era também a língua do pecado, automaticamente associada à luxúria e ao sexo. Na nascente vida boêmia da cidade nos anos 1910, os cabarés e as casas de prostituição de luxo que se multiplicavam pela cidade tinham sempre nomes franceses e os anúncios veiculados para divulgar, discretamente, os seus serviços eram também escritos em francês. Em *O Furão*, o semanário satírico publicado a partir de 1914 e dedicado exclusivamente ao *bas-fond* paulistano, os textos mais picantes e os anúncios dos melhores lugares vinham em francês, se bem que nem sempre perfeito:

> Etoile de Montmartre
> Rua Cons. Crispiniano, 19
> Directrice-Proprietaire: Mme. Bianca Perla
> Pension pour Artistes
> La plus chic de São Paulo
> Chambres richement meubles – Bains chauds e froids
> Cuisine de Premier Ordre
> Prés de Theatres[140]

Nesse ambiente, não é de estranhar que o político francês Georges Clemenceau, que visitou a cidade em 1910, comentasse no seu livro de memórias de viagem:

A cidade de São Paulo (350.000 almas) é tão curiosamente francesa em alguns de seus aspectos que, ao longo de uma semana inteira, não me lembro de ter tido a sensação de que estava no exterior. O fato de o francês ser falado geralmente não é exclusivo de São Paulo. A sociedade paulista, que tem, por tradição, uma personalidade mais marcante talvez do que qualquer outra aglomeração semelhante na República do Brasil, apresenta esse duplo fenômeno de se orientar resolutamente ao espírito francês e desenvolver paralelamente todos os traços da individualidade brasileira que determinam seu caráter.[141]

O peso da cultura francesa não se limitava ao uso extenso da sua língua. Em meio ao conflito que assolava a Europa, o Brasil manteve, até meados de 1917, uma precária neutralidade que, em São Paulo, era repelida pelas elites cultas da cidade, e sobretudo pelos estudantes da Faculdade de Direito, tradicionalmente liberais e francófilos. A imprensa espelhava isso e os principais jornais, *O Estado de S. Paulo* em primeiro lugar, apoiavam sem disfarces a Entente. Júlio Mesquita, proprietário e principal voz do jornal, publicava todas as segundas-feiras, desde agosto de 1914, uma coluna sobre a guerra em que defendia a democracia contra o militarismo alemão.

Se as elites paulistas eram majoritariamente francófilas, o germanismo e a cultura alemã eram muito respeitados e não deixaram de penetrar na cidade, embora a língua não tivesse nem sombra do alcance do francês. Mas as ciências e a medicina eram identificadas com a cultura germânica e muitos filhos de fazendeiros ricos, que se consideravam progressistas, foram enviados para estudar na Alemanha.[142] O militarismo alemão tinha grande prestígio entre os oficiais do Exército e da Marinha, e o marechal Hermes da Fonseca, depois de eleito presidente, em 1910, passou os seis meses pós-eleição acompanhando manobras militares na Alemanha.[143]

Em São Paulo, a comunidade alemã possuía, desde 1897, um jornal, o *Deutsche Zeitung* [Diário Alemão], e inaugurou em 1916 uma grande escola no Centro da cidade, a *Deutsche Schule*, na atual praça Roosevelt. Em 1897, também organizou a Associação do Hospital Alemão, que adquiriu, em 1905, um amplo terreno próximo à avenida Paulista para a construção de um hospital, mas as obras foram interrompidas com o início da guerra e só retomadas em 1922. Entre as principais lojas da cidade estava a Casa Alemã, alvo de protestos quando do afundamento dos navios brasileiros, além do Banco Alemão Transatlântico. Com a crescente hostilidade da Marinha alemã contra os navios que procuravam os portos dos países inimigos e o sucessivo afundamento de cargueiros brasileiros, a presença alemã na cidade foi se tornando mais discreta e só voltou a se recuperar nos anos 1920.

Espanhóis e portugueses também formavam grandes comunidades, embora elas fossem mais difusas e espalhadas, pois ao contrário dos italianos que se concentraram no Brás, Bexiga, Bom Retiro e Barra Funda, espanhóis e portugueses não se agruparam em nenhuma região da cidade. Mas essa mistura de tantas nacionalidades era bastante visível nas ruas, permanentemente ocupadas por multidões que se expressavam numa algaravia de línguas que os velhos paulistanos mal podiam entender.

O poder da palavra escrita

Ao longo das duas primeiras décadas do século XX, o progresso e o crescimento econômico foram transformando a economia paulista na mais dinâmica do país, e a imagem de São Paulo como a locomotiva que movia o Brasil se disseminou. Mas essa posição de proeminência econômica não se refletia em outras áreas e, culturalmente, São Paulo era considerada uma província, muito abaixo do Rio de Janeiro, que ditava a moda, os costumes, os sucessos musicais e literários, e era sede da Academia Brasileira de Letras, da Biblioteca Nacional, da Escola Nacional de Música, da Escola Nacional de Belas-Artes, do Instituto Histórico e Geográfico, além de vários museus. Embora unanimemente considerada a terra do progresso e do dinheiro, São Paulo não tinha, na década de 1910, atrações que pudessem impressionar os visitantes.

> Um ministro plenipotenciário ou embaixador visitante, além do passeio no triângulo central e do almoço ou banquete oferecido pelo governo, devia fazer quatro visitas indispensáveis:

Uma era ao Museu do Ipiranga.

A segunda, ao quartel da Força Pública, onde assistia às diversas evoluções clássicas da infantaria e da cavalaria.

A terceira, ao Instituto Butantã, onde assistia ao combate entre a muçuarana e a jararaca, finalizando por ser devorada a jararaca pela muçuarana.

A quarta visita era a uma fazenda de café, ordinariamente a "Santa Gertrudes" do Conde Prates.[144]

Mas havia uma efervescência cultural que ia além das aparências mais evidentes e movimentava a cidade. Segundo relatório publicado pela *Revista do Brasil* em março de 1921, existiam em São Paulo, em 1920, 20 editoras que lançaram naquele ano, 203 títulos, totalizando uma tiragem superior a 900 mil exemplares, dos quais 100 mil eram de literatura. O mais vendido em 1920 foi *Urupês*, de Monteiro Lobato, com 8 mil exemplares, seguido de *Alma cabocla*, de Paulo Setúbal, um livro de poesias, com 6 mil.[145] Lançado em 1917, *Urupês* transformou Lobato numa celebridade e foi o primeiro verdadeiro *best-seller* produzido em São Paulo, estimando-se que tenha vendido mais de 40 mil exemplares depois do lançamento, um número extraordinário para a época.

Lobato é um bom exemplo dessa efervescência latente, que iria explodir nos anos 1920. Ainda fazendeiro no Vale do Paraíba, ele remeteu para a seção "Queixas e Reclamações" de *O Estado de S. Paulo* um artigo intitulado "Uma velha praga" sobre as queimadas e a ação do caboclo na sua região, a Mantiqueira. Nele, lançou pela primeira vez o nome do personagem Jeca Tatu, que o tornaria famoso:

> Andam todos, em nossa terra, por tal forma embevecidos quando não estonteados pelas proezas infernais dos belacíssimos "vons" alemães que não sobram olhos para enxergar males caseiros.
>
> Que uma voz do sertão venha, portanto, dizer às gentes da cidade que, se por lá fora, o fogo da guerra lavra implacável, fogo não menos pernicioso devasta as nossas matas com furor não menos germânico. [...]
>
> A nossa montanha é vítima de um parasita, um piolho da terra, peculiar ao solo brasileiro [...]. Este funesto parasita da terra é o caboclo, espécie de homem baldio, seminômade, inadaptável à civilização, mas que vive à beira

dela na penumbra das zonas fronteiriças. À medida que o progresso vem chegando com a via férrea, o italiano, o arado, a valorização da propriedade, vai ele refugindo em silêncio, com o seu cachorro, o seu pilão, a pica-pau e o isqueiro, de modo a sempre conservar-se fronteiriço, mudo e sorna.[146]

O jornal publicou a carta como artigo de destaque em novembro de 1914 e ela teve uma enorme repercussão, que contribuiu para encerrar de vez a débil disposição agrícola do futuro escritor. Mas a carta não veio por acaso. Lobato, desde jovem, tinha certeza de que possuía uma autêntica vocação para a literatura e, enquanto esteve na fazenda herdada do avô, manteve vivos os seus projetos literários.[147] O jornal seria o veículo para a primeira divulgação ampla dos seus escritos e logo em seguida, em dezembro de 1914, ele publicou o conto *Urupês*, também no *Estado*.

Nessa época anterior ao rádio, só os jornais difundiam o que estava acontecendo e era a imprensa que disseminava com rapidez as ideias. A guerra que assolava a Europa era acompanhada com grande atenção, e o desenvolvimento do conflito aumentou muito o interesse dos paulistanos pelas últimas notícias. A implantação das agências telegráficas, que enviavam notícias rapidamente para o mundo todo, provocou uma mudança significativa e, com elas, os leitores paulistanos podiam saber, às vezes no mesmo dia, o resultado de um evento ocorrido nos campos de batalha na Europa. O público logo se habituou a essas novidades e as peripécias da guerra eram acompanhadas com emoção.

> Tio Zezé está sentado, tendo estendida sobre a mesa uma tábua, sobre a qual fixou o mapa da Europa.
>
> O mapa tem uma fileira de alfinetes espetados estabelecendo uma linha desde as costas do Atlântico até a fronteira leste da França. Tem o jornal ao lado, de acordo com cujas notícias de guerra desloca alguns alfinetes. [...] Nos dias que se seguiram, os alfinetes da imensa linha de batalha de tio Zezé tomaram uma configuração estranha. Avançavam no centro em direção a Paris e continuavam inflexíveis nos flancos, fazendo uma península aguçada. De repente a península começa a formar um pescoço afinado, ameaçando transformar-se em ilha. Então a península encolhe-se bruscamente e afinal desaparece, restando a linha primitiva.
>
> Tio Zezé estava radiante e explicava com voz rouca de emoção a manobra do exército francês, cuja execução coube ao General Maunoury.[148]

O crescimento da cidade ampliou as tiragens dos jornais e fez surgir uma grande quantidade de novos veículos, alguns efêmeros, mas outros, muitos, influentes e duradouros. A guerra, também, deu impulso aos jornais vespertinos que permitiam aos leitores obter as últimas notícias do dia, que eram lidas nos bondes, de volta para casa.

A imprensa paulistana era um espelho da diversidade linguística e cultural em que se transformara a cidade a partir do final do Império. Em 1917, ela possuía oito jornais diários em português e quatro em outras línguas, matutinos e vespertinos.[149] Em português: *O Estado de S. Paulo, Correio Paulistano, O Combate, Diário Popular, A Gazeta, A Capital, Jornal do Commercio,* edição de São Paulo, e *A Plateia.* Em espanhol, o *Diario Hespanhol*; em italiano, *Fanfulla* e *Il Piccolo*; e em alemão, o *Deustche Zeitung.*

Circulavam em São Paulo inúmeros semanários e veículos de periodicidade variada. E muitas revistas. A mais influente era *A Cigarra,* quinzenal e dirigida prioritariamente ao público feminino, alcançando tiragens superiores a 30 mil exemplares. Além dela, se destacavam *A Vida Moderna* e *Ilustração Paulista,* de variedades para a família, e as revistas culturais *Panóplia,* "mensário de arte, ciência e literatura", e *Revista do Brasil,* "de ciências, letras, artes, história e atualidades". Eram publicados, ainda, *O Queixoso* e *O Parafuso,* semanários de intervenção política; *O Pirralho,* satírico e cultural, assim como *Il Pasquino Coloniale,* dirigido à colônia italiana; *O Furão,* satírico, mas dirigido aos frequentadores da vida noturna e do *bas-fond* paulistano; e *Le Messager de São Paulo,* "órgão dos interesses franceses em S. Paulo". Havia também a imprensa operária, de orientação socialista ou anarquista, como *A Lanterna,* órgão anticlerical que se transformou no anarquista-sindicalista *A Plebe* em junho de 1917; *Guerra Sociale,* anarcocomunista, e *Avanti,* órgão dos socialistas, escritos predominantemente em italiano. E havia as revistas cariocas que tinham grande circulação em São Paulo, como a *Revista da Semana, O Malho* e *Careta,* além de uma infinidade de revistas dirigidas a públicos específicos, como grupos religiosos, fãs de cinema, movimentos associativos e muitos outros.

Em todo o mundo, nessa virada de século, os jornais tinham mais ou menos as mesmas características, e na maioria eram de propriedade de políticos e extremamente partidários.[150] Nas primeiras décadas da República, a imprensa paulistana não diferia muito da existente no resto do ocidente. Os jornais em geral defendiam os governos que seus proprietários apoiavam e combatiam ferozmente os que lhes eram adversários. Enquanto o seu grupo estava no governo, eram abastecidos com verbas e subvenções, circunstâncias que eram tratadas de maneira mais ou menos franca e explícita.[151] Na oposição, buscavam sobreviver até a próxima reviravolta.

Em 1915, Júlio Mesquita fez um balanço dessa situação na coluna "Notas e Informações" de *O Estado*, na qual tradicionalmente se expunha a opinião do jornal e do seu diretor:

> O dr. Campos Salles tomou conscientemente a deliberação de subvencionar a imprensa. Fê-lo por estar convencido, ao subir para o governo, de que a imprensa espontaneamente não o defenderia, e por entender que os governos não podem viver sem o apoio da opinião pública, que só a voz da imprensa desperta da sua natural indiferença. [...] Afirmou-se e correu como certo que, à sombra desse abusivo desperdício do dinheiro do Tesouro Federal, se fizeram grandes fortunas. [...] O apetite dos que se corrompem é insaciável e cresce sempre. [...] Não sabemos ao certo quanto o nosso governo estadual gasta com jornais subvencionados. Supomos, porém, que não andamos muito afastados da verdade se afirmarmos que nosso governo gasta com isso, num ano, mais que os mil contos de todo o governo do sr. Campos Salles.[152]

Os grandes jornais e muitos dos pequenos veículos eram politicamente alinhados, mas eram os dois maiores diários, o *Correio Paulistano* e *O Estado de S. Paulo*, que balizavam a discussão política e demarcavam os limites dos confrontos.

O *Correio* era o mais antigo jornal da cidade, fundado em 1854. Nasceu liberal, mas logo aderiu ao Partido Conservador durante o período da "Conciliação". Em fins da década de 1860, voltou a apoiar os liberais, num movimento que era comum na imprensa dessa época. Nos anos finais do Império, o jornal foi se tornando progressivamente republicano e, com a implantação do novo regime, se tornou porta-voz do Partido Republicano Paulista (PRP) e, logo, praticamente uma espécie de diário oficial, em que era sempre publicada a versão que o governo de São Paulo tinha para os acontecimentos sociais e políticos. Entre os seus diretores se achavam muitos dirigentes do PRP, presidentes do Estado e até futuros presidentes da República, como Campos Salles, Prudente de Morais e Rodrigues Alves.

O jornal *O Estado de S. Paulo* tinha uma história diferente. Nascido em 1875 como *A Província de São Paulo*, foi fundado por um grupo de 21 sócios, a maioria fazendeiros das regiões de Campinas, Itu e Rio Claro. Por ter como finalidade principal a difusão das ideias republicanas, o jornal nunca esperou contar com o apoio do governo, ao qual se opunha por razões que não eram de conjuntura, mas de natureza ideológica. Embora fosse como os outros, um jornal partidário, só podia contar para sobreviver com os seus leitores e anunciantes.[153]

Com a mudança de regime, se tornou a voz oficial do Partido Republicano, o que, aliás, ele sempre havia sido. Mas isso, agora, representava ser um diário "do governo" e Júlio Mesquita, já nessa época à frente do jornal, rapidamente procurou se afastar desse papel. Apesar das afinidades ideológicas, já em 1890 as divergências vieram à tona.[154] Essa independência foi posta à prova, em 1898, com a eleição de Manuel Ferraz de Campos Salles para a presidência da República. O presidente era tio da mulher de Júlio Mesquita, e as famílias eram próximas e íntimas. Isso não impediu que Mesquita rompesse com o governo de Campos Salles em razão da política dos governadores "que transformava as eleições em questão de Estado e não em representação da vontade dos eleitores".[155] Em virtude dessas divergências, comprou a parte dos demais sócios e, em 1902, se tornou o único proprietário. Com o comando em mãos, Júlio Mesquita rapidamente transformou o jornal no grande órgão político de São Paulo, contrapondo-se ao oficialista *Correio Paulistano*. Em 1906, instalou-se numa imponente sede, na Praça Antônio Prado, onde permaneceu por décadas. A sociedade anônima que o dirigia alcançou um capital de 350 contos e as tiragens chegaram a 35 mil exemplares, com 16 a 20 páginas.[156] Referência política e cultural da cidade, seu prestígio era reconhecido até pelos adversários e provinha, principalmente, da independência em relação ao poder público que o jornal, sob o comando de Júlio Mesquita, sempre defendeu.

A partir de 1916, com a posse de Altino Arantes, a oposição de *O Estado de S. Paulo* em relação ao governo estadual se acirrou e os conflitos eram constantes. Como se verá adiante, Altino chegou a atribuir, ironicamente, a responsabilidade pela greve de julho de 1917 ao jornal, "que teria se convertido à causa socialista ou mesmo anarquista ....".[157]

O jornal alcançou uma penetração inédita e era distribuído por todo o interior do estado, chegando no mesmo dia às localidades servidas pelas vias férreas. Na cidade de São Paulo, não era lido apenas pela elite, ao contrário, penetrava nas várias camadas letradas da cidade, que se ampliaram muito com a chegada dos imigrantes. Em 1909, *O Estado de S. Paulo* possuía 5.540 assinantes e em 1921 chegou a mais de 35 mil, com um crescimento médio anual de 17%.[158]

Zélia Gattai, nas suas memórias, descreve o pai, imigrante italiano anarquista, proprietário de uma oficina mecânica de automóveis. Como muitos imigrantes, ele já não era um simples operário, pois empregava outros trabalhadores, mas continuava a trabalhar com as próprias mãos, como um proletário. Para ele, e muitos como ele, *O Estado* também era referência diária:

> Todas as manhãs, depois do café, papai lia em primeira mão o "Estado de São Paulo", único diário comprado em casa. Fazia-o de pé, o jornal aberto sobre a mesa, as mãos apoiando o corpo, meio debruçado sobre as folhas. Ficava um tempão, mergulhado nos artigos políticos, inteirando-se dos acontecimentos do mundo através dos telegramas do noticiário matutino. Seu Ernesto lia corretamente, porém devagar, palavra por palavra.[159]

Os jornais e a imprensa escrita já faziam parte da vida cotidiana da cidade e a opinião pública passou a ser cada dia mais disputada através deles. No ano de 1917, ficou célebre o caso do Cônego Valois de Castro, deputado federal, professor do Ginásio do Estado e figura conhecidíssima, com presença frequente em jornais e revistas. Ele foi a vítima mais notória dos distúrbios ocorridos no Centro da cidade em 10 de abril, quando do torpedeamento do navio brasileiro Paraná.

No dia seguinte ao conflito, a edição do *Estado,* que era virulenta contra o governo e os excessos cometidos pela polícia, trouxe uma nota cheia de veneno que atingiu em cheio o político governista.

> O cônego dr. Valois de Castro, deputado federal por São Paulo, visitou ontem a redação do "Diário Alemão" depois que os populares indignados com a atitude inconveniente daquele periódico o atacaram a pedradas.
>
> Ao retirar-se do "Diário Alemão" o cônego Valois de Castro foi acompanhado até a porta da redação, pelo proprietário do mesmo jornal, de quem se despediu num prolongado abraço.[160]

Foi a conta. Com essa simples nota, o deputado se transformou em símbolo da adesão ao germanismo, contra os interesses nacionais. Os estudantes da Faculdade de Direito logo fizeram dele um alvo preferencial. O padre, atordoado com os ataques, tentou usar o *Correio Paulistano,* o jornal do governo, para se explicar:

> Esclarecendo o motivo de sua presença, há dias, na redação do *Diário Alemão,* o deputado federal por este Estado, dr. Valois de Castro, dirigiu-nos a seguinte carta:
>
> "Um dos matutinos desta capital, envenenando a minha presença na redação do *Diário Alemão* na tarde do dia 10, parece ter querido diminuir-me no conceito dos meus concidadãos como sacerdote e como brasileiro.
>
> Eis os fatos como se passaram: Ainda convalescente em minha casa, fui informado de que estava em perigo a vida do sr. Rodolfo Troppniayr, cavalheiro residente nesta capital há mais de 20 anos, casado com família brasileira, e com quem mantenho há muito tempo relações de amizade. Entendendo, e bem, que a minha palavra de brasileiro poderia e deveria ser atendida pelos meus compatriotas na defesa da existência de um chefe de família, cuja vida está confiada à nossa generosidade, dirigi-me para lá a fim de verificar a veracidade da informação recebida.
>
> E assim se justifica a minha presença na redação daquele diário. Tratava-se simplesmente de um dever de sacerdote e de amigo, que não colide

com o dever de cidadão, tanto mais quanto a essa hora, não era ainda conhecida oficialmente a decisão do governo rompendo relações com a Alemanha.

Deixo à consciência dos homens de bem o juízo sobre a nobreza da minha conduta."[161]

Mas a reação foi inútil. À medida que o tempo passava, mais e mais o deputado ia se tornando um símbolo da traição aos interesses nacionais e de submissão aos estrangeiros. O caso, tratado como escândalo, movimentou os debates na cidade por meses e provocou até a publicação de um livreto satírico, que tinha o padre como alvo. Na edição de 20 de maio de 1917, *O Pirralho* publicava um anúncio:

> CALABAR
> de Juó Bananére e Antônio Paes.
> Estupendimo livrio di sgugliambaçô co o padri chi abracciô u allemô! Avenda in tuttas parti! 1$000 cada uno.[162]

O livrinho, escrito em dialeto macarrônico por Juó Bananére – Alexandre Marcondes Machado – e português, por Antônio Paes – pseudônimo do escritor Moacyr Piza –, tratava o Cônego Valois como um símbolo de traição, como se pode ver no soneto "Judas", que encerra a pequena obra:

> JUDAS
> (A um senador, germanófilo até a medula, que faz anos hoje)
>
> Hoje, decerto, levantaste cedo
> E, tomando entre as unhas o breviário
> Rezaste, pelo teu aniversário,
> Uma oração angélica em segredo.
>
> Depois, calado, como de ordinário,
> Nutrindo pelo inferno um grande medo,
> Foste, em jejum, com um ar solene e tredo
> Lavar a alminha no confessionário.
>
> Das culpas todo o rol, enfim, desfiaste.
> Contudo, eu, vendo confessar-te, ri-me
> Porque notei que ao padre não contaste

Que eras réu, ante Deus e a Pátria inteira,
Do mesmo atroz, do mesmo hediondo crime
Que deu com teu colega na figueira...[163]

O caso, ao contrário do que se poderia supor, durou muito e Oswald de Andrade o registrou no diário que mantinha em sua *garçoniére* da rua Libero Badaró quase dois meses depois do episódio e que transcreveu em suas memórias:

> A 1º. de junho, anoto: "Manhã só, manhã triste. O Sr. de Kubelíck, pálido e cabeludo, tropeçando no tapete, chega e toca Rubinstein para eu ouvir. Lá fora briga-se por causa do Cônego Valois. Ontem entrevistei Pavlowa. Ela tem marido, cachorro, frio e boceja como qualquer de nós".[164]

A polêmica de certa maneira exemplifica como a imprensa, agora ao alcance de todos, já podia construir e demolir reputações.

Os novos personagens

AS BOAS FAMÍLIAS

Vem de longe a percepção de que o crescimento de São Paulo e das suas elites tem suas raízes fincadas ainda no período colonial. Já em 1957, Sérgio Buarque de Holanda nos alertava que:

> Com as feiras de animais de Sorocaba assinala-se, distintamente, uma significativa etapa na evolução da economia e também da sociedade paulista. Os grossos cabedais que nela se apuram, tendem a suscitar uma nova mentalidade na população. O tropeiro é o sucessor direto do sertanista e precursor, em muitos pontos, do grande fazendeiro. A transição faz-se assim sem violência [...]. Não haverá aqui, entre parêntese, uma das explicações possíveis para o fato de justamente São Paulo se ter adaptado, antes de outras regiões brasileiras, a certos padrões do moderno capitalismo?[1]

Ao prefaciar um livro dedicado a Antônio da Silva Prado, o Barão de Iguape, um dos mais antigos e notórios membros da elite paulista, ele diz:

> [...] é uma contribuição que estava fazendo falta para a melhor inteligência de certos aspectos da História do Brasil, obscurecidos pela atenção absorvente que se tem dado a fenômenos, tais como "sociedade patriarcal", "feudalismo", lavoura latifundiária e pela obstinada cegueira diante da marca do capitalismo internacional que esteve presente na formação brasileira desde os inícios.[2]

Sobre Antônio da Silva Prado, ele completa: "O barão de Iguape foi comerciante a vida toda e não quis ser outra coisa".[3] O barão representa bem esse tipo de capitalista pioneiro. Nascido em São Paulo em 1788, quando jovem passou nove anos no "sertão", percorrendo Mato Grosso, Goiás, até se fixar em Caetité, na Bahia, na época um centro de comércio de algodão, onde finalmente obteve bons resultados. Deixou na Bahia um irmão e, em 1816, se instalou definitivamente em São Paulo. Tudo indica que ao voltar à cidade já era um homem rico e, em 1817, arrematou um contrato de arrecadação de impostos em Sorocaba e quatro anos mais tarde, outro em Guarapuava, no Paraná. Sem quase sair de São Paulo e através de correspondentes, sócios e auxiliares de confiança, manteve intensa atividade comercial em vastas áreas do país, de Santa Catarina ao Rio de Janeiro, atuando na compra e venda de gado e, principalmente, bestas de carga.[4] Desde que se instalou, foi figura de destaque, e sua casa na esquina da rua Direita com a rua São Bento – uma das que hospedaram D. Pedro em 1822 – foi, ao longo de décadas, centro financeiro e político da cidade. Em 1848, recebeu o título de Barão de Iguape e, na década de 1850, dirigiu a filial do Banco do Brasil em São Paulo. Deixou uma vasta descendência, e a família sempre teve papel relevante na vida da cidade, pelo menos até a Revolução de 30.

O Barão de Iguape não constituía uma exceção. Desde a época colonial até meados do século XIX, a economia paulista foi pautada pela riqueza dos "homens de negócio", comerciantes de animais e de escravos.[5] Essa dupla inserção – rural e mercantil – possibilitou a esses empreendedores[6] acumular recursos que lhes permitiriam, mais tarde, patrocinar a expansão cafeeira. "Foram eles que deram origem ao grande fazendeiro com capital suficiente para diversificar seus investimentos na medida em que a economia cafeeira se tornava mais complexa."[7]

Nesse período crucial do desenvolvimento da economia paulista, as formas da riqueza também se transformaram.

> A presença marcante das ações e sua participação na riqueza de determinados indivíduos mostravam existir nessa economia recursos em dinheiro que, convertidos em ações, constituíram importante fonte de financiamento de novos empreendimentos. Se lembrarmos que outros dois itens apareciam com destaque, dinheiro e dívidas ativas, é possível fixar a ideia de que havia indivíduos com grande capacidade financeira nesta economia. Mesmo com o sistema creditício pouco desenvolvido, havia circuitos monetários alternativos que impediam a falta de liquidez.[8]

O grande capital cafeeiro

Os bons resultados obtidos no mercado interno, os capitais acumulados na produção de açúcar, o impacto da Guerra do Paraguai nos negócios de animais e no fornecimento de víveres para as tropas e o desempenho positivo do café na primeira metade da década de 1870 – apesar de crise de 1873 – permitiram a acumulação de uma massa de recursos que deram base à expansão da economia no território paulista e à formação de um sólido grupo de empreendedores.

> Desde o começo, os principais líderes da marcha pioneira não se limitaram a organizar e dirigir plantações de café. Eles eram também compradores da produção do conjunto de proprietários de terra. Eles exerciam as funções de um banco, financiando o estabelecimento de novas plantações ou a modernização de seu equipamento, emprestando aos fazendeiros em dificuldade. [...] Eles se estabeleceram nas grandes cidades, sobretudo em São Paulo.[9]

A expansão da cultura do café pelo Oeste Paulista, empreendimento que não só era considerado no seu tempo perfeitamente viável e desejável, como também capaz de proporcionar grandes retornos, exigia a ampliação do sistema de transportes. Sem isso, era impossível vencer as distâncias que separavam as melhores terras do estado do porto de Santos, onde a operação comercial se concluía com a entrega do café para o embarque para o mercado internacional. Como já se viu, os recursos para a construção de quatro novas ferrovias inauguradas entre 1872 e 1875 foram rapidamente reunidos entre investidores quase que exclusivamente locais.

Além de uma nova estrutura de transportes, era também preciso construir um sistema que permitisse ao fazendeiro realizar o seu resultado, comercializando o produto que seria necessariamente vendido no mercado internacional. Para isso, se formou uma rede de casas comissárias, primeiro no Rio de Janeiro, depois em São Paulo e Santos, capaz de realizar essas operações, entregando ao agricultor o seu quinhão. Essas casas, aliadas aos capitalistas locais e aos bancos que foram se constituindo a partir da década de 1880, forneciam o crédito indispensável para a expansão da produção, que, como já foi dito, tinha longo prazo de maturação e envolvia grandes investimentos para se tornar viável.

O crescimento das cidades e, principalmente, da capital se dá em conjunto com a expansão da economia cafeeira e resulta na ampliação dos serviços urbanos e na valorização imobiliária, que incrementa o patrimônio de um grande número de capitalistas que terão expressão na cena política e econômica de São Paulo no primeiro período republicano. As propriedades imobiliárias na capital eram um negócio tão promissor que atraíram também o interesse de estrangeiros.[10] Esse movimento, que se acentuou a partir de 1870, requereu também grandes investimentos em serviços urbanos, cada vez mais necessários à medida que o crescimento da cidade ia se tornando explosivo. O fornecimento de água – um problema desde os tempos coloniais –, a iluminação, o esgoto e o transporte propiciaram a formação de várias empresas que foram constituídas, dirigidas e capitalizadas pela parcela mais dinâmica da elite paulista.

Em 1872, foi inaugurada a primeira linha da Cia. Carris de Ferro de São Paulo, que tinha o objetivo de ligar as estações das estradas de ferro ao Centro da cidade através de veículos sobre trilhos movidos com tração animal ou "bondes puxados a burro", como diziam os velhos paulistanos. O serviço naturalmente se ampliou e, em 1889, a empresa se transformou na Cia. Viação Paulista, que englobava numa única companhia as diversas empresas de transporte da capital e da Baixada Santista. Entre os acionistas, em 1892, se podia encontrar uma verdadeira lista do *Who's who* das principais famílias paulistas: Mello Oliveira, Souza Aranha, Rodovalho, Domingos de Moraes, Lacerda Franco, Franco de Lacerda, Lins de Vasconcellos, Antônio da Silva Prado, J. Borges de Figueiredo e vários outros.

Em 1877, a cidade começou a resolver definitivamente o velho problema do abastecimento de água, com a criação da Cia. Cantareira e Esgotos, que foi solenemente instalada, em setembro de 1878, com a presença de D. Pedro II, tendo como diretores Clemente Falcão de Souza Filho, Raphael Aguiar Paes de Barros e Joaquim Egídio de Souza Aranha.[11] O quadro de acionistas repetia o padrão, com Antônio Rodovalho, Joaquim Egídio de Souza Aranha, Rafael Aguiar Pais de Barros, Clemente Falcão de Souza Filho, Domingos de Moraes, Olavo Egídio de Souza Aranha, Olavo Pais de Barros, L. O. Lins de Vasconcellos, M. J. Albuquerque Lins, A. A. Monteiro de Barros, Carlos de Campos, Eleutério da Silva Prado, Elias Fausto Pacheco Jordão, Antônio de Pádua Salles, Gabriel Dias da Silva, William Speers e Domingos Sertório. A empresa se manteve até 1893, quando o serviço passou para o poder público.

A relação de novas empresas criadas nesse período poderia ser ampliada com muitos outros exemplos. Mesmo antes da febre empresarial do Encilhamento, foram fundadas em São Paulo 26 sociedades por ações, sendo 4 estradas de ferro, 5 empresas de serviços urbanos e 2 bancos.[12]

A indústria também recebeu a atenção e o investimento desses empreendedores paulistas, embora sem o mesmo alcance.[13] Mas não se deve deixar de citar a Vidraria Santa Marina, de Antônio Prado e Elias Pacheco Jordão, ou a Fábrica de Tecidos Votorantim e a Fábrica de Calçados União, que pertenciam ao Banco União de São Paulo, que tinha também entre os seus principais acionistas uma extensa lista de nomes da elite.[14] Antônio

Álvares Penteado era proprietário da Fábrica Sant'Anna, de tecidos de juta, e da Cia. Paulista de Aniagens, além de uma tecelagem de lã.

A Companhia Mecânica e Importadora, criada em 1890, fugiu ao padrão geral atuando como importadora de máquinas e bens de capital, materiais de construção e em construções de grande porte. Era presidida por Antônio Souza Queiroz e tinha como gerente Alessandro Siciliano, um imigrante. Entre os acionistas, se podiam encontrar os nomes das famílias Prado, Souza Queiroz, Souza Aranha, Chaves, Pais de Barros, Monteiro de Barros, Franco de Lacerda, Mello Oliveira e Lins de Vasconcellos, além do engenheiro Ramos de Azevedo, figura-chave na empresa.

A relação dos principais acionistas ou diretores das empresas mais importantes mostra uma repetição quase monótona dos mesmos sobrenomes.[15] Esse relativamente pequeno grupo de empreendedores ampliou o alcance das casas comissárias, incorporou ferrovias, formou bancos, adquiriu ações, investiu na modernização dos serviços urbanos e, de forma mais restrita, atuou também na indústria.[16] Foram eles que compuseram o grande capital cafeeiro e que, com a República, ampliaram sua participação política e ajustaram aos seus interesses a ação do governo estadual que eles rapidamente dominaram.

> [...] essa nova classe tem a sua base na produção de café, mas, assim como a economia cafeeira, ela ultrapassa de longe os limites da produção. Os seus líderes são aqueles que dirigem a marcha para o oeste paulista e que, no entanto, não se limitam a organizar e dirigir as plantações. Aos poucos [...] vão se estabelecendo nos grandes centros, sobretudo na capital, visto que, como comerciantes, banqueiros e diretores de companhias ferroviárias, não podiam ausentar-se demoradamente dos centros dos negócios cafeeiros.[17]

O grande capital cafeeiro acumula recursos em diversas atividades, mas não é agrícola nem industrial. Os verdadeiros donos do poder em São Paulo são empreendedores capitalistas, com uma ampla gama de interesses que vão das finanças à indústria, passando pelo café, tanto como produtores quanto como comissários ou exportadores. Não podem ser classificados como agrários ou urbanos. Seu território é o poder do Estado, que eles dominam desde o final do Império.

A lavoura e o grande capital

Os agricultores dedicados à produção de café não tinham nem sombra da relevância e da influência dos que detinham o grande capital cafeeiro. Dedicados à lavoura, não eram banqueiros, comissários ou grandes acionistas das ferrovias. A maioria era muito rica, já que a cultura de café exigia, nesse período, grande propriedade e muitos recursos. A necessidade de capital era enorme e os prazos de amortização do investimento, longos. Não comportava, em princípio, o pequeno ou médio proprietário e eles eram quase inexistentes nesse período. Os produtores, aqueles que apenas plantavam e colhiam o café, ainda que possuíssem grandes extensões de terras e muitos milhares de pés, não tinham peso social e político equivalente ao do grande capital cafeeiro, mesmo quando eram importantes chefes políticos locais e exerciam reconhecida influência no jogo eleitoral. A sua relação era sempre de subordinação ao grande capital cafeeiro e seus interesses não eram comuns. Eles se mantinham permanentemente sob a pressão das cotações internacionais do café, dos custos de produção e das oscilações cambiais, variáveis que podiam trazer a prosperidade ou aproximá-los da ruína.

Em contraste, a maior parte das receitas do grande capital cafeeiro – receitas financeiras, juros e comissões sobre a intermediação e adiantamentos, dividendos provenientes das ações das ferrovias, que nada mais são que o resultado das tarifas ferroviárias – eram custos que recaíam sobre o capital aplicado na lavoura. Está aí, talvez, a raiz do antagonismo entre os produtores de café e o grande capital cafeeiro, cujas rendas não dependiam exclusivamente dos resultados da lavoura e que podiam auferir lucros inclusive nos períodos de baixa. Esse conflito, recorrente, ficou muito visível durante o governo Campos Salles, e as várias tentativas de criação de um Partido da Lavoura são demonstração dele, pois era nesses períodos de crise, quando os antagonismos ficavam mais claros, que o grito da lavoura se fazia ouvir com mais força.

Do ponto de vista dos produtores, a solução era a mobilização dos agricultores, que embora sendo em maior número, tinham peso político infinitamente menor.

> Mas, onde o remédio para tantos e tamanhos males? Nas urnas, nas eleições, na luta eleitoral, na oposição judicial aos credores, na remessa calculada do café para Santos.
>
> Nas urnas principalmente.
>
> A Lavoura representa 80% do eleitorado paulista. Vá as urnas.
>
> Escolha candidatos de confiança, derrote os protegidos do alto, fure o rodízio que se está habituado a fazer. Verá então a Lavoura que as coisas mudarão.[18]

As reivindicações desse grupo foram largamente discutidas na imprensa, nesse período em que se procurou formar em cada município cafeeiro um "Club da Lavoura". As prioridades desses clubes eram claras:

> a) Representar ao governo sobre os negócios de imigração;
> b) Decretação de leis sobre o crédito agrícola;
> c) Reforma da lei hipotecária;
> d) Redução dos impostos de exportação;
> e) Redução das tarifas das estradas de ferro;
> f) Adoção de tratados comerciais que melhorem o estado de nosso principal produto de exportação;
> g) Enviar representantes ao Congresso, incumbidos da defesa do programa do partido da Lavoura;
> h) Criação de um Congresso Agrícola na capital do Estado [...];
> i) Redução de impostos de transmissão de propriedade;[19]

As razões eram conhecidas de todos, e na crise, as críticas se tornam ácidas:

> O Governo nunca tomou a sério as justas reclamações da Lavoura. Sabe-se, em palácio, que há lavradores de café, porque se ouviu dizer que existe um porto, o de Santos, onde há uma recebedoria, que cobra imposto de exportação de café.
>
> E nada mais se sabe.
>
> O governo é pago pontualmente com a renda do café.
>
> Que se importa ele que os outros mortais tenham ou não tenham recursos para viver?
>
> E o quadro que nos apresenta a situação do Estado é dos mais tristes.

A família paulista já não tem meios de vida. Os fazendeiros não podem pagar seus compromissos. Os colonos retiram-se caloteados. Os credores não têm consideração de espécie alguma. As estradas de ferro não podem baixar as suas tarifas. O Congresso nada faz de prestável. O Governo é a inércia e a incompetência personificadas.

Só está alerta e firme no seu posto, o Fisco, o terrível Fisco, para reduzir o café a zero.

Ah! E aquela certeza – 11% sobre o valor da exportação.

A miséria, a fome, a desonra, eis a situação de S. Paulo.

Glória aos estadistas, honra ao partido político que governa.[20]

A elite urbana

O círculo das elites em São Paulo se completava com o grupo que compunha, embora numa condição muito inferior, o circuito das boas famílias. Fruto, seus componentes também, da expansão urbana, eram letrados, cultos e serviam ao capital cafeeiro como advogados, juízes, professores, jornalistas, profissionais liberais, e ocupavam os cargos mais elevados do funcionalismo público. Pelo seu número, eram a esmagadora maioria da chamada "boa sociedade" e funcionavam como coadjuvantes da vida social paulistana.

Jorge Americano e Oswald de Andrade, muitas vezes citados neste livro, podem servir, cada um à sua maneira, como representantes mais ou menos típicos da elite urbana da cidade. Ambos nasceram em São Paulo, no início do período de mudanças que começou com a República, e suas vidas transcorrem em circuitos distintos, porém paralelos.

Jorge Americano nasceu em 1891 e era filho de Luiz Americano que, vindo de Minas, se transferiu para o Rio de Janeiro. Lá, se alistou como voluntário e lutou na Guerra do Paraguai, na qual foi ferido, dando baixa como capitão. Afastado, seguiu uma curiosa "carreira militar", típica daquele tempo.

> Meu pai, que fora para a guerra como soldado, promovido em campo de batalha a cabo e a sargento, quando foi ferido, teve o posto de alferes.

> Para efeito de soldo, por causa do braço inválido, foi promovido a capitão honorário.
>
> Veio a revolta do Custódio de Melo contra Floriano Peixoto, ofereceu seus serviços a Floriano e foi promovido a tenente-coronel. Levou cinco estrelas no braço durante anos.
>
> Ali por 1910, uma lei que elevou de um posto todos os voluntários da Pátria o fez coronel.
>
> Passaram-se poucos anos. O Marechal Hermes da Fonseca tinha casado em segundas núpcias com a filha do vice-almirante reformado Barão de Teffé, veterano da Marinha na Guerra do Paraguai.
>
> Surgiu no Congresso uma lei que elevava de um posto, ativos ou inativos, todos os que tivessem feito a guerra.
>
> Meu pai tinha feito a guerra.
>
> Era entusiasmado, mas não quis mexer nos papéis da promoção.
>
> Morreu coronel, quando podia ter morrido general.[21]

Já em São Paulo, seguiu carreira no funcionalismo público, na Secretaria da Fazenda, onde chegou a Oficial Maior Diretor de Expediente. Fazia parte da elite do serviço público e a família morava nos Campos Elísios. Segundo Jorge Americano, "nos bairros de Campos Elísios e Vila Buarque, localizava-se toda a gente de boa sociedade, que não era rica".[22]

Jorge Americano fez o curso primário na Escola Modelo Caetano de Campos, na Praça da República, depois foi para o Ginásio São Bento e finalmente para a Faculdade de Direito, onde se formou em 1912. Em 1908, aos 17 anos, e ainda estudante, assumiu o cargo de auxiliar extranumerário do Tesouro de São Paulo; em 1910, foi promovido a escriturário e, em 1913, logo depois de formado, foi nomeado oficial de gabinete do Secretário da Fazenda. Entre 1915 e 1918, como muitos dos seus colegas, assumiu um cargo de promotor público no interior. De volta a São Paulo, deu aulas, primeiro de português na Escola de Comércio Álvares Penteado e depois na Faculdade de Direito. Tornou-se livre-docente em 1927 e mais tarde deu aulas no Ginásio São Bento, acumulando todas essas atividades com o cargo de promotor público no Distrito Federal. Foi deputado estadual (1927-28) e federal por breve tempo na Constituinte de 1933. Chegou a reitor da Universidade de São Paulo em 1941.

Ele registrou, anos mais tarde, uma semana do seu cotidiano em 1913, quando tinha 22 anos e era ainda recém-formado:

> No domingo, estamos saindo do futebol no Velódromo (rua da Consolação em frente à rua Araújo) e quando nos despedimos, Luís Paranaguá pergunta-me se irei no dia seguinte à casa do Dr. Arnaldo Vieira de Carvalho, na rua Ipiranga. Irei.
>
> São cinco da tarde. É dia de recepção de D. Constancinha Vieira de Carvalho. Lá estão Marina e Alice, as Mesquita, Silvia Valadão, Julinho e Francisco Mesquita, Luís Paranaguá, Antônio Mendonça, Henrique Baima, D. Belinha Paranaguá e Vera, minha tia Helena, Lenita. Servem chá com bolo e sanduíches no terraço dos fundos, de onde se assiste ao tênis. Servem sorvetes. [...] Sou perguntado à saída se irei no dia seguinte à casa dos Nobre, perto da rua Conde de Sarzedas. Irei.
>
> São cinco da tarde. É dia de recepção na casa dos Nobre. [Segue-se a lista dos presentes].
>
> Servem chá com bolos e sanduíches, e refresco de abacaxi, comenta-se o Teatro Municipal, fala-se sobre poesia e recitam-se:
>
> Malherbe:
>
> Rose, elle a vécu ce qui vivente les roses.
>
> [...]
>
> Ao despedir-me, pergunto a Cornélio França se irá no dia seguinte à casa de Maria Amélia Castilho de Andrade. Irá.
>
> São cinco horas da tarde. É dia de recepção na casa de Maria Amélia, à rua Barão de Itapetininga.
>
> Há um grupo de senhoras em torno da mãe de Maria Amélia [...].
>
> Há jogos de prendas.
>
> Ao sair, Luís Paranaguá pergunta a Ciro Freitas Vale se irá à sua casa no dia seguinte. Irá.
>
> São cinco horas da tarde. É dia de recepção em casa de D. Belinha Paranaguá, à alameda Barão de Piracicaba. [Segue-se a lista dos presentes]. [...]

> Fala-se sobre literatura e teatro e comenta-se a tentativa de implantar a "jupe culotte". A Casa Alemã contratara, há tempos, um "modelo" para passear pela cidade, protegida por um caixeiro corpulento, muito vermelho, que lhe suspendia a sombrinha. Era uma calça em seda leve, muito larga, muito longa, e ajustada no tornozelo. "Não pega!" [...]
>
> À hora da saída, Pico Vieira de Carvalho pergunta-me se é no dia seguinte a recepção em casa de minha tia Helena. Não é. O dia seguinte é sexta-feira, ninguém dá recepção. Será no sábado. sexta-feira à tarde haverá patinação no rinque da Praça da República e à noite, jogo de hóquei.[23]

Oswald de Andrade nasceu em 1890. Seu pai também veio de Minas e era filho de uma família de fazendeiros que decaiu economicamente. Chegou a São Paulo em 1881, sem dinheiro, mas tinha parentes e contatos e logo se estabeleceu.

> Com a ruína de minha família paterna, afazendada em Minas, meu pai viera tentar a vida aqui. Um cunhado lhe dera uma passagem de presente. Como na fazenda de outro cunhado em que morava, tinha criado cinco galinhas, vendeu-as realizando a soma de cinco mil-réis. Durante a viagem gastou três mil e quinhentos em frutas, sobrando-lhe mil e quinhentos no desembarque, numa noite, na Estação do Norte. Hospedou-se em casa de tio Nogueira, casado com sua irmã Alzira. E, encontrando em S. Paulo ambiente para trabalhar, fez mudar-se o resto da família para cá. [...] As tias trouxeram a escravaria que restava. E foi do aluguel de escravos que a família se alimentou e manteve por algum tempo.[24]

O pai se transformou em corretor de imóveis, casou-se com a filha de um desembargador, enriqueceu nos negócios e foi por 12 anos vereador. Oswald passou a infância numa casa na rua Barão de Itapetininga, no Centro da cidade, e também estudou na Escola Caetano de Campos, no Ginásio São Bento e, como a esmagadora maioria dos jovens da sua classe, se matriculou, sem nenhuma vocação e a contragosto, na Faculdade de Direito do Largo de São Francisco. Mas ao contrário de Jorge Americano, levou 10 anos para se formar. Iniciou-se aos 16 anos no jornalismo e seguiu nele até o fim da vida. Aos 21 anos, tendo já uma carreira na imprensa, Oswald juntou os amigos e decidiu fundar, com o apoio e o financiamento dos pais, a revista *O Pirralho*, cujo primeiro número foi publicado em 12 de agosto de 1911. A revista, dirigida à "alta roda", pretendia refletir nas suas páginas as intensas transformações da cidade e a ânsia de cosmopolitismo que Oswald encarnava.

> A sociedade paulistana, como a de quase todas as partes, bifurca-se em três ramos distintos: o povo, a burguesia e a alta roda.
>
> Nas outras cidades cada casta tem seus pontos de *rendez-vous*, seus lugares de diversão, seus clubes, seus teatros etc. Aqui é a burguesia que mais se diverte. O povo, coitado, contenta-se com o trabalho.
>
> A alta roda aborrece-se no isolamento.
>
> De vez em quando vão dançar no Concordia. [...][25]

O Pirralho era expressão, também, do desejo de vida social daquele grupo, na cidade em veloz transformação.

> Não temos, porém, a vida de Paris ou Viena ou mesmo a de Buenos Aires ou Rio de Janeiro, mas lá chegaremos. Com os grandes melhoramentos da cidade, já projetados, é possível que, a exemplo do que aconteceu no Rio, a nossa vida mundana se torne mais intensa. [...]
>
> Vamos em breve ter um grande parque, na belíssima avenida Paulista, que está talhado a ser o lugar do *rendez-vous* da alta roda paulista. Será o nosso Bois de Boulogne, o nosso Prater, a nossa via Caracciole [sic], o nosso Palermo, o nosso Botafogo. [...][26]

Jorge Americano e Oswald de Andrade representam faces complementares dessa elite urbana. Embora, originalmente, a família de Oswald fosse muito mais rica, essa não era uma condição prévia. Relacionar-se por casamento, parentesco ou amizade com outras boas famílias era suficiente para garantir o acesso ao círculo fechado "da boa sociedade" paulistana, com suas festas, bailes e negócios. Esse grupo estava longe de desfrutar da riqueza e principalmente do poder dos estratos mais altos. No entanto, era capaz de usufruir dos benefícios que os relacionamentos conferiam à sua classe, especialmente através da interação com o Estado e nas atividades que exigiam formação cultural ou preparo intelectual.

Os novos hábitos

Ao entrar no século XX, os velhos paulistanos certamente ainda se lembravam da cidade de apenas 50 anos antes, o "burgo de estudantes", que não ultrapassava os 25 mil habitantes, onde as casas tinham as janelas protegidas por rótulas e na qual mulheres só saíam à rua – nas poucas ocasiões em que isso era possível – de mantilha e cobertas dos pés à cabeça com capas de baeta negra, quase como as muçulmanas.[27] Naquela cidade, mais próxima do seu passado do que do seu futuro, predominavam os hábitos reclusos herdados dos tempos coloniais, com as ruas quase sempre desertas, onde "as compras eram feitas pelos pajens, visto que uma senhora nunca entrava numa loja".[28]

Em 1900, a cidade já era outra e, na opinião da maioria dos contemporâneos, caminhava rapidamente para se tornar uma grande metrópole. As mudanças não se resumiam apenas ao aumento explosivo da população. Uma nova elite tomava conta, e com ela surgiam novos hábitos e se redesenhava a geografia da cidade.

> Antônio Prado morava no fim da alameda Barão de Limeira, na Chácara do Carvalho, construída recentemente pelo Ramos de Azevedo.
>
> Antônio Penteado (Conde Álvares Penteado) acabava de construir um palácio na Avenida Higienópolis com fundos para a Rua Maranhão. Era estilo art-nouveau. [...] Eduardo Prates (Conde de Prates) tinha construído um palacete na Rua dos Guaianases, ocupando o quarteirão entre a Rua Ribeiro da Silva e a Rua Eduardo Prado. [...] Elias Chaves estava acabando de construir a sua residência nos Campos Elísios, mas gastou demais e, quando morreu, a família vendeu-a ao Governo, para morada do Presidente do Estado.
>
> Veio crescendo Rodolfo Miranda com a fábrica de tecidos Aretusina. Construiu casa na rua General Jardim [...]. Vinha enriquecendo também Antônio Lara (Conde de Lara). Comprava prédios e era agora o maior proprietário do centro da Cidade, senão mesmo da cidade inteira. Morava na rua Ipiranga, esquina da rua dos Andradas.[29]

Essa nova composição das elites paulistas modernizava os velhos costumes e criava uma sociedade mais aberta e de hábitos mais europeus, que iriam caracterizar a *Belle Époque* paulistana. Com a chegada do século XX, essa nova sociedade abre o seu cotidiano e os seus salões, tornando em parte pública a sua vida privada.

> Já estão em voga as recepções em S. Paulo. A família Duarte de Azevedo já iniciou esse hábito *chic*, e todas às quartas-feiras abre os seus salões às pessoas das suas relações. Reúne-se ali um grupo de moças e rapazes da nossa boa sociedade, faz-se música, dança-se e brinca-se a valer.
>
> Ao que nos consta, várias famílias já fixaram os dias da semana para suas recepções.
>
> A família Villaboim receberá às segundas-feiras, das 15 às 18 horas.
>
> A família Patureau de Oliveira, às terças-feiras, das 18 às 21 horas.
>
> A família Duarte de Azevedo, às quartas-feiras, das 18 às 24 horas.
>
> A família Magalhães Castro, às quintas-feiras, das 18 às 23 horas.
>
> A família Albuquerque Lins, às sextas-feiras, das 15 às 18 horas.
>
> A família Capote Valente e Pinotti Gamba, aos sábados, sendo que Madame Capote Valente dará *seventeen o'clock tea* e Madame Pinotti Gamba recepção das 18 às 24 horas.[30]

O Pirralho era por si só um espelho muito vívido das grandes mudanças em curso em São Paulo nesse tempo. Nele ficaram registrados muitos eventos que marcaram o período e os quais Oswald, que já conhecia a Europa e lá havia procurado estabelecer contato com a vanguarda artística e cultural, procurava incentivar de todas as maneiras.

Essa publicização da vida privada atinge inclusive as festas tradicionais, que se tornam vitrines desses novos tempos. O Carnaval, uma festa de rua de tradição muito antiga, se transforma, também, em evento da "boa sociedade", que, com a disseminação dos automóveis, permite aos muito ricos participar do corso da avenida Paulista, guardando uma prudente distância "das expansões populares".

> O CORSO
>
> O Corso esteve alegre, vistoso, festivo.
>
> Toda S. Paulo fina deu-se *rendez-vous* na Avenida durante as três tardes de Carnaval.

E viram-se desfilar em ricas carruagens, em autos *chics*, em carroções ornamentados, famílias, grupos particulares – todo um cordão multicolor de foliões desassombrados.

Foi, sem dúvida, esta a parte principal da nossa festa de Momo, pois que, no centro da cidade, o deus do reco-reco fez as expansões populares quase que se resumirem ao empurra-empurra das noites de préstito. Entanto de préstito, apenas meia dúzia de carros simples com gente desenxabida. Fora os desgarrados do corso.

Em meio da chuva de confete, entrelaçados pelos fios trêmulos das serpentinas, vimos na Avenida:

Num carroção d'onde brotava um ninho verde de cigarras vivas e cantantes, Gelásio Pimenta, o nosso simpático colega da Cigarra.

Em automóveis:

O exmo. presidente do Estado, Conselheiro Rodrigues Alves que depois de tomar parte no Corso, descansou no palacete do dr. Cardoso de Almeida. Edu Chaves e irmãos. Mmes. Sarah Pinto Conceição e Candinha Prates. Família Albuquerque Lins. Mlles. Rodrigues Alves e dr. Oscar Rodrigues Alves. Família Estevam de Almeida. Família dr. Theodoro de Carvalho. Mr. e Mme. Cláudio de Souza. Família Stapler. Mr. e Mme. Junqueira Netto. Famílias João Dento e Covello. Conde de Prates. Dr. Gabriel Ribeiro dos Santos e família. Família Queiroz Lacerda. Affonso Arinos e Senhora. Mlle. Freitas Valle. Dr. João Pires Germano. Dr. Cyro Freitas Valle. Família Washington Luiz. Dr. Álvaro de Queiroz. Família Júlio Prestes. Mlles. Mesquita, Julinho de Mesquita, Chiquinho de Mesquita. Mlles. Marina Sabino e Isabelinha Godoy. Dr. Eloy Chaves e Senhora. Dr. Altino Arantes e Senhora. Família Cesar Vergueiro. Família Sampaio Vidal. Mlles. Ruth, Mindoca, Tanga e Bebe Bourroul. Família Tito Pacheco. Família Mathias Valladão. Mr. Guilherme Rubião. Mlle. Celia Cardoso. Dr. Henrique Bayma. Família Magalhães Castro. Gofredo Silva Telles e senhora. Família Alonso de Barros. Mme. Amélia Barcellos. Mr. e Mme. Fabio Prado. Mme. Pinotti Gamba e filhos. Família Cardoso de Almeida. Família Nobre. Mlle. Célia Hoffmam. Família Castilho de Andrade. Mlles. Patureau de Oliveira. Mlles. Primitivo Sette. Dr. Alfredo Pujol e Mlle. Odília Pujol. Família Gonzaga de Azevedo. Mme. Cecília Meirelles. Família Mello Nogueira. Família Melchert da Fonseca. Dr. José Carlos de Macedo Soares e senhora. Mmes. Sampaio Doria e Alípio Borba. Família Lacerda Franco. Mmes. Estella e Eglantina Penteado. Mme. Hermínia Prado Pacheco Chaves. Mlles. Sylvia Valladão e Tilinha Nogueira. Paulo Procópio de Carvalho.

> Armando Pederneiras. Comendador Leoncio Gurgel. Dr. Horácio Sabino e Senhora. Dr. Mucio Costa e família. Olavito e Alfredo Egydio Aranha. Dr. Raphael Archanjo Gurgel e Senhora. Família Villares, Dr. Paulo Moraes Barros, Dr. Alcantara Machado, Dr. Sampaio Vianna, Joaquim Morse, Baronesa de Arary, Pereira Lima, Pepino Matarazzo, J. Castiglione, Mario Guastini, C. Diederichsen, Nestor Pestana. Dr. Pádua Salles, Dr. Gabriel Rezende, Dr. Luíz Piza, Moacyr Piza, Dr. Luiz Piza Sobrinho, Dr. Olivério Pilar, Dr. Assumpção, Dr. Carlos Coelho, Dr. Aureliano Amaral, Drs. Fernando, Austin e lbrahim Nobre, Dr. Arnaldo Porchat, e outros elementos *chics* da nossa elite.
>
> Representaram o *Pirralho* no corso, Oswaldo de Andrade, Synésio Rocha, Pedro Rodrigues de Almeida, Guilherme de Andrade e Almeida e Ignacio Ferreira.
>
> Dentre as fantasias de destaque notamos as do carro da família Júlio de Mesquita, em que se viam vestidas à 1830, Mlles. Sarah, Judith, Lia e Donana Mesquita, Marina Sabino e Isabelinha Godoy, bem como as de Mlle. Sylvia Valladão e Celia Cardoso.
>
> Diversas residências chics da Avenida iluminaram os jardins. Notamos pelo belo arranjo as casas Crespi, Cardoso de Almeida, Villares e Pinotti Gamba.[31]

Embora pareça enfadonha, a repetição frequente dos mesmos nomes ajuda a ilustrar o quão restrita era essa "boa sociedade" e como era limitada à presença dos nomes estrangeiros, mesmo que as famílias de industriais imigrantes fossem muitas vezes mais ricas do que a maioria dos nomes paulistas.

A vida cultural também sofreu o impacto dessas transformações. Com o crescimento da cidade e, portanto, do público frequentador dos teatros, São Paulo acabou sendo incluída no circuito das turnês internacionais que, quando vinham à América do Sul, percorriam Rio de Janeiro, Montevidéu e Buenos Aires.

Em 1886, Sarah Bernhardt, em turnê mundial, visitou também São Paulo, onde apresentou *A Dama das Camélias,* em francês, naturalmente, no velho Teatro São José. A presença de personagem tão famosa, na cidade ainda provinciana, provocou um entusiasmo notável que os jornais narraram em detalhes.

> Grande quantidade de gente invadiu os bastidores e lá foi beijar as mãos e as vestes da gloriosa Sarah Bernhardt.
>
> No fim do espetáculo chovia abundantemente. Pois isso não impediu que os estudantes desatrelassem a parelha do veículo que devia levar Sarah Bernhardt ao Hotel, e a conduzissem como em um triunfo antigo, entre aclamações [...] Quando o cortejo chegou ao Grande Hotel, já um outro grupo de estudantes lá estava. [...] Ao aproximar-se Sarah Bernhardt, jogaram ao chão os seus sobretudos e ela teve de subir as escadarias do Hotel, pisando sobre esse original e honroso tapete.[32]

Depois dela, que retornou em 1893 e 1905, foram inúmeros os artistas e as companhias estrangeiras que se apresentaram na cidade e, no século XX, já não chamavam tanto a atenção. São Paulo se acostumou a receber nomes como Pietro Mascagni, Tito Schipa, Enrico Caruso, Isadora Duncan, Paderewski, Arthur Rubinstein, Anatole France, Nijinsky, Anna Pavlova, além das várias companhias teatrais, principalmente francesas, que se apresentavam regularmente.

Em setembro de 1911, foi inaugurado o Theatro Municipal e São Paulo finalmente iria ter uma casa de ópera e de concertos à altura da cidade. A inauguração encheu as páginas dos jornais e das revistas. A princípio, se esperava que o grande maestro e compositor Pietro Mascagni inaugurasse o teatro, mas a obra atrasou e ele acabou se apresentando no velho Polyteama, um pavilhão de zinco originalmente montado para receber um circo, mas que por muitos anos foi palco de grandes espetáculos líricos. No dia marcado para a estreia, 11 de setembro, os cenários da companhia de Titta Ruffo, o mais importante barítono daquele tempo, também atrasaram e a festa só aconteceu no dia seguinte.

Grandemente esperadas, as récitas inaugurais foram muito concorridas, apesar dos preços altos. A assinatura de uma frisa com cinco lugares para as dez récitas inaugurais custava um conto de réis, uma fortuna mesmo para os padrões da elite paulista. As cortinas se abriram com a Protofonia de *O guarani*, seguida da ópera *Hamlet*, de Ambroise Thomas, que nesse primeiro dia não chegou até o final. O último ato da longa peça foi suprimido por conta do horário. O congestionamento provocado pela chegada do público atrasou muito o início da cerimônia, já que era indispensável ir de carro e as ruas de acesso ao Municipal nem de longe comportavam o volume de veículos. Segundo Jorge Americano, que esteve presente:

> Tínhamos encomendado o landau para às oito e meia. Às oito estava na nossa porta. Vinte mil-réis para levar, esperar e trazer. Quando fomos entrando pela rua Barão de Itapetininga tudo parou. Os carros chegavam ao Municipal de todas as direções. Atingimos [...] o Municipal às 10:15, no começo do segundo ato. Mas ninguém teve a iniciativa de descer e seguir a pé. Seria escandaloso.[33]

Entre as muitas novidades da cidade, surgia mais uma: o congestionamento de trânsito.

A inauguração do Municipal ampliou o alcance dos eventos culturais da cidade e permitiu que muitos nomes estelares das artes, que passaram a incluir São Paulo nas suas turnês, se apresentassem em condições adequadas. Em setembro do ano seguinte, organizou-se a Sociedade de Cultura Artística, com o objetivo "de promover a vulgarização das obras de arte e literatura nacionais pelo meio imediato de conferências públicas acompanhadas de concertos musicais".[34] A ideia surgiu nas reuniões de fim de tarde da redação do jornal *O Estado de S. Paulo*, que habitualmente agrupavam de políticos a intelectuais dos mais variados. Teve, de início, o apoio do poeta Vicente de Carvalho, de Arnaldo Vieira de Carvalho, o médico mais importante da cidade, e dos Mesquita, que mobilizaram os principais jornalistas da casa. O jornal, encarregado de divulgar a iniciativa, publicava periodicamente a lista de sócios, que incluía o presidente do Estado, Rodrigues Alves, e muitos políticos, como Pedro de Toledo, Altino Arantes, os engenheiros Ricardo Severo e Ramos de Azevedo, numa extensa lista de artistas e figuras de destaque da cidade.[35]

Apesar da efervescência social e cultural desses novos tempos, Mário de Andrade se queixava, ainda em 1921, da insuficiência da vida cultural paulistana. Sentia a falta dos salões como os de Paris, que reuniam intelectuais, artistas e literatos, não apenas aqueles onde a juventude dourada se divertia e que Oswald de Andrade exaltara uns anos antes.

> Terra sem salões. Sob certo ponto de vista, é um dos defeitos mais profundamente tristes que São Paulo possui. A preocupação de viver em sociedade, o hábito social em minha terra é uma pura ilusão. [...]
>
> Mas Pauliceia como que vive fora da humanidade!
>
> Cada paulista é, pela razão de hereditariedade, de clima e de futuro, um orgulhoso e um insulado. Há bem sei, grêmios esportivos aos milhões... Mas isso não é sociedade. Há também como em toda a parte [...] as chamadas reuniões sociais: bailes concertos, corsos, chás e até já se impuseram [...] as vesperais.
>
> Mas estas reuniões em São Paulo são diferentes das similares de todo o mundo: são apenas um pretexto para esforço muscular. [...]
>
> E não há salões em São Paulo.
>
> Há um. E, como contrapeso à tanta indigência, é magnífico. Villa Kyrial!
> ... É o único salão organizado, o único oásis a que a gente se recolha semanalmente livrando-se das falcatruas da vida chã.[36]

A Villa Kyrial era um casarão de estilo afrancesado, construído numa chácara de sete mil metros quadrados na rua Domingos de Morais, na Vila Mariana, próximo à avenida Paulista. Pertencia a José de Freitas Valle, um gaúcho de Alegrete que viera a São Paulo para cursar a Faculdade de Direito. Antes de se formar, casou-se com Antonieta Egydio de Souza Aranha, neta da Viscondessa de Campinas, e nunca mais saiu da cidade, onde se integrou completamente. Durante toda a vida exerceu diversos cargos públicos: subprocurador fiscal do Estado, professor concursado de Francês e Literatura Francesa no Ginásio do Estado, além de ter sido deputado e senador estadual, e deputado federal, sempre pelo Partido Republicano Paulista, tendo encerrado a carreira política com a Revolução de 30.

Foi também o principal responsável, por muitos anos, pelo Pensionato Artístico do Estado de São Paulo. Criado em 1912,[37] o Pensionato enviava para o exterior jovens artistas promissores que não tinham como se aperfeiçoar no Brasil e apoiou, entre outros, Francisco Mignone, João de Souza Lima, Victor Brecheret e Anita Malfatti.

No seu salão, que brilhou nos anos 1910 e 1920, se reunia uma curiosa mistura de jovens artistas, políticos poderosos e notáveis de todos os tipos. De personalidade multifacetada, possuía vários pseudônimos que delimitavam seus diversos interesses. Como *Jacques D'Avray*, publicou uma série de poemas simbolistas, escritos em francês, em edições muito apuradas e de tiragens limitadas. Era também o perfumista Freval, e o *maître* Jean-Jean, chefe da Hordem dos Gourmets, assim mesmo com "h", que reunia periodicamente grupos selecionados, na ampla adega da casa, para experimentar os pratos excêntricos e raros preparados pelo chefe. Graças à personalidade peculiar do anfitrião, as reuniões eram em geral solenes e muitas vezes seguiam um curioso ritual inventado por ele, que incluía um *Hino dos Cavalheiros da Villa Kyrial*, com versos de Freitas Valle e música de Francisco Mignone, e que todos os convidados tinham que entoar.

A música sempre foi destaque e lá se reuniam os principais nomes paulistas, como o maestro Souza Lima, Guiomar Novais, Antonieta Rudge e as estrelas internacionais das artes de passagem por São Paulo, como Sarah Bernhardt e Enrico Caruso. Coube a ele recepcionar e ciceronear Darius Milhaud, a pedido do Conservatório Nacional da França.[38] Valle era também amante das artes plásticas e tinha uma enorme coleção que adquiriu ou recebeu como presente dos artistas que apoiou.[39] Foi com o apoio de Valle que Lasar Segall conseguiu fazer sua primeira exposição em São Paulo, em 1913, e foi ele também um dos apoiadores de Anita Malfatti, depois da famosa exposição de 1917, que detonou o debate modernista na cidade.

Apesar dos muitos maneirismos e idiossincrasias do seu líder, que faziam a Villa Kyrial dar a impressão de exótica e um pouco anacrônica, vista em conjunto, a experiência cultural que ela representava parece alinhada àquele tempo[40] de grandes transformações e muitas transgressões, que mais tarde iriam dar corpo à agitação modernista.

Como notou Antonio Candido, "a Villa Kyrial foi o mais completo exemplar que houve em São Paulo de um traço característico da Belle Époque: a estetização da vida, baseada na concepção segundo a qual o quotidiano deve transformar-se em obra de arte".[41]

OS INDUSTRIAIS

Em 4 de dezembro de 1810, uma Carta Régia criou a Real Fábrica de Ferro de São João de Ipanema, na região de Sorocaba, e essa foi a primeira indústria estabelecida em São Paulo. Posta em funcionamento por técnicos suecos e alemães, a fábrica forneceu artigos de ferro para uso civil e militar durante todo o século XIX e teve papel importante na produção de material bélico para a Guerra do Paraguai. Logo depois, em 1811, foi construída na cidade de São Paulo a primeira fiação de algodão, movida pela força hidráulica e pelo braço escravo,[42] e, em 1836, em Santos, se construiu uma usina de açúcar, movida a vapor.

Segundo Warren Dean:

> [...] o relatório oficial do presidente da província em 1852 menciona apenas cinco fábricas: uma fiação de algodão em Sorocaba, uma usina de potassa em Santos, uma fundição, uma fábrica de vidros (em declínio) e uma fábrica de velas. No ano seguinte se construiu uma fábrica de chapéus.[43]

Essas primeiras indústrias, dispersas geograficamente, foram criadas e se desenvolveram antes da expansão cafeeira. Sua existência pode ser explicada pela proteção proporcionada pelas dificuldades de comunicação, que elevavam os preços dos produtos importados; pela proximidade das fontes de matérias-primas e pela demanda de bens como alimentos, bebidas e tecidos de qualidade inferior,[44] consumidos pelos pobres, para os quais os produtos vindos de fora eram inacessíveis ou muito caros.

Warren Dean, em seu conhecido trabalho sobre a industrialização em São Paulo, não tem dúvidas em afirmar que a expansão do café gera a indústria. Segundo ele:

> A industrialização de São Paulo dependeu, desde o princípio, da procura provocada pelo crescente mercado estrangeiro do café. [...] O café era a base do crescimento industrial nacional, primeiro que tudo, porque proporcionava o pré-requisito mais elementar de um sistema industrial – a economia monetária. [...] O comércio do café

não gerou apenas a procura da produção industrial: custeou também grande parte das despesas gerais, econômicas e sociais, necessárias a tornar proveitosa a manufatura nacional. [...] Considerados em conjunto, globalmente, esses súbitos progressos na região de São Paulo nas décadas de 1880 e 1890 foram, em sentido mais profundo, a causa da industrialização.[45]

Noutra matriz metodológica, Sergio Silva também vê a economia do café como ponto de partida da indústria:

> [...] ela foi o principal centro de acumulação de capital no Brasil durante o período. É na região do café que o desenvolvimento das relações capitalistas é mais acelerado e é aí que se encontra a maior parte da indústria nascente brasileira.[46]

Em 1895, segundo Dean, em São Paulo existiam somente 52 empresas realmente industriais. Destas, apenas 11 empregavam mais de 100 operários: 3 fiações, 3 fábricas de chapéus, 1 fábrica de cerveja, 1 fábrica de fósforos, 1 fundição e 2 oficinas ferroviárias.[47]

Em 1907, o panorama havia mudado radicalmente e o Censo Industrial indicava a existência de 314 indústrias que já empregavam 22.355 operários.[48] O crescimento do número de indústrias e de operários em São Paulo se manteve num ritmo ascendente durante as duas primeiras décadas do século XX, e essa expansão expressiva resultou também na concentração da produção industrial em São Paulo, que passou a reunir 31% do total de estabelecimentos industriais do país em 1920.

São Paulo e Distrito Federal

Estabelecimentos Industriais				
	1907		1920	
	qtde.	%	qtde.	%
Distrito Federal	652	21,82	1.541	11,56
São Paulo	314	10,51	4.145	31,08
Brasil	2.988	100	13.336	100

Número de Operários				
	1907		1920	
	qtde.	%	qtde.	%
Distrito Federal	35.104	25,73	56.229	20,41
São Paulo	22.355	16,39	83.998	30,49
Brasil	136.420	100	275.512	100

Capital Empregado				
	1907		1920	
	$000	%	$000	%
Distrito Federal	168.626:045	29,04	441.669:448	24,33
São Paulo	128.346:051	22,10	537.817:439	29,63
Brasil	580.691:074	100	1.815.156:011	100

Fonte: DIRECTORIA GERAL DE ESTATISTICA. *Recenseamento do Brasil*, v. 5, indústria. Rio de Janeiro: Typ. da Estatística, 1927. Indústria 1907-1920 por estados.

Esse potente crescimento se deveu, em grande parte, aos empreendedores imigrantes, que em pouco tempo dominaram a indústria paulista. Nos eventos de 1917, esse protagonismo fica evidente. Movidos por um poderoso individualismo e competindo ferozmente, aqueles "grandes capitães da indústria", alvos do movimento grevista, tinham muitos traços comuns. Todos eram estrangeiros e recém-chegados ao Brasil, com exceção de Jorge Street. Estabeleceram-se imediatamente como industriais ou empreendedores e enriqueceram com rapidez. Muito diferentes entre si, curiosamente partilhavam uma narrativa comum que valorizava o seu sucesso. Segundo esse relato, tendo saído, no final do século XIX ou no início do século XX, de uma Europa castigada pela pobreza e incapaz de alimentar seus filhos, carregando como único patrimônio a força de vontade, além de um inquebrantável espírito empreendedor, o futuro industrial chegou ao Brasil disposto a vencer todos os obstáculos na nova terra, e graças ao trabalho árduo e muita luta, venceu!

Essa é a síntese da saga que teriam vivido os industriais imigrantes que chegaram a São Paulo naquele período. Como nota argutamente Sergio Silva:

> Esse fato foi bastante destacado pelos próprios industriais que desse modo se confundem com a massa de imigrantes [...] e passam a se considerar como verdadeiros *self-made men*: chegados ao Brasil sem nada ou quase nada, constituíram fortunas graças a um trabalho árduo e paciente.[49]

O próprio Conde Francisco Matarazzo, o mais rico entre os industriais imigrantes, durante toda a vida cultivou essa narrativa:

> Da minha terra, no sul da Itália, trazia um pouco de dinheiro, mas pouco. Aqui desembarcando, com a bolsa cheia de vontade de trabalhar, dirigi-me a Sorocaba, onde dei início à minha carreira [...].[50]

A descrição dos novos industriais como trabalhadores que conseguiram emergir da sua origem modesta e, graças a muito esforço e sacrifícios, acumularam grandes fortunas é recorrente na historiografia brasileira e, de certa forma, compõe o imaginário do passado que é comum a todos nós. Mesmo em clássicos da historiografia, essa é a versão predominante:

> Analisando-se o tipo dos industriais brasileiros, observa-se que boa parte deles se constituiu de indivíduos de origem modesta que, estabelecendo-se com empreendimentos a princípio insignificantes, conseguiram, graças aos grandes lucros dos momentos de prosperidade e um padrão de vida recalcado para um mínimo essencial à subsistência, ir acumulando os fundos necessários para ampliarem suas empresas. Este será o caso, em particular, de imigrantes estrangeiros, colocados em situação social que lhes permitia tal regime de vida.[51]

No entanto, os patrões mais citados na imprensa durante a greve de 1917 – aqueles que, para a opinião pública contemporânea, encarnavam a figura do industrial contra a qual se dirigia o movimento ou que, adicionalmente, participaram da reunião de 14 de julho na redação do jornal O

Estado de S. Paulo, representando os interesses da indústria: Matarazzo, Crespi, Jafet, Pinotti Gamba, Alessandro Siciliano e Jorge Street – não seguiam exatamente esse modelo.

Francisco Matarazzo nasceu em Castellabate, uma pequena vila à beira-mar, próxima a Salerno, no sul da Itália, em 1854. Era o filho mais velho de um advogado e perdeu o pai quando tinha 18 anos. Essa morte interrompeu seus estudos e provavelmente alterou seus planos. Em 1881, chegou ao Brasil, com algum dinheiro, como já foi dito, e uma carga de toucinho para vender, que se perdeu no desembarque. Instalou-se em Sorocaba, onde provavelmente tinha conterrâneos que o orientaram.[52] Em maio de 1882, estava estabelecido, com uma casa comercial que, segundo o próprio Matarazzo afirmou muitos anos mais tarde, não era mais do que um botequim ou venda. Porém, imediatamente iniciou o negócio de fabricação de banha de porco em Sorocaba e logo depois instalou uma segunda fábrica em Capão Bonito, na mesma região. Em 1890, constituiu uma sociedade com a denominação de Matarazzo & Irmãos, em São Paulo, localizada no velho mercado da rua 25 de Março. Nessa sociedade, ele entrava com bens no valor de 46 contos, uma soma bastante expressiva para a época, o que faz supor que ele já fosse um homem rico. O negócio era de comissões e consignações e, provavelmente, tinha como um dos seus objetivos distribuir na capital a banha fabricada na região de Sorocaba. É desse tempo a invenção, a que Matarazzo se atribui, de uma nova embalagem para o produto.

> Enquanto o tempo passava em discussões com abundância de argumentos e exuberância de ideias, pus de lado a questão dos barris, fundei uma terceira fábrica em Porto Alegre, e inundei o Brasil do Amazonas ao Prata e do Rio Grande ao Pará, com a minha invenção: a banha em lata.[53]

Essa empresa foi incorporada no ano seguinte por uma nova sociedade, em que os bens de Matarazzo foram contabilizados pelo valor de 70 contos.[54] A partir daí, os principais negócios de Matarazzo se concentraram, aparentemente, na F. Matarazzo & Cia. Ltda., com atividades de comércio e importação de farinha americana e arroz do Sudeste Asiático.[55] Em 1896, já com 9 filhos, mudou-se para uma casa na avenida Paulista, situada num terreno com 20 metros de frente e área total de 2.500 m².

Negociante estabelecido e com casa na Paulista, depois de pouco mais de 15 anos de trabalho no Brasil, o imigrante Francisco Matarazzo já podia se considerar um sucesso. Importando produtos alimentícios, ele se aproveitava da grande expansão da cidade para ampliar os seus negócios. Com a eclosão da Guerra Hispano-Americana em 1898 e cultivando estreitas relações com o London & Brazilian Bank, Matarazzo importou da Argentina grande carregamento de farinha, que não podia mais se obter na América em razão da guerra.[56] Esse foi um passo decisivo, e, logo depois, com o apoio do banco inglês, construiu um moinho de trigo no Brás. O moinho, inaugurado em 15 de março de 1900, deu tão bons resultados que foi duplicado em 1901, com a aquisição de novos equipamentos na Inglaterra, com capacidade idêntica ao primeiro.[57] O moinho foi a base do crescimento industrial das empresas e, em 1904, a sua seção de sacaria transformou-se na Fábrica de Tecidos Mariângela e não parou mais de se expandir. Em 1911, a F. Matarazzo & Cia. transformou-se nas Indústrias Reunidas Fábricas Matarazzo S.A., com fiação, tecelagem, malharia e tinturaria, fábrica de óleos e sabão, moinho de trigo, engenho de beneficiamento de arroz, estamparia e vários outros negócios menores, além da velha fábrica de banha. O capital total da empresa era de 8 mil e 500 contos, sendo que 80% dele pertencia a Francisco Matarazzo,[58] que, já nessa altura, era um dos maiores e mais ricos industriais de São Paulo. A casa e o terreno da avenida Paulista foram sucessivamente ampliados com reformas e aquisição de lotes vizinhos e em 1906 ela era uma das maiores da avenida, ocupando um terreno de mais de 12 mil metros quadrados.

Segundo as estimativas de José de Souza Martins, que procurou desenhar a trajetória de Matarazzo, ele possuía em 1887 duas fábricas de banha avaliadas em 20 contos e, em 1900, bens aplicados no seu negócio que alcançavam o valor 2.010 contos, tendo o seu capital crescido mais de cem vezes nesse período. A partir de 1900 e até 1911, quando se constitui a I.R.F. Matarazzo S.A., as suas empresas atingiram um capital de 8.500 contos, quadruplicando no período. Esses cálculos não incluem as atividades comerciais e de importação, nem a atividade bancária, que foi progressivamente se tornando relevante. São números espantosos, não só pelo seu volume, mas sobretudo pela velocidade de crescimento, que superam, de longe, tudo o que se poderia obter em qualquer atividade do complexo econômico do café, em qualquer tempo. Para coroar essa espetacular trajetória de sucessos, Matarazzo, que nunca havia se afastado totalmente da Itália e participou ativamente do esforço de guerra da sua terra natal, foi feito conde pelo rei Vittorio Emanuele III, em 25 de junho de 1917. *O Estado de S. Paulo* de 3 de julho, reproduzindo telegramas chegados ao Rio no dia anterior, deu apenas uma nota sóbria.

> Mattarazzo agraciado com o título de conde – Rio 2
>
> Telegramas de Roma anunciam que o Rei Vitor Manuel III acaba de nomear conde o industrial italiano desse estado, comendador Francisco Matarazzo.
>
> Este telegrama causou grande satisfacção entre a colônia italiana daqui.[59]

Matarazzo vinha do sul da Itália, mas dois lombardos vindos do norte da península logo se estabeleceram entre as lideranças industriais da cidade.

Egídio Pinotti Gamba nasceu em Revere, uma pequena cidade às margens do Pó, na Lombardia, em 1872, e emigrou para o Brasil com 10 anos de idade. Embora pouco se conheça da sua juventude, sempre esteve envolvido em negócios diversos. Em 1909, já era proprietário dos Grandes Moinhos Gamba, instalados na Mooca às margens da São Paulo Railway, em uma área de 49 mil metros quadrados. Empregava mais de mil trabalhadores e era um dos grandes concorrentes de Matarazzo e, como ele, também morava numa grande casa na avenida Paulista, esquina com a rua Brigadeiro Luiz Antônio.

O outro era Rodolfo Crespi, que também estava longe de ter vindo ao Brasil como simples imigrante. Descendia de uma antiga família da

Lombardia que se dedicava à tecelagem desde o século XVIII. Ele nasceu em Busto Arsizio, próximo a Milão, em 1874, e entre os seus antepassados estava o pintor Daniele Crespi, um dos pioneiros do barroco lombardo. Era também aparentado com Cristofaro Crespi, que fundou e dirigiu desde 1878 uma enorme tecelagem de algodão em Crespi d'Adda, próxima de Bérgamo, também na Lombardia.

Ele chegou a São Paulo aos 20 anos, em 1894, e iniciou em 1897 a edificação do Cotonifício Crespi na rua Javari, tendo o sogro como sócio. Depois de um início modesto, em 1906, Crespi assumiu o controle total da empresa e rapidamente a expandiu até chegar a ocupar um enorme quarteirão na rua dos Trilhos, na Mooca, com três andares e área de 50 mil metros quadrados.

Outro italiano, mas do sul, era Alessandro Siciliano, que, no entanto, foge um pouco ao padrão dos industriais imigrantes do seu tempo.[60] Nascido em San Nicola Arcella, na Calábria, em 1860, era descendente de uma família de proprietários de terra e chegou ao Brasil com 9 anos para morar em Piracicaba, onde já estavam seu irmão e um tio, que se mantinham à frente de uma casa de comércio.[61] Casou-se em 1881 com Laura de Mello Coelho, filha de um fazendeiro rico e influente e, ao contrário dos seus conterrâneos, integrou-se às elites paulistas.[62] Com seu irmão Francesco e João Conrado Engelberg, formou uma sociedade para a produção de uma máquina de beneficiar café. O empreendimento foi um sucesso e as patentes, vendidas para os Estados Unidos.[63]

No final da década de 1880, já residindo na capital, participa da criação da Banca Commerciale Italiana de São Paulo, de uma casa importadora e, associado a inúmeros nomes tradicionais paulistas, aparece também como um dos fundadores da Cia. Mecânica e Importadora. A empresa, uma das maiores de São Paulo, atuava como fundição, serraria, olaria e fabricante de vagões, máquinas agrícolas e de beneficiamento, e na construção de grandes obras públicas.[64] Inicialmente era presidida por Antônio de Souza Queiroz e tinha Siciliano como gerente-geral, mas, com o tempo, Siciliano foi comprando as partes dos sócios e tornou-se o único dono. Adquiriu também a fábrica de tecidos de algodão Brasital, em São Roque, uma tecelagem de juta e participação em várias outras indústrias.[65]

Foi um dos principais idealizadores do Plano de Valorização do Café, colocado em prática em 1906, por meio do Convênio de Taubaté. Graças a ele e aos seus muitos negócios, sempre desfrutou de grande prestígio, e suas relações com a elite cafeeira eram amplas e sem obstáculos. Vivia, como muitos dos seus pares, numa grande casa na avenida Paulista, construída por Ramos de Azevedo, e em 1916 foi agraciado pelo papa Bento XV com o título de conde.

Nem todas as lideranças industriais de São Paulo eram italianas. A família Jafet começou a se instalar no Brasil em 1887, quando Benjamin Jafet chegou a São Paulo, vindo do Líbano, trazendo um carregamento de produtos de consumo, tecidos, vestuário etc., comprados em Marselha, para vender no interior do Brasil. Os outros irmãos vieram em seguida. Vinham de Dhour el Choueir, uma cidade cristã nas proximidades de Beirute onde o pai, falecido em 1882, era professor universitário e a família possuía uma escola. Dois dos irmãos, Basílio e Benjamin, trabalharam inicialmente como mascates, mas em 1890 a família instalou uma primeira loja na rua 25 de Março. Nami, o irmão mais velho, o único com formação universitária, assumiu a liderança dos negócios. Em pouco tempo se tornam grandes atacadistas e importadores, com escritórios na rua Florêncio de Abreu. Nesses dias, o progresso era rápido e em 1906 a família instalou no Ipiranga, uma região pouco ocupada nos arrabaldes da cidade, a Cia. Fabril de Tecelagem e Estamparia Ipiranga, que deu origem à expansão do bairro. Originalmente ocupava um terreno de 6 mil metros quadrados, que foi sendo sucessivamente ampliado até chegar a 100 mil e, em 1917, já era uma das grandes indústrias paulistanas. Não existe memória contábil de como se deu esse investimento, mas é possível que os fundos iniciais tenham provindo dos recursos acumulados no comércio atacadista e, em parte, tenha sido financiado por outros comerciantes da colônia.[66] Desde o início, a família procurou se relacionar politicamente e Nami Jafet era membro do diretório do Partido Republicano Paulista do Ipiranga. Nas décadas seguintes, esse comportamento se manteve e a família apoiou Adhemar de Barros e Getúlio Vargas, na sua volta ao poder em 1950. A fábrica Jafet é um dos exemplos do grande surto de expansão da indústria têxtil no Brasil, que, entre 1885 e 1917, cresceu quase 30 vezes, com a produção passando de 20 milhões a 548 milhões de metros de tecido.[67]

O único brasileiro, no seleto grupo de protagonistas da greve de 1917, era Jorge Street. Carioca e sem raízes em São Paulo, ele era filho do engenheiro austríaco Ernst Street, que veio para o Brasil para trabalhar em obras ferroviárias e, durante muito tempo, atuou com a sociedade Gaffré e Guinle em variados negócios, entre eles a Cia. Docas de Santos. Jorge, nascido em 1863, fez o curso secundário na Alemanha e formou-se na Faculdade de Medicina do Rio de Janeiro, em 1886. Depois de formado, voltou para a Alemanha com o intuito de fazer diversos cursos e, novamente no Brasil, clinicou durante alguns anos. Em 1896, herdou do pai ações da fábrica de tecidos de juta São João, no Rio de Janeiro, e aí começou sua carreira de empreendedor.

Em 1904, já como industrial estabelecido, adquiriu do Conde Álvares Penteado a Fábrica Santana, de tecidos de juta para confecção de sacaria, instalada no Brás, por 13 mil contos, quantia levantada com a emissão de debêntures subscritos por Candido Gaffré.[68] Com a decadência das exportações de café pelo porto do Rio e o concomitante crescimento do porto de Santos, em 1908 fechou a fábrica do Rio de Janeiro e transferiu as máquinas para São Paulo. Para modernizar e ampliar a sua fábrica, lançou novas debêntures no valor de 8 mil e 500 contos e, em 1911, fez outro empréstimo no valor de 13 mil contos, para quitar a dívida anterior e construir uma nova fábrica no Belenzinho e também uma tecelagem de algodão. Em 1914, contraiu mais um financiamento de 13 mil contos. Os tempos eram de grande prosperidade e, em 1918, ele já havia quitado todos os empréstimos.[69]

A juta, matéria-prima para a confecção dos tecidos da sacaria que embalavam o café, era toda importada da Índia e, além de industrial, Street era também o principal importador, tendo conseguido estabelecer um cartel que lhe deu a exclusividade no fornecimento do produto no Brasil durante a guerra.[70] O preço do saco de juta tinha impacto direto nos custos de produção e essa posição o colocou em permanente antagonismo com os cafeicultores, que, insistentemente, reivindicaram a liberação das importações de sacaria acabada, com a alegação de que os preços internacionais eram muito menores dos que os praticados no mercado nacional. Street, à frente do Centro Industrial do Brasil desde 1912, teve grande atuação sindical em defesa da indústria nacional e lutou permanentemente pelas barreiras tarifárias de proteção. Num desses episódios, em 1919, foi proposta na Câmara, pelo deputado Veiga Miranda, uma emenda sobre direitos aduaneiros que reduzia o imposto de entrada de sacaria acabada de $800 para $300 por unidade. Para contestar o projeto, Street publicou matéria paga nos jornais expondo as suas razões.

> Despida a imaginosa roupagem que caracteriza os escritos do meu ilustre patrício, aparece, como principal argumento, a afirmativa, de que grande abuso está sendo praticado pelos industriais que, à sombra da tarifa, estão obrigando os produtores rurais a pagar extremamente cara a sacaria, que eles poderão importar por muito menos dinheiro.
>
> De fato, o nobre deputado afirma, que, "em nenhum caso a política protecionista se tornou mais revoltante e iníqua", do que no caso especial das manufaturas de juta.[71]

Depois de longa argumentação buscando demonstrar a igualdade dos preços entre o produto nacional e o importado, Street conclui:

> Ocorre aqui referir-me também às dificílimas condições criadas pela guerra, especialmente para as manufaturas de juta. [...] O governo inglês exigiu de nós os mais formais compromissos escritos e nos vigiava sempre de perto [...] para melhor poder exercer a sua alta missão, concentrou ele a importação da juta no Brasil em poucas mãos, proibindo, afinal, em absoluto, a importação quer da matéria-prima, quer das aniagens para o Norte e o Sul do Brasil. O governo inglês tornou-me sempre pessoalmente responsável pela distribuição dessas matérias-primas, e pelas vendas das manufaturas daí provenientes.
>
> Foi a isso, a esse consórcio que se chamou pomposamente de Trust da Aniagem, e que provocou iras de certa gente, que maldizia do senhor Jorge Street, por enfeixar ele nas suas mãos o odioso monopólio das aniagens.[72]

Visto frequentemente como "industrial de ideias avançadas", Street sempre dedicou muito do seu tempo à divulgação das suas atividades e à valorização das suas iniciativas de bem-estar social, de que a famosa Vila Maria Zélia, uma vila operária anexa à sua fábrica no Belenzinho, foi o carro-chefe. Acostumado a atuar tanto como industrial propriamente quanto como articulador dos interesses da indústria, talvez tenha sido, de fato, pioneiro na ação de comunicação, mantendo-se ativo nos debates do seu tempo, sem medo de buscar os jornais, divulgar as suas realizações e defender os seus interesses, como se verá adiante, no episódio da greve.[73]

Perdendo a liderança industrial do seu setor depois da guerra, passou a maior parte dos anos 1920 em dificuldades, até encerrar definitivamente sua atuação como industrial com a crise de 1929. Foi um dos fundadores, em 1926, do Centro das Indústrias do Estado de S. Paulo e, depois de 1930, foi diretor do Departamento Nacional da Indústria e Comércio, do recém-criado Ministério do Trabalho.

A Cia. Antarctica Paulista, diferentemente das outras grandes indústrias de São Paulo, não era propriamente uma empresa familiar. Ela foi uma das que se originaram da euforia do Encilhamento e que se organizaram como sociedade anônima graças às mudanças provocadas pelo decreto de 17 de janeiro de 1890, que liberalizou a formação de empresas por ações no Brasil. Resultado da fusão de vários empreendimentos menores, a Antarctica acabou sob o controle do alemão Antônio Zerrenner e do dinamarquês Adam Ditrik von Bülow, sócios numa das maiores exportadoras de café em Santos e que atuavam também como importadores, inclusive de lúpulo e cevada que forneciam à Antarctica. Quando a ainda pequena cervejaria enfrentou dificuldades, a Zerrenner, Bülow & Cia. assumiu o controle da empresa e iniciou a expansão do negócio. Instalada originalmente na Água Branca, a fábrica foi transferida em 1902 para a Mooca, onde cresceu e se tornou uma das mais importantes da cidade.

Ao contrário dos trabalhadores que vinham procurando se organizar desde o fim do século, os industriais de São Paulo não tinham, em 1917, uma instituição que congregasse os seus interesses. Eles tinham alguma representação apenas na Associação Comercial de São Paulo, que misturava comerciantes e industriais. Vivendo num ambiente de acirrada competição, com muitas grandes empresas atuando no mesmo ramo, principalmente no setor têxtil, e movidos por um espírito francamente individualista, eles não eram habilitados para se articular na defesa dos seus interesses. O caso de Jorge Street, por ser quase único, é emblemático e ele, provavelmente, foi o industrial que melhor soube usar a comunicação e a opinião pública a seu favor.

Embora vários industriais tenham procurado estimular a ideia de que venceram graças ao trabalho árduo e a um tirocínio superior, como foi o caso de Matarazzo, que sempre procurou divulgar a narrativa de que seu início de vida foi de grandes sacrifícios e pleno de dificuldades, a imagem de capitalistas implacáveis era muito difundida e se acentuou durante o período da greve.

Como veremos mais à frente, eles nem sempre foram capazes de apresentar organizadamente as suas razões e, muitas vezes, ao tomar a resistência trabalhista como mera insubordinação – como foi recorrentemente o caso de Rodolfo Crespi –, acabaram por agravar os conflitos que procuravam abafar. A sua falta de coesão, por outro lado, também foi um fator que dificultou a negociação conjunta e a apresentação de uma proposta comum para os grevistas.[74] Estes, ainda que precariamente, conseguiram se organizar com rapidez em torno do Comitê de Defesa Proletária, que logo nos primeiros dias de greve estabeleceu uma pauta única de reivindicações. Os industriais, não. Foi apenas depois da greve, e provavelmente em razão dela, que os industriais buscaram alguma forma de melhor defender os seus interesses. Foi só em 1919, para fazer frente a outro movimento grevista, que se fundou o Centro das Indústrias de Fiação e Tecelagem de São Paulo, embrião do futuro Centro das Indústrias do Estado de São Paulo (Ciesp), criado em 1928.

OS OPERÁRIOS

A vida do outro lado do rio

Em julho de 1917, vivia-se o quarto ano da guerra na Europa e os seus ecos eram cada vez mais sentidos em São Paulo. Todos, de alguma maneira, sofriam os seus efeitos, mas as reações que eles provocavam eram diferentes para os diversos grupos em que se dividia a sociedade paulistana da época.

Além das indústrias, a expansão da cidade, fruto do desenvolvimento da economia cafeeira, fez crescer, também, as demandas por serviços urbanos ligados a transportes, iluminação, energia, limpeza urbana, manutenção e expansão das vias públicas, construção civil e uma infinidade de outros serviços típicos das grandes cidades. Isso atraiu para São Paulo uma grande massa de operários.[75] Por outro lado, o crescimento da produção e a necessidade de ampliar a capacidade de transporte de cargas resultaram na criação de oficinas de manutenção ferroviária, instaladas principalmente no Brás, no Pari e na Lapa, que também reuniam grandes contingentes de trabalhadores.[76]

Bastava atravessar o rio Tamanduateí para que se percebesse que a guerra repercutia de maneira muito mais concreta na vida e no cotidiano dos que viviam no Brás, na Mooca ou nos outros bairros operários da cidade, onde as fábricas e oficinas, com suas chaminés sempre fumegantes, eram cercadas pelas casas dos operários que trabalhavam nelas.

Nessas regiões, as consequências da guerra eram muito mais duras e não se limitavam à falta de produtos importados. A carestia, que atingia a todos, era mais sentida ali, onde os salários encolhiam a cada dia que passava, com a subida inexorável dos preços dos gêneros de primeira necessidade, importados, como era o caso do trigo, ou dos nacionais, como o feijão, que eram exportados e atingiam preços que o consumidor brasileiro nunca havia visto. Segundo dados compilados nas cotações diárias publicadas pelo jornal *O Estado de S. Paulo*, entre julho de 1916 e julho de 1917, os preços do arroz de primeira subiram 29%, o de segunda 41%, e os do feijão, grande vilão da carestia, 160%.[77] A razão para essa subida nos preços era fácil de compreender. Antes da guerra, as exportações de produtos alimentícios através do porto de Santos se limitavam a poucas centenas de quilos. Em 1917, saíram através dele 22 mil toneladas de arroz, 48 mil toneladas de feijão e 29 mil toneladas de carne congelada.[78] A pressão sobre os preços era inevitável.

Anarquistas e socialistas

Entre os muitos milhares de trabalhadores que se instalaram em São Paulo nesse período, havia um número significativo de imigrantes que traziam da Europa uma experiência de militância sindical e política. Alguns eram ativistas já provados nas lutas sociais e logo assumiram, aqui, um papel de liderança. Ao contrário dos industriais, que permaneceram muitos anos sem constituir um organismo de representação, os operários rapidamente se organizaram em múltiplas associações sindicais e de classe, que se dividiam, como no Velho Mundo, entre o anarquismo e o socialismo.

A trajetória do socialismo no Brasil se inicia com o fim do Império e, segundo Boris Fausto, "foi a história de um pequeno círculo, com escassa penetração nos meios populares".[79] O primeiro Centro Socialista, fundado em Santos em 1895, teve vida curta, mas coube a ele inaugurar, naquele ano, as comemorações do Primeiro de Maio, no Brasil.[80] A partir de 1900, os grupos reunidos em São Paulo iniciaram a publicação do jornal *Avanti*, "órgão socialista e proletário", redigido em italiano e que circulou, na primeira fase, até 1909.[81] Em 1902, durante o Segundo Congresso Socialista Brasileiro, em São Paulo, foi criado o Partido Socialista, com um programa de 36 itens, que incluíam jornada de 8 horas, tribunais para arbitragem nas disputas entre patrões e empregados, imposto sobre heranças, divórcio, fornecimento de água e luz gratuito para os pobres e educação obrigatória e sem custos para menores de 14 anos.[82] De caráter reformista, defendendo a participação dos trabalhadores na vida política e a atuação parlamentar, os socialistas, desde o início, buscaram se inserir no debate público e nisso se contrapuseram aos anarquistas.

Seus núcleos de atuação eram compostos e dirigidos por elementos da classe média, com pretensões intelectuais, e uma minoria de operários, sobretudo gráficos, que, em função do seu trabalho, eram considerados o setor mais culto do operariado. Muitos jornalistas e intelectuais também se apresentavam como socialistas e seus textos eram comumente publicados na imprensa. Tidos como moderados, eles nem de longe enfrentavam a mesma hostilidade provocada pelos anarquistas.

O receio provocado pela imigração de anarquistas vinha de longe. É de 1893 a primeira matéria extensa sobre a sua presença, num jornal de São Paulo. Em julho e agosto daquele ano, o *Correio Paulistano* publicou uma série de quatro reportagens com o título "Imigrantes anarquistas". O intuito era alertar as autoridades para o risco que representavam esses "perigosos indivíduos, chefes e partidários dessa terrível seita destruidora".[83]

Logo depois da República, quando o governo estadual assumiu as responsabilidades com a vinda de imigrantes e contratou empresas de navegação para o transporte, subsidiando as passagens, estabeleceu-se uma vigilância preventiva para evitar a entrada de anarquistas no país. Segundo Holloway, "em começos de 1893 [...] o chefe de polícia de Santos recebeu a informação de que alguns anarquistas estavam a bordo de um navio de Fiorita & Cia. contratado pela Sociedade Promotora. O Estado deportou três imigrantes depois de investigar e 'verificar' as informações".[84]

O contrato firmado com os agentes e as companhias de navegação encarregadas do transporte de imigrantes era muito explícito a esse respeito:

> No caso de ser algum imigrante rejeitado por ser anarquista ou suspeito de fazer parte dessa associação, correrão por conta do introdutor as repatriações e quaisquer outras despesas que com tais imigrantes faça o governo ou polícia de São Paulo.[85]

Essa imagem perdurou e foi dominante nas duas primeiras décadas da República. Nesse período, o anarquismo permaneceu muito marcado pelos atos violentos cometidos na Europa e nos Estados Unidos. A imagem desses atentados ficou na memória da elite paulista, mesmo quando alguns dos atos que lhes eram atribuídos não tivessem sido executados propriamente por anarquistas. Jorge Americano reproduz um diálogo informal travado por volta de 1908, a propósito das greves e da participação de socialistas e anarquistas:

> Veja os atentados, uns atrás dos outros. O assassinato do presidente McKinlay dos Estados Unidos. O de Sady Carnot na França. O do Rei Humberto I, na Itália. Os dois atentados contra o rei da Espanha. E o tiro contra Prudente de Morais, aqui no Brasil, pelo Marcelino Bispo que alcançou e matou o Marechal Bittencourt. Agora Buiça, matando o Rei D. Carlos e o Príncipe D. Luís, em Lisboa.[86]

Apesar da resistência e das precauções das autoridades, as ideias anarquistas se difundiram rapidamente em São Paulo, trazidas pelos trabalhadores vindos de países onde o anarquismo estava bem estabelecido, como Itália e Espanha. Tinham como ideário alcançar modificações estruturais da sociedade pela substituição da autoridade do Estado por formas de cooperação entre os indivíduos.[87] Contrários à ação e à atuação no campo institucional, defendiam a supressão do capitalismo e do Estado, através da ação direta de indivíduos livres, que tinham como instrumentos o boicote, a sabotagem e a greve.[88] Segundo Christina Lopreato, a "ação direta é a expressão da crença de que o proletariado só se libertará quando confiar na influência da sua própria ação, direta e autônoma, prescindindo de intermediários no conflito capital/trabalho".[89]

Como nota Boris Fausto:

> A recusa à luta política e o implícito economismo tinham particular atração sobre a massa de imigrantes, chegados à nova terra em busca de ascensão social e não de um mundo político estranho. Frustradas as primeiras expectativas, defrontam-se com o Estado – inimigo longínquo que seria um dia necessário suprimir. Sem muita sofisticação, o anarquista corporificava este sentimento e lhe dava um conteúdo de luta, pela via da organização dos sindicatos e da greve geral revolucionária.[90]

Com raízes no anticlericalismo,[91] os grupos anarquistas se multiplicaram na cidade, se congregando em pequenos núcleos liderados por imigrantes experientes na luta, que procuravam cumprir a sua tarefa de proselitismo através da publicação de pequenos jornais operários, quase todos de existência curta. Os pioneiros foram *Gli Schiavi Bianchi*, de 1892; *L'Asino Umano*, de 1894; e *L'Avvenire* que durou de 1894 a 1895.[92] Posteriormente, surgiram *Il Risveglio* editado a partir de novembro de 1898, por Gigi Damiani; *O Amigo do Povo*, de 1902; *O Livre Pensador*, publicado intermitentemente entre 1902 e 1914 e dirigido pelo operário gráfico maçom e anarquista Everardo Dias; *La Bataglia*, a partir de 1904, dirigido por Oreste Ristori; e mais tarde *Guerra Sociale*, que tinha como redatores Gigi Damiani e Florentino de Carvalho; entre outros de vida mais efêmera. Um dos mais duradouros foi *A Lanterna*, este tipicamente anticlerical, que passou por várias fases desde 1901, quando foi criado, e que mais tarde se transformou em *A Plebe*, órgão anarquista sindicalista, dirigido por Edgard Leuenroth. Esses jornais procuravam não só difundir as ideias anarquistas, mas principalmente lutar pela hegemonia dentro do movimento operário. Essa hegemonia foi duramente disputada nas duas primeiras décadas do século XX. Os anarquistas se dividiam em dois grupos bastante divergentes e por vezes antagônicos: os anarcocomunistas, que rejeitavam radicalmente a ordem legal e defendiam a "propaganda pelo ato"; e os anarcossindicalistas, que acreditavam na organização dos trabalhadores através do sindicato e buscavam a greve geral como meta principal da luta revolucionária.

O ponto comum entre os grupos divergentes era apenas a ação direta.[93] Como nota Boris Fausto:

> Os instrumentos de luta – a greve geral ou parcial, o boicote, a sabotagem, a manifestação pública – fundam-se sempre na ação direta. O recurso à atividade normativa do Estado é visto como inútil, mesmo em áreas de alcance restrito. Uma resolução do Primeiro Congresso Operário (1906), considerando que as leis de acidentes de trabalho nunca são executadas, aconselha os sindicatos a arbitrar a indenização que o patrão deve pagar, forçando-o a isso pela ação direta. O pequeno desvio acolhido por este Congresso, ao admitir o uso de todos os meios inclusive os tribunais, para receber salários no caso de fechamento ou falência das empresas, é corrigido no Segundo Congresso (1913), suprimindo-se a alusão aos tribunais por ferir os mesmos princípios da ação direta.[94]

Apesar da multiplicidade de iniciativas de organização dos trabalhadores, os resultados eram incertos, alternando períodos de grande efervescência com outros de franca apatia.

As muitas divisões no interior do movimento operário também contribuíam para tornar mais difícil a mobilização dos trabalhadores. Esse fato era reconhecido pelos próprios anarquistas, como Florentino de Carvalho, que, ainda em dezembro de 1915, observou:

> [...] uma das causas que vêm mais prejudicando a propaganda e a ação dos anarquistas é o modo pelo qual os libertários se digladiam mutuamente, evitando a crítica criteriosa e serena e empregando unicamente a ironia, esforçando-se cada qual em cobrir de ridículo a obra do outro.[95]

Havia uma percepção dentro do movimento de que essas disputas tinham de ser superadas, e cabia às lideranças anarquistas a ambiciosa tarefa de "[...] indicar ao proletariado as causas dos seus males e fazer com que este desperte do indiferentismo. É hora de levantamos a voz contra as instituições burguesas, contra a tirania governamental, contra todas as injustiças".[96]

Com a evolução da guerra na Europa e a possibilidade cada vez mais concreta do país se envolver no conflito, os anarquistas de São Paulo decidiram empreender uma tentativa de unificação dos seus esforços através da constituição de uma Aliança Anarquista, em outubro de 1916.

> Os anarquistas residentes no Estado de S. Paulo e localidades dos Estados vizinhos, considerando o excepcional momento histórico causado pela conflagração europeia, cujas consequências hão de provocar acontecimentos sociais de ordem econômica e política, em todos os países, acontecimentos que devemos e queremos determinar num sentido libertário e revolucionário. [...]
>
> A Aliança Anarquista propõe-se intensificar a propaganda libertária, reunindo em centros ou grupos os numerosos camaradas que se encontram dispersos por todo o país, vivendo na mais completa apatia por falta de coesão, de relações de solidariedade que deveriam existir perenemente, de maneira ativa e eficaz entre homens que sentem as mesmas aspirações, professam os mesmos princípios e lutam pelo mesmo ideal.[97]

Às vésperas da greve, os diversos grupos anarquistas buscaram se unir com o intuito de liderar o movimento. No entanto, eles tinham clareza das dificuldades para a disseminação das suas ideias entre a classe operária. Numa avaliação, publicada duas semanas depois do fim da greve, o jornal *A Plebe* fez um retrospecto da atuação das lideranças militantes e, embora considerasse que a greve recém-terminada teria servido de lição para a classe operária, mostrando aos trabalhadores a necessidade de seguir as posições das suas lideranças, também reconheceu as dificuldades para penetrar efetivamente no meio operário.

> Durante longos anos, levamos nós, os libertários, a chamar a atenção dos proletários para as funções das instituições burguesas, que consistem em manter na ociosidade e na abastança uma caterva de parasitas e defender a rapina que os proprietários, os comerciantes e os industriais praticam, espojando as classes produtoras do produto do seu trabalho, provocando a miséria, que nestes dias levou o povo à revolta.
>
> Dentre a enorme multidão dos deserdados, apenas uma minoria ínfima dava crédito à nossa crítica, aos nossos ensinamentos.[98]

Essa dificuldade para a disseminação das ideias anarquistas parece recorrente e Edgard Leuenroth repete essa avaliação num texto produzido muitos anos depois. Referindo-se aos trabalhadores daquele tempo, ele avalia que eram "imigrantes cujo escopo único é amontoar pecúlio e voltar à terra [...] e por uma população de brasileiros em que predominam elementos incultos, provenientes do trabalho agrícola, com ressaibos de escravatura recente".[99]

A greve de 1917 na imprensa paulista

GREVES NÃO ERAM NOVIDADE

As greves não eram uma novidade na São Paulo de 1917. O crescimento do café dinamizou todos os setores da economia paulista, ampliando enormemente o fluxo de mercadorias e de pessoas. Esse processo, que se acentuou a partir de 1890, provocou a imediata expansão das atividades ligadas aos transportes, principalmente nas ferrovias e no porto, para onde grandes contingentes de trabalhadores, quase todos imigrantes, foram recrutados. São esses setores que, em primeiro lugar, reúnem quantidades expressivas de pessoal, e não é por acaso que eles foram os cenários iniciais dos movimentos operários ocorridos em São Paulo.

As primeiras mobilizações grevistas importantes registradas no estado de São Paulo se dão justamente no porto de Santos, nos anos de 1891 e 1897.[1] Mais tarde, em 1905, a organização anarquista *A Internacional* liderou em Santos[2] uma grande greve, com repercussões na capital e até no Rio de Janeiro, onde um grupo de trabalhadores chegou a colocar uma bomba num navio atracado.[3] Foi duramente reprimida e encerrou-se depois de 27 dias, com a derrota dos grevistas.[4]

Nesse mesmo ano, formou-se a Federação Operária de São Paulo, que logo em seguida participou da organização do Primeiro Congresso Operário Brasileiro, realizado no Rio de Janeiro, em abril de 1906. Entre as várias decisões desse Congresso, dominado pelos anarquistas, estava a reivindicação da jornada de oito horas de trabalho, fixando a diretriz de "que em 1º de maio do ano seguinte o proletariado brasileiro deveria lutar por essa causa".[5]

No entanto, a mobilização grevista que mais repercussão causou em São Paulo nesse início de século XX foi sem dúvida a ocorrida em 1906, entre os ferroviários da Cia. Paulista de Estradas de Ferro e que chegou a atingir 3.800 trabalhadores.[6] Embora, nesse caso, a paralisação do trabalho ocorresse no interior, principalmente em Jundiaí e Campinas, seus efeitos na capital foram imediatos. Como lembra Boris Fausto, "a Paulista não é uma empresa qualquer. Fundamental do ponto de vista econômico para os interesses da cafeicultura, simboliza a eficiência empresarial da burguesia paulista".[7]

A greve começou na madrugada de 15 de maio, e os jornais do dia seguinte já traziam a notícia em destaque nas suas primeiras páginas. Apanhada de surpresa, a diretoria da ferrovia aparentemente foi informada pelos próprios jornais.[8] O boletim da Liga Operária, que anunciava o movimento e explicava os seus motivos, foi amplamente divulgado pelos jornais, notadamente no *Estado*, *Correio Paulistano* e *Commercio de São Paulo*, e ele foi publicado antes de qualquer manifestação da diretoria da empresa.

> Liga Operária
>
> Comp. Paulista
>
> Ao operariado e ao público
>
> COMPANHEIROS!!!
>
> Somos forçados por uma série de vexações e de injustiças sem nome a empreender uma luta que procuramos evitar, mas que as circunstâncias superiores à nossa vontade tornam inevitável. [...]
>
> Não é de hoje que o operariado e demais empregados da tração e tráfego estão sofrendo as perseguições do dr. Monlevade. [...] [que] mandou fazer feriado 3 segundas-feiras por mês [...]. Esta imposição reduziu o nosso ordenado de 10 por cento [...].[9]

O manifesto não era dirigido apenas aos trabalhadores, mas também à sociedade, e conclamava a solidariedade de todos:

> Companheiros!
>
> Confiamos na vossa inquebrantável solidariedade.
>
> A solidariedade operária sem a qual não poderemos fazer vingar a mais ligeira reclamação, o mais humilde pedido, talvez vos seja indispensável amanhã, num futuro próximo. [...]
>
> Ao público!
>
> E do público em geral esperamos igual solidariedade, apesar da nossa humildade, entre nós e ele estabelecer-se-á uma corrente de simpatia que será vantajosa aos interesses de todos.
>
> Jundiaí, 15 de maio de 1906
>
> Os operários e mais empregados da Companhia Paulista.[10]

O auge do movimento foi atingido em 19 de maio, com a adesão de duas empresas de Campinas e dos ferroviários da Mogiana.[11] Apesar dos esforços da Federação Operária, a solidariedade de classe ainda era uma meta distante e a greve não conseguiu o apoio dos trabalhadores da São Paulo Railway, e, por consequência, não atingiu um dos seus principais objetivos, que era o de interromper completamente as comunicações com o porto de Santos.[12] Os apelos, sempre veiculados pelos jornais, não foram capazes de provocar o efeito desejado:

> Companheiros! A vossa atitude é triste! Não somente recusais a vossa solidariedade aos vossos irmãos em greve, mas colaborais na obra infame de violência, de coação, que a polícia, aliada dos patrões, está executando contra os grevistas! Vós cooperais com as Companhias e com as autoridades parciais no esmagamento dum justíssimo protesto de trabalhadores vilipendiados! Sois vós que transportais os soldados, armados em guerra, que vão fazer aparato de força e exercer prepotências contra homens que, como vós, são vítimas de companhias mais cuidadosas dos dividendos do que do bem-estar dos operários! Não podeis amanhã precisar da solidariedade que hoje negais aos vossos companheiros? Não tendes porventura os mesmos motivos de queixa que os da Paulista? Não podeis tornar a ser vítimas dos "três quartos" de jornada, como são hoje os da Paulista, das três segundas-feiras? Não tendes vós a entrada obrigatória na "Beneficente" a 3$000 por mês, em troca de cuidados e remédios ridículos ou ilusórios? Não tendes vós chefes arbitrários e diretores que fecham os olhos e os ouvidos às injustiças que sofreis? Não são muitos de vós obrigados a pagar 9$000 por passes mensais que não servem para nada? Não tira a Cia. proveito dos próprios aleijados, explorando-os? Não seria ela capaz de aproveitar até os ossos dos vossos esqueletos, se lhes servissem para pregos?[13]

Enquanto durou, as notícias sobre a greve ocuparam fartamente as primeiras páginas e praticamente todos os grandes jornais deslocaram repórteres para Jundiaí, centro do movimento. As matérias eram publicadas aparentemente sem grandes filtros, e os jornais veiculavam tanto as posições dos setores mais conciliadores das lideranças operárias quanto as manifestações mais radicais. Manuel Pisani, o principal líder do movimento, defendia uma posição mais moderada e próxima do trade-unionismo:

> [...] É necessário demonstrar ao mundo que o operário não é um elemento de desordem, mas um homem que lança mão de um meio de luta para alcançar um justo fim. Por isso é preciso que cada trabalhador seja fiscal dos próprios companheiros para prevenir os eventuais excessos, a incandescência inoportuna, a fim de não dar pretexto à repressão por parte das autoridades. [...] A força (isto é, o trabalho) e o capital devem marchar unidos para deste modo participar dos benefícios da moderna civilização.[14]

Setores mais radicais do movimento operário, no entanto, também tinham a sua voz transcrita na imprensa:

> Proclama-se a violência como o mais feio dos pecados e o mais hediondo dos crimes, comprovador da mais completa ausência de senso moral, quando é praticado, porém, pelos grevistas. Mas, o decidido apoio prestado pelo governo à Companhia Paulista, o aparato de força, as provocações e intimidações, o fornecimento de maquinistas da Armada para traírem os grevistas, exercendo ou tentando exercer sobre eles a violência indireta de os obrigar a ceder nas suas justas e calmas reclamações, a submeter-se a todas as condições impostas aos desgraçados inconscientes da necessidade da solidariedade operária que se prestarem ao ignominioso papel de fura-greves, tudo isso não encontra um só protesto da parte dos partidários da paz e da harmonia!
>
> Não são essas violências diretas e indiretas um desafio atrevido, uma provocação irritante, digna dos mais indignados protestos?[15]

A direção superior da Paulista e o seu presidente, ainda que um pouco a contragosto, foram várias vezes aos jornais para tornar clara a sua posição. Mas essa era uma época em que as manifestações operárias ainda eram uma novidade, e os patrões, mal preparados para serem contestados e sem nenhum treinamento para enfrentar esse tipo de situação, ainda tentavam demonstrar olímpica indiferença às reivindicações dos grevistas:

> À noite estivemos na residência do sr. conselheiro Antônio Prado.
>
> S.exa. foi ontem até Campinas e trouxe a impressão que nessa linha o tráfego pode ser restabelecido pelo menos em parte. [...]
>
> Como houvéssemos perguntado a s.exa. a forma por que seria recebida uma proposta dos operários para o restabelecimento do trabalho, evitando-se assim mais delongas e perturbações nos serviços da cia., disse-nos s.exa. que atualmente, levadas as coisas ao ponto em que se achavam, a condição primordial de qualquer acordo é os operários se apresentarem para o trabalho, sem mais imposições. Uma vez que o trabalho tiver recomeçado, a Companhia verá então o que é possível fazer, no sentido de atender às suas reclamações que forem reputadas razoáveis.[16]

Apesar do tom reverente em relação ao presidente da Cia., era nítida a preocupação de relatar o desenrolar dos acontecimentos, neles incluídos a repressão violenta ao movimento e os abusos da polícia, que não eram ocultados pela imprensa:

> O nosso companheiro de trabalho que estava em Jundiaí, em serviço do *Commercio de S. Paulo*, veio ontem a esta capital trazer-nos informações completas sobre o movimento paredista.
>
> A cidade amanheceu como de costume, calma. As oficinas da Companhia Paulista apitaram às 6 horas e às 6 1/2 da manhã, dando o sinal para a entrada do pessoal, mas nenhum operário apresentou-se para o trabalho.
>
> Os grevistas, a essa hora, achavam-se recolhidos aos seus lares, sendo, portanto, inexatas as notícias propaladas de que muitos ajustadores se apresentaram na oficina.
>
> Às 6 horas e 45 minutos da manhã, quando chegou o primeiro trem, era grande a aglomeração na estação da S. Paulo Railway.
>
> Os números do *Commercio de S. Paulo* foram disputados por todos.
>
> O comércio conservou as suas portas fechadas, não se encontrando uma única casa aberta.
>
> O boato do assassinato de um negociante sírio, que desde anteontem corria insistentemente, foi confirmado logo às primeiras horas do dia.
>
> O conhecido negociante italiano, sr. Pietro Falaschi, residente nesta capital, informou o nosso repórter sobre o assassinato do negociante sírio, entre as estações de Louveira e Corrupira.
>
> Como testemunha ocular que foi do fato, declarou que os assassinos do negociante sírio foram diversos soldados que se acham guardando a linha, os quais espancaram-no barbaramente, prostrando-o morto,
>
> Também o viajante da casa Falchi Giannini & Comp. e sobrinho dos patrões, declarou ao nosso representante que, quando viajava a cavalo de Louveira a Jundiaí, viu soldados que ali se achavam de serviço, espancar dois italianos, sendo que o informante escapara de um desacato por ter sido reconhecido por uma das praças.[17]

A greve finalmente foi derrotada, inclusive com a utilização de marinheiros da Armada para dirigir, precariamente, as locomotivas, na ausência de maquinistas. Mas o movimento provocou a solidariedade dos comerciantes de Campinas e Jundiaí, dos estudantes da Faculdade de Direito e até de divisões na Associação Comercial de São Paulo, que reunia tanto comerciantes quanto industriais. Quando do restabelecimento do tráfego, o presidente da Associação, Antônio da Silva Telles, apresentou uma moção de congratulações ao conselheiro Antônio Prado, presidente da ferrovia, e ao governo do Estado. A moção foi rejeitada por dois terços dos sócios. Segundo Boris Fausto:

> A proposta foi rejeitada sobretudo pelo voto dos comerciantes italianos, pois apenas um dentre eles se declarou solidário com Telles. Dois grandes importadores explicaram sua atitude. Nicola Puglisi Carbone afirmou que recusava a moção porque ela implicava em uma censura aos operários, cujas reclamações eram procedentes. Egídio Pinotti Gamba chegou mais longe, ao contrastar implicitamente as relações de trabalho vigentes na Europa e no Brasil: "são os operários que sustentam o capital, que sem eles não pode viver; aqui não se está acostumado às lutas do operariado e por isso não se quer dar-lhes o merecido valor".[18]

No ano seguinte, em 3 de maio de 1907, operários de duas fundições reivindicam 8 horas de trabalho e pagamento semanal – e são atendidos. A demanda se espalha pela cidade e uma nova greve se inicia, tendo como exigência principal a jornada de 8 horas. No dia 8, o movimento já atinge 2 mil operários e logo se amplia, alcançando gráficos, sapateiros, trabalhadores da limpeza pública e operários das indústrias têxteis que, pela primeira vez, paralisam todo o setor.[19] Além da jornada de 8 horas, reclamam também aumentos de salários.[20] O jornal *O Estado de S. Paulo*, em função da greve, publica uma série de artigos sob o título "Centro industrial", discutindo a jornada de 8 horas e o regime de trabalho em diversos países.[21]

A demonstrar que a greve já se tornara algo corriqueiro na cidade, fica o registro da adesão das costureiras ao movimento, fato que não deixou de surpreender e provocou comentários irônicos na imprensa:

> O Centro da cidade despertou ontem com a matinada das costureiras. Nas proximidades das casas de modas e oficinas de costuras formaram

elas, gárrulos grupos, assumindo algumas a empertigada atitude de oradoras, concitando as suas colegas à greve. Mais loquazes do que eloquentes, as promotoras do movimento grevista não conseguiram com os argumentos empregados a completa adesão à causa que defendiam [...]. Horas mais tarde, diversos bandos de costureiras pervicazes percorreram as ruas centrais, seguidas de curiosos e admiradores que faziam comentários sobre a atitude hostil das mesmas contra a linha e a agulha...[22]

A greve se manteve até fins de maio e os seus resultados foram limitados. Embora nas pequenas empresas houvesse uma maior disposição de aceitar a reivindicação, a oposição dos grandes industriais têxteis foi absoluta.[23] No entanto, a jornada de oito horas foi se tornando uma demanda constante das reivindicações operárias.

Em maio de 1912, a cidade assistiu a um novo surto de greves, iniciadas pelos sapateiros da fábrica Clark e que se estendeu por diversos outros setores para finalmente se concentrar entre sapateiros e tecelões, atingindo fortemente a fábrica Mariângela, de Francisco Matarazzo, e a Santana, pertencente a Jorge Street. O movimento chegou a alcançar 9 mil trabalhadores e, além das reivindicações básicas, como aumento de salários, incluía também a jornada de 8 horas.[24] Os sapateiros obtiveram aumento de 10% de salário e jornada de 8 horas e meia, porém os têxteis não conseguiram nada, apesar de terem mantido a greve até o início de junho.[25]

Com o crescimento da cidade e a constante expansão da economia, os movimentos grevistas vão cada vez mais se incorporando ao cotidiano e se tornam motivo de artigos humorísticos e charges nas revistas. Sobre uma greve que não teve êxito entre os condutores de bondes da Light, uma das revistas mais populares de São Paulo publicou, em 1910, duas quadrinhas:

> Esta semana jocunda
> que de fatos tanto abunda
> deu-nos a greve infecunda
> dos senhores motorneiros

> Calculem se a coisa pega
> se o pessoal não se nega
> ao jogo da cabra-cega!
> Que delícia pros cocheiros...[26]

Mas a greve não era uma arma usada apenas pelos trabalhadores. No início de 1917, os jornais de São Paulo deram ampla cobertura à paralisação dos comerciantes da cidade de Santos, que se insurgiram contra a lei que criava um novo imposto, aprovada pela Câmara Municipal da cidade. O movimento, que fechou o comércio santista, foi noticiado, com apoio implícito, pelo jornal *A Gazeta* sob o argumento de que "[...] não é justo que o comércio de Santos se deixe tosquiar [...] à espera do veredicto do poder legislativo e, muito menos, do judiciário, cujas decisões, principalmente deste último, são demoradas por natureza".[27]

O ANO EM QUE TUDO MUDOU

> Julho de 1917 assumiu na memória social o sentido de um ato simbólico e único. Símbolo de uma mobilização de massas impetuosa, das virtualidades revolucionárias da classe operária, de organizações sindicais representativas, não contaminadas pela infecção burocrática. Retomado em suas dimensões históricas, o episódio se distancia da imagem da Idade de Ouro perdida. Por sua vez, longe de ser um fenômeno isolado, abre com um imenso eco uma fase de ascenso do movimento operário.[28]

O ano de 1917 foi fértil em greves em todo o mundo, e os jornais paulistas estão repletos de notas sobre a paralisação do trabalho em vários pontos do globo. A guerra agravava as condições de vida e acirrava as lutas sociais, e eram abundantes as notícias de movimentos de trabalhadores na Rússia, na Espanha, na Alemanha.

Mas com o conflito chegando a momentos decisivos na Europa, com batalhas que incluíam grandes perdas para ambos os lados, a agitação operária local não tinha muito destaque no noticiário. Os jornais de São Paulo, principalmente os dirigidos ao público mais culto, davam mais importância ao que ocorria nas capitais europeias ou em Nova York do que para os eventos da cidade.

Nesse período, em que a guerra dominava o noticiário, os veículos mais respeitáveis davam sempre, em primeiro lugar, as notícias internacionais. *O Estado*, *Correio Paulistano* e até *A Gazeta*, se bem que essa em menor grau, reservavam as primeiras páginas para os telegramas sobre as batalhas e, nelas, só se viam poucas e pequenas notas sobre os grandes temas nacionais. Estava subjacente a ideia de que o leitor culto e informado de São Paulo deveria ter as mesmas notícias que seus pares de Londres ou Paris. É importante compreender que isso não se deve ao preconceito contra os movimentos da classe operária, mas é expressão de uma visão de mundo. As elites paulistanas, umbilicalmente ligadas ao mercado internacional pelo comércio do café, tinham um desejo nítido de estar conectadas aos acontecimentos internacionais, e se sentiam na obrigação de acompanhar os eventos da Europa e as novidades da América.

E havia ainda a cultura da cidade, essa maneira própria de ver o mundo que foi se desenvolvendo ao longo desse período. São Paulo crescia cada vez mais e mais rapidamente desde a segunda metade do século XIX. Mesmo com os avanços obtidos depois do advento da República, se mantinha ainda uma cidade periférica, cultural e politicamente subordinada ao Rio de Janeiro. No entanto, queria se ver em pé de igualdade com as principais cidades da Europa e da América e essa é uma marca distintiva, uma espécie de conjuntura mental daqueles tempos, e os jornais da elite refletiam isso.

Nos veículos mais populares, a prática era diferente e as capas eram chamativas com fotos e títulos grandes, a ênfase era justamente para os assuntos locais, aí incluídos muitos crimes e escândalos, como sucedia com a imprensa popular em qualquer parte do mundo. Não era assim com *O Estado* e o *Correio Paulistano*, destinados ao público mais ilustrado. *A Gazeta* seguia um modelo híbrido, procurando parecer respeitável e culta, mas sem excluir as grandes fotos e os temas de impacto local. Já *O Combate* não escondia sua vocação mais popular e suas páginas eram recheadas de fotos e escândalos, sempre com foco nos "poderosos".

Nesse ano, a primeira menção mais relevante sobre movimentos grevistas em São Paulo foi publicada em *A Gazeta* de 20 de abril 1917 e se refere à paralisação na Fábrica de Cimento Rodovalho, em São Roque.[29] Mas a questão do trabalho estava na pauta desde o início do ano, quando os anarquistas iniciam, em março, uma campanha contra o trabalho infantil.[30] Os jornais, de forma geral, apoiaram a iniciativa e um vereador de São Paulo propôs um projeto de lei regulamentando o trabalho dos menores nas fábricas que, entre outras medidas, estabelecia limite da idade, de capacidade física para admissão e tempo máximo de trabalho.[31]

O Estado abordou o tema do trabalho dos menores com severidade:

> A exploração do trabalho dos menores, que por aqui se pratica impunemente, em estabelecimentos industriais e comerciais de toda a espécie, é uma iniquidade e uma desumanidade. [...] Pois bem. Essa questão não mereceu aos nossos dirigentes, nesta terra que se gaba de estar sempre à frente da federação brasileira, um único movimento denunciador de sincero interesse, ou de simples curiosidade intelectual... A ela voltam-se agora as atenções de um grupo de operários, que não se limitam a discutir, mas pretendem agir também, e não se limitam a encarar o assunto sob o ângulo estreito das suas conveniências, mas principalmente pelo aspecto moral e social, dando assim uma lição aos nossos estadistas, aos nossos letrados e aos nossos filantropos [...]. Serão felizes na sua campanha? Não devemos alimentar ilusões a esse respeito. Em todo o caso, o mundo das possibilidades é infinito [...]. Não é por outro motivo que, de quando em quando, batemos nesta velha bigorna, embora sem esperança do menor resultado.[32]

No dia 4 de maio, os trabalhadores da seção de lanifício do Cotonifício Crespi se reuniram numa assembleia e decidiram pedir à direção da fábrica um aumento entre 10% e 15% e a abolição do desconto de 2% em favor do *Comitato Italiano Pro Patria*, uma espécie de imposto de guerra cobrado dos trabalhadores italianos.[33] Essa contribuição, em princípio voluntária, era cobrada por praticamente todos os industriais italianos. Nas semanas seguintes, muitas vezes se denunciou que operários de outras nacionalidades também eram obrigados a contribuir com o esforço de guerra da Itália e a reivindicação do fim dessa taxa teve um papel importante nas primeiras mobilizações.[34] A sua rejeição era maciça e reforçada, ainda, pelas organizações operárias, tanto anarquistas quanto socialistas, que se opunham frontalmente à guerra. Frente à recusa dos patrões, os operários, no dia seguinte, interromperam o trabalho. Dois dias depois, 54 operários do Lanifício Ítalo-Paulista, no Belenzinho, também decidiram entrar em greve, reivindicando 20% de aumento.[35]

No dia 8, *A Gazeta* informava que uma comissão de operários do Cotonifício Crespi procurou a redação do jornal para declarar que se mantinham em greve por não terem chegado a um acordo com a direção da empresa:

> Pedem eles um pequeno aumento de salários, pois com a alta dos preços dos gêneros alimentícios de primeira necessidade, impossível se lhes vai tornando prover a subsistência das famílias. Calmos se conservam, confiados na justiça de sua pretensão.[36]

Também uma comissão de operários do Lanifício Ítalo-Paulista visitou o jornal, declarando-se em greve por não terem sido atendidos nas suas pretensões:

> [...] esse movimento do operariado assinala os pródomos de uma maior agitação causada pela ganância dos exploradores que ora surgem na vida penosíssima das classes pobres. Justas são as pretensões dos operários, do povo.[37]

As causas dessa agitação estavam postas desde o princípio do ano e era fácil entender suas razões. A explicação estava na boca de todos e marcava presença diariamente nas páginas dos jornais: carestia!

Era um fenômeno com o qual os paulistanos não estavam habituados e que, com o desenrolar da guerra, vinha se espalhando e agora atingia uma velocidade e uma intensidade que surpreendiam a todos.

A Gazeta era um dos jornais que mais destaque dava ao assunto:

Os gêneros de primeira necessidade estão pela hora da morte.

Enquanto o governo cruza os braços indiferente aos clamores do povo, os produtos alimentícios sobem assustadoramente de preço. [...]

Os algarismos falam mais eloquentemente do que qualquer expressão de protesto contra a carestia. Eis alguns deles:

O feijão custava, até há pouco tempo, a quarta, 1$500 a 1$800. Hoje vale mais do dobro: 3$600 a 3$800. O arroz, não obstante a grande produção do chamado norte do Estado, está sendo vendido a 600 réis o litro. Há pouco tempo, entretanto, era encontrado a 400 réis, o que significa uma alta de cinquenta por cento. A farinha de mandioca, que custava 8$000 o saco, está sendo cotada a 18$000.[38]

E a matéria seguia detalhando item por item os produtos alimentícios que sofreram grandes altas: carne, toucinho, banha, pão etc.

As razões estavam claras:

Essa alta se manifestou desde o dia em que o produto começou a ser açambarcado por algumas casas desta praça, que o adquiriram para a exportação com destino aos países em guerra, notadamente Itália e a França. [...] Em consequência disso, o produto escasseou no mercado. E como não haja diminuído o consumo, isto é, como a procura se tornou maior que a oferta, uma lei elementar de economia política fez logo sentir o seu império: subiu de preço o feijão [...].[39]

E as consequências também:

O feijão [...] sobe dia a dia de preço. E constituindo a base da alimentação do nosso povo, é fácil avaliar quanto este vai sofrer com a sua carestia. Vai sofrer? Não: já está sofrendo. Por este S. Paulo afora, apesar da aparente riqueza que ostenta nas ruas e nos teatros, através de corsos elegantes, de toilettes ricas, onde rebrilham joias caras e de bailes pomposos, onde o champagne corre em caudais, extravasando de taças de cristal e ouro – vai grande e assustadora miséria, sendo inúmeras as casas a cuja porta a fome bate com a insistência de hóspede inoportuno que quer entrar à viva força e sentar-se ao lado da lareira, diante das panelas vazias.[40]

Esse tema praticamente não saiu dos jornais ao longo de todo aquele período e, em 5 de maio, *A Gazeta* avançou na definição mais precisa dos possíveis culpados.

> O Espectro da Fome
>
> A carestia está criando uma gravíssima situação em São Paulo – As firmas açambarcadoras de cereais para exportação são as únicas responsáveis pela alarmante alta de preços.
>
> Devemos combater a todo o transe a ignóbil especulação que está sendo feita com a miséria do povo. [...]
>
> O que, porém, determina esta horrível situação, que bem pode levar o povo do desespero ao desatino, é a sórdida exploração de uns, sórdida e antipatriótica de outros, que se está fazendo – e os governos cruzam os braços indiferentes ao que se passa! – com os cereais de produção nacional, adquiridos por toda a parte, açambarcados descaradamente em todas as zonas do Estado. [...]
>
> É uma exploração indecorosa, condenável, na qual não somente se empenham estrangeiros insaciáveis de fabulosos lucros, mas ainda naturais do país, para os quais as desgraças dos compatriotas nada valem, desde que delas aufiram proventos assombrosos.[41]

Ilustrando a matéria, uma foto mostra "Os armazéns Matarazzo, onde é armazenada a maior quantidade de cereais para exportação".[42]

A figura do açambarcador, que foi unanimemente denunciada e combatida pela imprensa paulista, tanto pelos grandes jornais quanto pela imprensa operária, acabou assumindo nesse primeiro momento um papel de aglutinador das tensões subjacentes. Como nota Boris Fausto, "de uma forma simplista, mas eficaz, a revolta encontra seus alvos personalizados".[43] Ao contrário de uma situação de crise geral, em que todos acabam por ter de partilhar os sacrifícios, mesmo que desiguais, na conjuntura de 1917 estava claro que havia um setor da sociedade que acumulava grandes lucros no processo e se valia da crise provocada pela carestia para ganhar mais.

É preciso notar que a rejeição à estratégia de comerciantes e exportadores, que adquiriam produtos no mercado local para vendê-los com lucro ao exterior em vez de comercializá-los localmente ao preço do mercado doméstico, era praticamente unânime e revelava a prevalência, ainda nesse tempo, de uma moral pré-capitalista, em detrimento da pura economia de mercado.[44] Essa visão unia tanto os operários quanto a elite, que se expressava através dos jornais, como era o caso do *Correio Paulistano*, porta-voz do governo, e até do fortemente liberal *O Estado*:

> A carestia, atualmente, entre nós, é terrível, e toda a população se queixa, toda a gente que não tem grandes capitais acumulados não vive senão a lamentar-se. O preço de todos os gêneros mais necessários duplicou, triplicou, quadruplicou, e os recursos normais de quase todos os indivíduos não têm feito senão restringir-se. Releva notar que esta situação não vem de ontem, mas começou a agravar-se há dois para três anos, tendo-se, pois, de contar com as dificuldades acumuladas para cada família e cada indivíduo durante esse longo lapso de tempo.[45]

Essa visão não se limitava apenas à grande imprensa. O semanário satírico escrito em italiano, *Il Pasquino Coloniale*, exibia na sua edição de 14 de julho de 1917 – já quando a greve tomava conta da cidade – uma capa com o título "As agitações operárias". Ilustrada por um grupo de trabalhadores, aparentemente famintos, que observavam um balcão de mercearia onde estavam expostos sacos de "sal com vidro a 500$", "açúcar com caulim a 1$000", "farinha com caulim a 32$000", "polenta, pelos olhos da cara" e outros produtos alimentícios com preços absurdos. Na legenda da charge ia escrito: "Os encrenqueiros". Nas páginas internas, o delegado geral interrogava os principais agitadores, chamando em primeiro lugar "o sr. Saco de Feijão".

Essa era a ordem do dia e o assunto de todos. Os principais veículos de imprensa da cidade anteviam que a situação poderia se agravar e, em 8 de maio, o *Correio Paulistano*, em curta nota, anuncia o início de greve na fábrica Crespi:

Greve de Tecelões

Uma centena de operários de uma fábrica de tecidos abandona o trabalho.

Os operários tecelões da seção de lanifício do estabelecimento industrial do sr. Rodolpho Crespi declararam-se, anteontem, em greve pacífica.

Alegam os operários que assumiram essa atitude porque a direção da fábrica se recusou a tomar em consideração um seu justo pedido. Cerca de 110 operários, que ali trabalham, recebem mensalmente, empregando sua atividade durante 10 horas e meia por dia, o ordenado máximo de 110$000.

Os grevistas, para voltar ao trabalho, querem, além de aumento de 10% nos seus vencimentos, que o desconto de 2% que estão sofrendo em benefício do 'Comitê Pró-Pátria' seja abolido.

Dizem eles que se prontificam a concorrer voluntariamente para a referida caixa.

A recusa de tais medidas, levaram os operários à greve.[46]

Em 11 de maio, *A Gazeta* informa que "*o movimento paredista se alastra*" e a razão é a carestia. Além do Ítalo-Paulista e da fábrica Crespi, estão em greve também os operários das pedreiras de Campinas, Cotia e Ribeirão Pires, além da fábrica Votorantim de Sorocaba, esses por falta de pagamento. Nesse caso, a direção pediu o auxílio da polícia, que enviou "50 praças". Segundo o jornal, o delegado de Sorocaba, "intervindo amistosamente já conseguiu que fossem readmitidos os oito operários há dias dispensados".[47]

Ao mesmo tempo que se desenvolviam essas primeiras greves, foi criada a Liga Operária da Mooca, logo seguida pela Liga do Belenzinho. Essas associações refletiam o esforço das lideranças militantes para se estabelecer na cidade e comandar efetivamente a organização dos trabalhadores. Mas essa não era uma tarefa fácil. Àquela altura, o movimento social permanecia ainda muito dividido e basicamente três grupos atuavam competindo, às vezes ferozmente, entre si. De um lado, os socialistas que acreditavam na ação legal e eleitoral e, de outro, os anarquistas que acreditavam na ação direta e numa estratégia permanentemente disruptiva. Os anarquistas se dividiam, por sua vez, em dois grupos fortemente divergentes, os anarcocomunistas e os anarcossindicalistas. Em 1917, cada um desses grupos se reunia em torno do seu próprio jornal. Os socialistas mantinham o *Avanti*, que chegou a ter circulação diária, mas na época da greve já era um semanário, e os anarcocomunistas publicavam *Guerra Sociale*, também semanal, ambos escritos em italiano. Os sindicalistas, por sua vez, só conseguiram publicar o primeiro número do seu jornal *A Plebe* em 9 de junho de 1917, às vésperas da eclosão da greve.

Ao longo do mês, as reivindicações dos operários do Lanifício Ítalo-Paulista e do Cotonifício Crespi foram parcialmente atendidas e a maior parte dos grevistas voltou ao trabalho. Mas a situação não estava inteiramente resolvida e o clima de tensão, principalmente na fábrica Crespi, se manteve, possivelmente agravado pela intransigência dos patrões. De toda forma, as condições adversas enfrentadas pelos trabalhadores permaneciam, e durante os meses de maio e junho diversas outras greves estouraram em Atibaia, Sorocaba e também na capital, onde houve paralisações na Companhia Indústrias Têxteis e na Fábrica de Tecidos Labor, na Mooca. Já na Fábrica Pinotti Gamba, no Cambuci, os trabalhadores conseguiram aumentar seus salários sem recorrer à greve.[48]

Apesar da greve, que durou 15 dias, haver terminado em 21 de maio, os conflitos na Crespi não se encerraram. Em 9 de junho, a empresa tomou a decisão de prolongar o trabalho noturno e, no dia seguinte, uma comissão de operários se apresentou à direção e, além de rejeitar a extensão do horário, exigiu um aumento de 20%. Rodolfo Crespi não apenas recusou a proposta, como ameaçou fechar a fábrica.[49] Em consequência, uma seção com 400 trabalhadores entrou imediatamente em greve. Logo as reivindicações se ampliaram e passaram a incluir também abolição das multas, regulamentação do trabalho das mulheres e dos menores, modificação do regime interno da empresa e o fim da contribuição "Pró-Pátria".[50] A imposição de horas extras noturnas sem pagamento de nenhum benefício adicional não era praxe na indústria, e a atitude intransigente da direção da fábrica é frequentemente considerada um dos detonadores do movimento grevista.[51]

O Cotonifício Rodolfo Crespi foi o primeiro foco relevante da greve em São Paulo e permaneceu no centro dos conflitos até o último dia do movimento. Estava instalado num enorme prédio que se destacava na paisagem do bairro da Mooca, pontilhado de fábricas. Construído no estilo *cotto lombardo*, de tijolos aparentes em tom avermelhado, era muito parecido com as fábricas que a família Crespi mantinha na Lombardia. Trabalhavam lá 2 mil empregados e funcionava 24 horas por dia.[52]

A Gazeta de 19 de junho traz notícia do movimento. O conteúdo da pequena nota leva a crer que a informação havia sido divulgada pela empresa e o tom era agressivo, denotando uma intransigência que, logo adiante, o próprio jornal iria criticar:

> **Prisão de anarquistas** – Como noticiamos há dias rebentou uma greve na fábrica de tecidos Rodolpho Crespi, à rua Javari. Cerca de quatrocentos operários da secção de tecelagem recusaram-se a continuar o trabalho reclamando aumento de ordenado.
>
> Hoje os grevistas haviam resolvido tornar ao serviço. Na hora da entrada, porém, elementos estranhos ao estabelecimento e useiros e vezeiros nas agitações das classes proletárias tentaram impedir que os operários tornassem à fábrica.
>
> A polícia foi obrigada então a intervir, efetuando a prisão de quatro anarquistas, que vão ser devidamente processados e expulsos do território nacional.[53]

Apesar da notícia enfatizar o desejo dos operários de voltar ao trabalho, isso obviamente não aconteceu. Em 22 de junho, já em meio a um impasse e com a recusa total às reivindicações, Crespi cumpre a ameaça e paralisa inteiramente a fábrica, com o objetivo de forçar a volta ao trabalho. Os operários, em reação, percorrem os jornais paulistas para esclarecer a sua posição e manifestar o desejo de um acordo. O conflito vai, aos poucos, ganhando a atenção da imprensa e o clima nas redações parece mudar. Na edição de 30 de junho, *A Gazeta* publica uma longa matéria, ainda nas páginas internas, fazendo um balanço da greve e expondo, com entrevistas e comentários, os dois lados do conflito.[54]

> Em vista da grave situação criada pelo movimento grevista do Cotonifício Crespi resolvemos fazer uma visita àquele estabelecimento e verificar de perto as acusações dos operários contra a diretoria. [...] Em toda a frente do majestoso prédio da fábrica, soldados da guarda cívica, em pequenos grupos, faziam o policiamento, impedindo que operários mais exaltados praticassem excessos contra o edifício.
>
> Nas esquina e pelos arredores, grevistas agrupados conversavam. [...] um dos do grupo começou a invectivar os diretores do estabelecimento, acusando-os de explorar os menores e as mulheres, que trabalhavam excessivamente, com insignificantes resultados. Referiu-se, depois, a certas proibições [...] Assim por exemplo: estabelecem na fábrica um regulamento de chapinhas para os operários poderem satisfazer as suas necessidades; impõem multas elevadas e muitas vezes, por motivos imaginários; obrigam os operários a trabalhar à noite, quando a esse respeito nada consta no regulamento da fábrica. O pior é que estas imposições são para todos, sem levar em conta a idade dos trabalhadores, muitas vezes crianças de 14 ou 15 anos.
>
> Terminou nosso interlocutor referindo-se à proposta de aumento feita hoje de manhã pelos diretores. Disse que, com essa proposta, não podem os operários se conformar, pois não faz um aumento compensador, e mais ainda porque estabeleceu que os operários não voltarão ao trabalho, mas sim que serão readmitidos, pretendendo com isso os diretores do Cotonifício expurgar os elementos que eles consideram perniciosos.
>
> Já em caminho, depois de nos despedirmos, gritou ainda o grevista:
>
> – Ou todos, ou nenhum.

A direção da empresa, também ouvida, não demonstrava grande disposição para o diálogo:

> Dirigimo-nos depois ao escritório da fábrica onde fomos recebidos pelo cav. Giovanni Albertoni e pelo sr. Fábio Prado, diretores do estabelecimento.
>
> E o sr. Albertoni foi nos referindo a série de greves que se tem dado na fábrica, de janeiro a esta parte.
>
> Ainda há poucos dias, devido à parede dos operários de uma das seções, foi a fábrica obrigada a aumentar alguns salários.

> Disse ainda o sr. Albertoni que, quanto à questão financeira, ele e os demais diretores estão de pleno acordo, dispostos a aumentar os salários, como já fizeram, conforme a tabela que forneceram, não obstante isso lhes acarretou um aumento de despesa de cerca de 200 contos anuais, prontificando-se a aumentar ainda mais, desde que os grevistas provem existir outras fábricas que paguem melhor os seus empregados.
>
> O que não podem admitir é que voltem todos ao trabalho, mesmo aqueles que, por suas ideias reconhecidamente anarquistas, vêm perturbando desde janeiro o curso normal do estabelecimento.
>
> Nesse ponto são irrevogáveis, mesmo que para isto seja preciso conservar fechado o cotonifício durante dois meses.

A proposta de conciliação oferecida pela empresa não é aceita e os operários voltam a visitar as redações, no curso de uma passeata que percorreu o Centro da cidade. O jornal afirma que:

> Os operários do Cotonificio Crespi que se acham desde vários dias em greve realizaram ontem uma passeata pela cidade, visitando as redações dos jornais e pedindo a cooperação da imprensa em sua causa. [...] Uma comissão de operários esteve em nossa redação pedindo-nos a auxiliá-los nesta questão, o que, aliás, era desnecessário, pois que, desde os primeiros dias do movimento grevista nos pusemos ao lado dos operários.[55]

A GREVE

Essa já não era a única greve da cidade, porque dias antes outro conflito havia estourado. Em 26 de junho, iniciou-se uma greve na Estamparia Ipiranga de Nami Jafet & Cia., envolvendo 1.600 operários. A paralisação foi notícia em todos os jornais, em razão do número de trabalhadores envolvidos. As exigências eram as mesmas que se repetiriam muitas vezes naqueles dias, aumento de 20% a 25%, com o acréscimo, neste caso, de pagamento de salários atrasados.[56]

Ao contrário de Crespi, os Jafet têm um comportamento muito mais flexível e se dispõem a negociar. Os trabalhadores, por seu lado, também fazem questão de se mostrar cordatos. No dia 2 de julho, segundo *A Gazeta*, "para demonstrar o seu espírito pacífico", convidam o delegado geral interino, dr. Virgílio do Nascimento, para assistir a uma assembleia:

> [...] que se realiza às 9 horas num largo junto à dita fábrica, à rua Silva Bueno a fim de evitar que pessoas mal-intencionadas possam perturbar a reunião, alegando depois ter sido o barulho promovido por nós operários. [...] Não podendo ir pessoalmente à reunião o dr. Virgílio do Nascimento designou para esse fim o dr. Mascarenhas Neves, segundo delegado, que compareceu acompanhado de uma força de dez praças de polícia.[57]

Mas havia provavelmente outros fatores envolvidos. Nami Jafet, desde que se estabeleceu no bairro, procurou se integrar à política local e filiou-se ao PRP. É possível que ele buscasse um canal de acesso à elite política e tentasse ampliar suas conexões com os poderosos. Embora já muito rico e indubitavelmente um dos grandes industriais da cidade, comandando um vasto número de empregados, sua influência, aparentemente, era mínima, e pelo que se depreende do noticiário, era apenas um membro subalterno do diretório do partido, no distante bairro do Ipiranga.

O Combate faz uma narrativa de viés mais político sobre a greve:

> [...] neste caso da fábrica Ypiranga, ao que nos parece, há influências estranhas que deviam ser bem conhecidas da polícia para evitar a repetição de tais fatos.
>
> Os srs. Nami Jafet & Comp. não são dos mais gananciosos patrões. Antes, muitos dos seus operários confessam que aquela firma tem procurado melhorar a sua sorte, com diversos atos que demonstram não se tratar de industriais exploradores dos seus operários. Além disso, o sr. Nami Jafet é um dos chefes políticos do Ypiranga e está provado que a greve foi açulada pelos seus adversários que obedecem à chefia dos srs. Pedro de S. Magalhães e capitão Zemaria do Valle. [...].
>
> Demais, há circunstâncias denunciadoras. A comissão que dirige o movimento grevista é chefiada por um correligionário inseparável do Zemaria. Os boletins, segundo essa comissão declarou à polícia, têm sido impressos gratuitamente na Tipografia Magalhães.[58]

É de notar que, apesar do seu inegável poder econômico, os Jafet não encontravam ambiente propício para se integrar facilmente na ação política. O seu acesso aos membros da elite parece, também, bastante limitado, já que no Ipiranga tem que se ver às voltas com os pequenos chefes locais do bairro, que ainda era uma área periférica e relativamente desimportante. Mas o jornal advertia que:

> [...] operários que devem manter se firmes nas suas reclamações justas, cedendo nas que forem menos razoáveis, para chegar a um acordo que atenda aos interesses de ambas as partes. Sobretudo, não se sujeitem eles a servir de instrumento de politiqueiros que amanhã serão capazes de os meter nas masmorras do Cambuci, se se insurgirem contra o seu mando.[59]

Deixando com isso claro que os tais politiqueiros detinham de fato as conexões de poder local e os Jafet, no fundo, eram apenas adversários menores.

No dia 3, o *Correio Paulistano* informa que, apesar de aceitas diversas reivindicações, inclusive com a promessa de pagamento de salários atrasados, a greve continuou por falta de acordo em relação ao aumento de salários, tendo os trabalhadores recusado a oferta de 13%, ao invés dos 20% pedidos. No dia 5, já com a cidade em grande agitação, o *Correio* dá uma curta nota de cinco linhas, informando que apesar do aumento da oferta dos patrões para 15%, os operários se mantinham "em greve pacífica".[60] *O Combate*, no entanto, expunha com maior clareza o clima de crescente conflito:

> Os srs. Nami Jafet & Comp., proprietários da fábrica de tecidos Ipiranga, já cederam às reclamações dos operários quanto ao dia do pagamento e a suspensão do serviço às 4 horas dos sábados. Quanto ao aumento de 20% nos salários diurnos e de 25% para os salários noturnos, aquela firma fez uma contraproposta, oferecendo um aumento respectivamente de 15% e 17%.
>
> O pessoal não aceitou essa contraproposta e insiste nas suas primitivas exigências. Por sua vez, os srs. Nami Jafet declaram que já chegaram ao máximo das concessões e que não cederão mais nada. Preferem fechar a fábrica a assumir compromissos que não poderão cumprir, tendo em vista a situação financeira.

Nestas condições, o conflito permanece insolúvel, continuando os operários em parede e os srs. Nami Jafet & Comp. dispostos a resistir às suas exigências.[61]

Ao contrário do que havia ocorrido nos meses anteriores, os acordos já não eram tão fáceis e a resistência dos trabalhadores crescia. No dia anterior, o *Correio Paulistano* havia informado que também os operários do Cotonifício Rodolfo Crespi se mantinham em greve, recusando oferta de aumento de 15%. Adicionalmente, propunham aos seus companheiros e à população um boicote geral aos produtos Crespi.[62]

Enquanto isso, surgiam notícias de greve na seção de pintura da fábrica da Antarctica, na Mooca, outra das grandes indústrias da cidade. Produzindo gelo, cerveja e refrigerantes, o negócio enfrentava uma natural sazonalidade, com queda de vendas durante o inverno, e nesse período as relações trabalhistas se tornavam mais tensas, sendo frequentes as diminuições de jornada, punições disciplinares e paralisação em determinados setores.[63] Aqui, como no caso da Crespi, os industriais ainda foram capazes de fazer valer a sua versão dos acontecimentos:

MAIS GREVES

Agora, são os pintores da Cia. Antarctica Paulista

A Companhia Antarctica Paulista tem uma turma de artistas incumbidos de pintar, de vez em quando, os seus carros. Todos os invernos, como diminui o consumo de cerveja e de outras bebidas que a Companhia fabrica, são dispensados aqueles funcionários. Este ano, porém, a Antarctica não seguiu o costume, conservando todos os seus pintores.

Apesar disto, estes, pretextando aumento de salário, declararam-se agora em greve.

Eis aí uma causa pouco compreensível, pois é de crer que a poderosa fabricadora de cervejas não se queira sujeitar às exigências de empregados que há pouco beneficiou, dando-lhes trabalho em épocas em que eles não eram ocupados nos anos anteriores.[64]

Algo, porém, havia mudado e, agora, uma insatisfação difusa favorecia o confronto.

9 de julho

Foi nesse clima de acirramento dos ânimos que começou aquela manhã de 9 de julho de 1917. Ao contrário do que as primeiras notícias faziam crer, a greve da Antarctica apresentou desde o princípio uma maior radicalização e os jornais logo perceberam isso. O movimento já não era inteiramente pacífico e piquetes se organizaram para impedir a saída de produtos da fábrica. Logo cedo o conflito estava instalado, como *O Combate* noticiou:

> Greve na Antarctica
>
> A cavalaria precisou intervir
>
> Um grevista ferido
>
> Continua a greve na secção de pintores da Antarctica Paulista.
>
> Os grevistas acham-se em atitude hostil, entregando-se a depredações.
>
> Em vista disto, o dr. Bandeira de Mello, que ali se acha, em companhia de seu escrivão, cap. Laureano de Medeiros, e de uma força policial, vendo que com bons modos nada conseguia, ordenou à cavalaria que dispersasse os grevistas sem fazer uso de armas.
>
> Nada adiantou com isso, pois os operários não se acalmaram. Diante disso os soldados fizeram uso do sabre e puseram em debandada os amotinados.
>
> Da correria que se estabeleceu, como era de prever, resultou sair ferido Marco Glifrenck, austríaco, de 54 anos, operário da Antarctica, morador à rua Turiaçu. Apresentava diversos ferimentos produzidos por sabre. Foi submetido a exame de corpo de delito.[65]

Essa foi a primeira vítima de uma semana de embates que marcariam a cidade.

O rápido agravamento da situação era agora claramente percebido e *A Gazeta*, jornal vespertino distribuído a partir das 14h30, procurava informar os paulistanos, em primeira mão, sobre os últimos acontecimentos da manhã. Nas notícias de última hora, o jornal relata o incidente na porta da Antarctica, que resultou num carroceiro ferido e outro distúrbio envolvendo operários da fábrica Crespi que teriam, segundo o jornal, atacado a pedradas um grupo de guardas cívicos, atingindo dois soldados. Outras notas, certamente redigidas mais tarde, relatam o agravamento dos confrontos e a tendência, que já podia ser percebida, de generalização da greve. O jornal também condena a organização de piquetes para impedir o trabalho dos que não aderiram à greve e critica a violência de alguns operários:

> O movimento grevista continua e cada vez mais se reveste de maior importância. A atitude que assumiram hoje os operários da Cia. Antarctica e do Cotonificio Crespi tem aumentado a gravidade da parede. Desde cedo que aqueles trabalhadores, em frente às fábricas, tentam impedir o trabalho exigindo esse modo de proceder providências enérgicas da polícia.
>
> Na rua da Mooca, diante de uma secção da Antarctica, onde se acham reunidos numerosos grevistas, permanecem o dr. Bandeira de Mello, delegado do Brás, que tem a sua disposição uma força de polícia.
>
> Registraram-se durante as horas de hoje vários incidentes, tendo, ao que se diz, um operário atirado contra um soldado, não atingindo o alvo, felizmente.
>
> A continuar assim, é bem possivel que o movimento se generalize.
>
> Como se sabe, já se acham em parede os operários do Cotonificio Crespi e da Cia. Antarctica. Estes, porém, começam a agitar o operariado de outras empresas.
>
> É assim que já se nota algum descontentamento nos trabalhadores da fábrica Mariângela, na avenida Celso Garcia [sic], pertencente às Indústrias Reunidas F. Matarazzo, não sendo de admirar que façam causa comum com os seus companheiros em greve.[66]

A Gazeta já percebia que os conflitos começavam a se espalhar:

> Na rua Piratininga, pouco antes do meio-dia, numeroso grupo de grevistas atacou um caminhão da Antarctica que por ali passava. Os atacantes, depois de obrigar o cocheiro a fugir, derrubaram o veículo, que ainda se encontra caido naquela via pública.
>
> Às 12 horas, o dr. Thyrso Martins, delegado geral, dirigiu-se para a rua da Mooca.[67]

Porém, a situação ainda não era clara e o jornal, escrito em cima dos fatos, não conseguia ter uma visão do conjunto:

> Os operários em greve fizeram, hoje cerca das 12 horas, uma forte pressão nos trabalhadores da fábrica Mariângela, a fim de impedir que voltassem ao serviço depois do almoço.
>
> A polícia foi obrigada a intervir, a fim de garantir os empregados daquela fábrica. Dali, um grupo de grevistas se dirigiu para a delegacia do Brás reclamando a liberdade de vários companheiros presos durante os conflitos. A guarda daquela delegacia formou, sendo efetuadas várias prisões.
>
> Na rua da Concórdia, alguns agitadores descarregaram as suas armas, ferindo um carroceiro que passava na ocasião.
>
> O policiamento foi aumentado com 50 praças de infantaria [e] também veio para a cidade um reforço de 40 praças de cavalaria, indo 20 para o local, onde os grevistas se acham.
>
> O dr. Thyrso Martins, delegado geral, está tendo, à hora em que escrevemos esta notícia, 2 da t.[arde], uma conferência com o dr. Altino Arantes, sobre as medidas urgentes e enérgicas a serem tomadas contra os operários que abandonaram de todo a atitude pacífica estando promovendo francas desordens.[68]

Mas o que os leitores de *A Gazeta* ainda não podiam saber, embora muitos boatos circulassem pela cidade desde a manhã, é que o conflito que marcaria aquela greve já havia ocorrido.

Depois dos distúrbios registrados na porta da fábrica da Antarctica, os grevistas, já bastante exaltados, se dirigiram para a maior fábrica do Brás, a Tecelagem Mariângela, onde trabalhavam milhares de operários. A Mariângela ocupava uma enorme área, com 101 metros de frente e mais de 15 metros de altura, na rua Monsenhor Andrade,[69] próximo à igreja do Bom Jesus, que deu origem ao bairro. A sua chaminé se destacava entre as muitas que marcavam a paisagem da região e podia ser vista, claramente, desde o Centro da cidade. A Tecelagem funcionava ali desde 1904 e foi sendo sucessivamente ampliada até ocupar quase toda a quadra. Era resultado da expansão dos negócios de Francisco Matarazzo, que, por essa época, em 1917, já era o maior industrial da cidade e, portanto, do país. A tecelagem era vizinha do Moinho Matarazzo, instalado na mesma rua, e havia surgido como um desdobramento da atividade principal, já que, premido pela necessidade de sacaria para a farinha produzida, Matarazzo construiu primeiro uma unidade anexa, que rapidamente ampliou e transformou numa das grandes indústrias têxteis da cidade, que fornecia, além de sacos para a farinha que o moinho produzia, também tecidos tingidos, malhas etc. Com milhares de operários, a Mariângela seria estratégica para a ampliação da greve.

Ao que tudo indica, o piquete de grevistas se formou durante o intervalo de almoço e tinha por objetivo paralisar a fábrica e impedir a entrada dos trabalhadores. O *Correio Paulistano*, defensor intransigente da ação do governo, aponta os anarquistas como responsáveis pelas desordens e descreve com detalhes como a polícia foi recebida a pedradas e vaiada, tendo sido o delegado auxiliar derrubado por um manifestante.

> Os operários da fábrica de tecidos Crespi, da Companhia Antarctica Paulista e de outros estabelecimentos fabris, que estão sendo conquistados para o movimento paredista, manifestando-se ontem em franca hostilidade aos seus patrões e às autoridades policiais, promoveram grandes desordens nos bairros do Brás e da Mooca. [...]
>
> Nas imediações da fábrica de tecidos 'Mariângela', da Sociedade Anônima Indústrias Reunidas F. Matarazzo, à rua Monsenhor Andrade, verificaram-se também repetidas correrias, por pretenderem os grevistas impedir que as operárias entrassem para o serviço.
>
> Os grevistas traziam os chapéus circulados por uma cinta de papel em que se lia – Boicotem os produtos do C. Crespi.
>
> Avisado da atitude sediciosa dos grevistas, o 1º Subdelegado da 1ª Circunscrição, sr. Pamphilo Marmo, que se achava no Largo da Concórdia, partiu para as imediações da fábrica Mariângela, seguido de uma força de infantaria.
>
> Ainda dessa vez os operários receberam a polícia sob assuadas, tendo um dos mais exaltados agredido uma das praças a pontapés.
>
> Esse incidente deu causa a um conflito, em que foi envolvida a própria autoridade, pois um operário, passando-lhe traiçoeiramente uma rasteira, atirou-a por terra.
>
> O sr. capitão Pamphilo Marmo, em consequência da queda, ficou ferido na rótula esquerda.

> Nesse momento, como a polícia carregasse contra os perturbadores da ordem, foram desfechados inúmeros tiros por parte dos amotinados. [...]
>
> Como consequência das tropelias que se deram, ficaram feridos Adolpho Heyer, mecânico, alemão, de 47 anos, morador à rua Humberto I, n. 32; José Ineguez Martinez, espanhol, de 21 anos, solteiro, morador à rua Caetano Pinto, n. 91; e Thomazo de Alvaro, italiano, morador à rua Caetano Pinto, n. 86.
>
> O primeiro recebeu um ferimento de bala no pé direito, o segundo, um ferimento da mesma natureza no hemitórax esquerdo, e o último, uma contusão no lábio superior.
>
> A Assistência Policial socorreu-os imediatamente.[70]

O Combate procurou sintetizar, com o máximo de objetividade possível, a natureza do confronto:

> Diz a polícia que eles [os operários] foram os primeiros a agredir. Queixam-se os operários de que foram vítimas duma violência escusada. O fato é que o conflito se travou, sendo trocados tiros de parte a parte.[71]

O episódio, rápido, marcaria o movimento. O operário espanhol José Ineguez Martinez, ferido com gravidade, foi imediatamente removido para a Santa Casa. Mas iria morrer no dia seguinte.

Enquanto os jornais da capital tentavam compreender o que de fato ocorria e o operário ferido agonizava na Santa Casa, os acontecimentos iam se acelerando.

Na noite do dia 9, no Salão Germinal,[72] os anarquistas sindicalistas, os anarquistas comunistas e os socialistas finalmente conseguiram superar as suas muitas divergências e criaram o Comitê de Defesa Proletária,[73] com o objetivo explícito de assumir o comando da greve e estabelecer alguma forma de organização centralizada para os muitos focos de reivindicações que se espalhavam pela cidade. E a sua primeira ação foi publicar um manifesto expondo os seus objetivos:

> O Comitê [...] declara que os representantes das ligas operárias das associações políticas e dos jornais dos proletários, em face do excepcional movimento determinado pela carestia da vida, e considerando

que a situação se torna grave em vista da obstinação dos patrões e das violências da polícia, deliberaram organizar a defesa dos operários.[74]

Como a imprensa, o poder público também foi pego de surpresa pela nova situação, e igualmente buscava uma forma de atuar sem conseguir ainda direcionar claramente as suas ações. Mais cedo, nesse dia, a polícia fechou a sede da Liga Operária da Mooca, local onde lideranças anarquistas vinham se reunindo e, mais que isso, fechou também a Escola Nova,[75] um experimento de educação popular inspirado no movimento anarquista da Escola Moderna, que funcionava pacificamente há dez anos na av. Celso Garcia. Os dois atos foram unanimemente reprovados pela imprensa, a ponto de nem mesmo o ultragovernista *Correio Paulistano* tentar defendê-los.

10 de julho

No amanhecer do dia 10, com um clima cada vez mais tenso, a polícia tentou de alguma forma conter os tumultos e proteger as entradas das fábricas usando todo o efetivo policial disponível, a ponto de ter "um soldado de carabina embalada" escoltando os carros de transportes de cerveja e de gelo da Antarctica.[76] Apesar do aumento expressivo do policiamento, as greves se espalhavam. A lista vai se tornando enorme: Moinhos Gamba; fábrica de fósforos Fiat Lux; fábrica de fitas de C. Peterson e Cia.; fábrica de cigarros Trapani; Serraria De Marco; Fábrica de Pentes Orion; Lanifício Fratelli Mortoni; Serraria José Monteiro; fábrica de Hugo Bonsini, na rua Brigadeiro Machado; uma fábrica de macarrão da rua Cesário Alvim; fábrica de Seda da rua Joly; fábrica de tecidos e fiação de Gamba e Comp., no Cambuci; fábrica Labor, na Mooca; fábrica do cigarros Sudan, no Brás; das obras de construção da fábrica de tecidos de Juta; fábrica de esmalte da rua Anna Nery; fábrica de Nami Jafet, e muitas outras, conforme relatava o *Correio Paulistano*.[77]

No cenário do principal conflito do dia anterior na Fábrica de Tecidos Mariângela, as disputas entre a direção e os operários prosseguiram na manhã daquela terça-feira:

> Ontem, depois do almoço, a fábrica de tecidos "Mariângela" deu sinal de entrada aos operários, mas estes, que pouco antes haviam reclamado dos patrões um aumento de 20% nos salários, deixaram-se ficar nas imediações daquele estabelecimento, recusando-se a tomar o trabalho. Na fábrica, foi dado segundo sinal e a ele obedeceram cerca de 300 homens, enquanto os outros promoviam manifestações na rua. Dado ainda outro sinal, mais nenhum operário entrou para a fábrica, e nessa ocasião, os patrões afixaram um boletim, prontificando-se aumentar os ordenados em 10%. Os operários deram, então, uma formidável vaia, a confusão e a desordem irromperam francamente, tendo a polícia que intervir para evitar um assalto à fábrica. Os manifestantes dispersaram, e os que se achavam no estabelecimento saíram, aderindo todos à greve, de sorte que a fábrica teve de fechar.[78]

Segundo os jornais, até 3 mil operários se declararam em greve na Mariângela. As reivindicações vão paulatinamente se unificando: aumento de 20%, abolição da contribuição "Pró-Pátria" e a readmissão de todos os grevistas demitidos. Segundo *O Combate*, o lema era: "Ou todos ou nenhum".[79]

Com frio e garoa, aquela terça-feira foi um dia típico do inverno paulistano e o movimento das ruas diminuiu naturalmente. Mas, apesar do clima, muitas coisas estavam acontecendo na cidade.[80] No meio da manhã, explodiu a notícia da morte do operário ferido no conflito do dia anterior.

A mobilização dos operários foi imediata. Tão logo a notícia foi divulgada, teve início a organização de um enterro e, já por volta das dez horas da manhã, um grande número de grevistas se reuniu no largo da Concórdia. No comício, a palavra de ordem foi a convocação de todos os operários, estivessem em greve ou não, para comparecer ao funeral no dia seguinte. A saída seria às nove horas na rua Caetano Pinto, 91, no Brás, local onde morava a vítima e no qual o corpo ia ser velado. Num sinal de maior poder de organização em relação aos dias anteriores, já nessa ocasião começaram a ser distribuídos boletins de convocação.[81]

A informação se espalhou rapidamente e os jornais da tarde já traziam uma primeira versão da notícia:

A morte de um operário

Às 9 1/2 horas de hoje, faleceu na Santa Casa, onde fora internado, o sapateiro José Igneguez [sic] Martinez, ontem à tarde atingido por um tiro de revólver, quando passava próximo à fábrica Mariângela.

Soube-se da morte de José, quando hoje, em frente à Polícia Central, um irmão do morto, gritando, dirigia imprecações à polícia. [...]

José passava pela referida rua, em companhia de seu pai, quando um tiro o atingiu no hemitórax direito.

Segundo é voz corrente, quando os grevistas agrediram o 1º subdelegado da 1ª circunscrição, cap. Pamphilo Marmo, este ordenou que os soldados disparassem os revólveres, gritando-lhes: Façam fogo! Fogo!

Aí então é que se deu o tiroteio.

O dr. Thyrso Martins, ao ter conhecimento da morte de Igneguez, [sic] ordenou que se lhe faça a necropsia, a fim de verificar se a bala que o matou é de arma usada pelos policiais.

Foi aberto rigoroso inquérito.

O enterro da desventurada vítima será feito amanhã, às 8 horas, saindo da rua Caetano Pinto, 91, no Brás, para o cemitério do Araçá.

O operariado projeta realizar uma grande manifestação ao seu colega que caiu ferido no momento em que eles reclamavam o necessário para o pão de seus filhos.[82]

Esse enterro – as lideranças operárias logo perceberam isso – iria servir de grande demonstração das insatisfações dos trabalhadores.

O governo, por seu lado, também procurava se articular e dar resposta à crise que ia se instalando. As expectativas eram de ampliação da greve e muitos industriais pediam garantias à polícia para os seus estabelecimentos.[83] Na tarde daquela terça-feira, Thyrso Martins desdobrou-se para atender às diversas comissões de trabalhadores – entre os quais os pintores da Antarctica e os operários do Crespi – que o procuravam em busca de intermediação, entregando-lhe pessoalmente propostas para serem encaminhadas aos patrões.[84] Até aquele momento, a polícia ainda era vista como possível mediadora dos conflitos.[85] O delegado geral, transformado em um dos protagonistas da crise, procurava, em nome do governo estadual, estabelecer alguma forma de acordo e até *O Estado*, crítico do governo, reconheceu que:

> O sr. delegado geral fez ver aos operários que a polícia, mais que ninguém, tinha advogado os interesses dos grevistas, embora não fosse essa a sua missão. Aconselhou-os a que se mantivessem em atitude absolutamente calma e pacífica, não enveredando nunca pelo caminho da violência, pois não podia nem devia permitir que a ordem pública fosse alterada, que a liberdade do trabalho não fosse garantida e que o direito de propriedade fosse violado.
>
> [Também] resolveu com os grevistas que estes se reunissem hoje, no prado da Mooca, onde devem formular uma proposta de conciliação e nomear uma comissão que a entregará ao dr. Thyrso Martins, a fim de que este a submeta à apreciação dos patrões, interessando-se pelo acordo.[86]

Ao mesmo tempo que Thyrso Martins procurava se entender com os grevistas, o secretário da Justiça, Eloy Chaves, convocou os principais industriais para o seu gabinete.

> Também por iniciativa do sr. Secretário da Justiça e da Segurança Pública, conferenciaram com s. exe. o sr. conde Asdrúbal Nascimento, diretor da Antarctica; cavalheiro Rodolpho Crespi, diretor do Cotonifício, e Francisco de Vivo, representante da Sociedade Anônima Indústrias Reunidas F. Matarazzo.
>
> As conferências [...] versaram sobre o magno problema que preocupa presentemente a classe proletária, sendo possível que se obtenham concessões de parte a parte, para que a situação se normalize.[87]

Depois desses encontros, o delegado geral divulgou um comunicado dirigido aos operários, mas que atingiu em cheio também os industriais:

> AOS OPERÁRIOS
>
> Desde que surgiu a primeira greve, a polícia procurou desempenhar o dever que lhe incumbe por lei: garantir a liberdade do trabalho e o direito de propriedade. Procurou mais, como intermediária, pôr em acordo patrões e operários.

Assim se manteve e se manterá, sem paixões e sem violências. NÃO pode, porém, permitir e não permitirá que, sob o pretexto de exercício do direito de greve, agitadores conhecidos desrespeitem as autoridades que, no cumprimento dos seus deveres, velam pela ordem pública.

Só na calma e no respeito à lei são possíveis as vitórias do Direito.

Assim sendo, só dentro da lei, devem os operários pugnar pelo que julguem justo, sem se deixarem arrastar a excessos que só os prejudicam, retirando-lhes as simpatias do povo paulista ordeiro e respeitador de todos os direitos. S. Paulo, 10 de julho de 1917. – O delegado geral, Thyrso Martins.[88]

Embora o comunicado parecesse uma conclamação à manutenção da ordem pública, com ameaças de repressão aos distúrbios, duas frases sintomaticamente tinham alvos diferentes e assim foram lidas pelos industriais. O delegado, representante do governo estadual encarregado teoricamente da repressão à greve, escrevia que "só na calma e no respeito à lei são possíveis as vitórias do Direito", reconhecendo obliquamente que o direito estava com os grevistas e acrescentando que os "excessos só os prejudicam, retirando-lhes as simpatias do povo paulista ordeiro e respeitador de todos os direitos", declarando oficialmente o que todos pensavam: que a população estava ao lado dos operários, e reconhecia a sua situação.

Essa visão, que já existia antes da eclosão da greve, foi se consolidando durante a semana. Toda a imprensa deu publicidade aos comunicados vindos dos grevistas, até mesmo quando estes conclamaram os soldados à revolta, como o divulgado no dia 10 de julho e que até o circunspecto *O Estado de S. Paulo* publicou na íntegra:

> Soldados! não deveis perseguir os vossos irmãos de miséria. Vós, também, sois da grande massa popular, e, se hoje vestis a farda, voltareis a ser amanhã os camponeses que cultivam a terra, ou os operários explorados das fábricas e oficinas. A fome reina nos nossos lares, e os nossos filhos nos pedem pão. Os perniciosos patrões contam, para sufocar as nossas reclamações, com as armas de que vos armaram, oh! soldados.

147

Essas armas eles deram para garantir o seu direito de esfomear povo. Mas soldados, não façais o jogo dos grandes industriais que não têm pátria. Lembrai-vos de que o soldado do Brasil sempre se opôs à tirania e ao assassinato das liberdades.

O soldado brasileiro recusou-se, no Rio em 1881, a atirar sobre o povo quando protestava contra o imposto da viagem, e até ao dia 12 de maio de 1888 recusou-se a ir contra os escravos que se rebelavam, fugindo ao cativeiro!

Que belo exemplo a imitar!

Não vos presteis, soldados, servir de instrumento de opressão dos Matarazzo, Crespi, Gamba, Hoffman, etc. os capitalistas que levam a fome ao lar dos pobres...

Soldado!

Cumpri o vosso dever de homens! Os grevistas são vossos irmãos na miséria e no sofrimento; os grevistas morrem de fome ao passo que os patrões morrem de indigestão!

Soldados! Recusai-vos ao papel de carrascos!

S. Paulo. Julho de 1917 – Um grupo de mulheres grevistas.[89]

Mesmo com a esmagadora maioria dos grevistas sendo imigrante, muitos deles recém-chegados, o manifesto não deixou de apelar para o patriotismo dos soldados brasileiros contra "os industriais que não têm pátria". Enquanto isso, a voz dos industriais praticamente havia desaparecido da imprensa e eles, quando mencionados, o eram sempre da maneira mais crítica. Nesses primeiros dias de greve, os jornais ainda procuravam entender a situação e, se por um lado se sentiam na obrigação de combater os excessos e o vandalismo, por outro, não conseguiam deixar de ressaltar que a greve tinha motivos e os seus principais provocadores não eram os operários.

O Combate, o mais favorável ao movimento, é um exemplo dessa primeira dificuldade de posicionamento que os jornais enfrentaram com a nova situação:

> *O Combate* é insuspeito para censurar a atitude dos operários da Antarctica, que entraram por um caminho de violências absolutamente reprovável. Desde o ano passado que, discutindo a carestia da vida,

vimos chamando a atenção dos poderes públicos e dos industriais para a situação difícil em que se encontra o proletariado, premido pela baixa dos salários e pela alta dos gêneros de primeira necessidade. E, ainda agora, não temos negado o nosso apoio, antes o temos dado, com desassombro, às reivindicações justas dos que reclamam melhores ganhos usando pacificamente do direito da greve.

Entretanto, não podemos aplaudir os distúrbios de ontem, que ameaçam reproduzir-se hoje. Ao contrário, devemos censurá-los energicamente, em defesa da ordem e em defesa dos próprios operários, cuja causa se torna antipática se eles, abandonando o terreno da resistência legal contra os exploradores, enveredam para o motim e a sabotagem. São de perfeita equidade as reclamações feitas relativamente aos salários, mas são de todo reprováveis os meios empregados desde ontem para obter que elas sejam atendidas.

A polícia, abandonando as suas tradições de arbitrariedades, tem procedido com uma correção que mereceu louvores dos órgãos mais insuspeitos. Tanto na greve do Cotonifício Crespi como na da fábrica Ypiranga, a sua ação foi sempre suasória, mantendo a ordem sem praticar violências. São fatos que proclamamos em homenagem à verdade e que os próprios grevistas hão de reconhecer, em consciência.

Ontem, porém, à parede se aliou o distúrbio. O operariado da Antarctica – talvez os que reclamam com maiores razões – foram os primeiros a desencaminhar-se. Começou assaltando e danificando uma carroça de cerveja e depois praticou outras depredações.[90]

Os piquetes e os atos de violência eram unanimemente reprovados, mas os jornais ainda procuravam uma maneira de se posicionar em relação aos acontecimentos. O *Correio* e *O Estado*, em princípio mais conservadores, refletiam bem essa dificuldade.

O *Correio Paulistano*, ao mesmo tempo que defende a repressão severa às desordens, ressalta que o conflito envolve "patrões e operários" e que apenas o "desvirtuamento" do legítimo direito de greve é que devia ser objeto da ação do governo:

> O direito da greve, respeitado em todos os centros cultos, como manifestação pacífica de reclamos legítimos, não é negado em nosso meio, quando não ultrapassa razoáveis limites.

Se, entretanto, tal manifestação toma o aspecto de mazorca e ameaça a tranquilidade da população, em geral, é dever dos poderes públicos conjurar pelos meios ao seu alcance, e que lhe são facultados por lei, os perigos que ela, desvirtuada dos seus intuitos, envolve.

É essa a orientação adotada pela ação oficial.

Que as dúvidas entre patrões e operários tenham um desfecho razoável, que atenda aos recíprocos interesses, mas que não degenerem em perturbações prejudiciais à segurança pública, as quais precisam e serão reprimidas com o máximo rigor.[91]

O Estado ressalta as razões dos operários e até ensaia uma justificativa para o comportamento dos grevistas, que seria resultado da inércia do governo estadual, tolerante com os abusos de "alguns industriais" que só pretendiam se aproveitar da situação:

EXALTAÇÕES LAMENTÁVEIS

Repetiram-se ontem, com maior extensão e maior intensidade, as cenas desagradáveis de anteontem, entre operários grevistas e a polícia.

Até certo ponto, compreende-se a exaltação de ânimos dos primeiros. A carestia da vida, por um lado, se vai tornando de dia para dia mais terrível, e, por outro lado, os proprietários de alguns estabelecimentos industriais parece que não querem senão aproveitar da situação, mais do que seria razoável e equitativo.[92]

No entanto, não deixa de concordar com os outros veículos, ao demonstrar um certo espanto com o rumo dos acontecimentos:

O que, porém, já não se explica tão facilmente, e muito menos se justifica, são os excessos a que muitos deles se entregam, desrespeitando a autoridade, injuriando e agredindo soldados que não fazem senão obedecer a ordens e cumprir o seu dever profissional, tentando obstar a que outros operários exerçam o seu direito de trabalhar, e, no fim, prejudicando-se a si próprios mais do que a ninguém. [...] Excessos lamentáveis por todos os motivos, inclusive por serem contraproducentes.[93]

Apesar das severas críticas aos distúrbios ocorridos no dia anterior, *O Estado* incentiva a organização do movimento operário e a ação pacífica na sua luta por direitos:

> Que os operários se organizem e lutem por todos os meios, dentro da ordem, pelas suas aspirações de melhoria material e moral, não só achamos justo, como o achamos louvável. [...] Sem lutar, sem lutar com energia e constância, com vigor e coragem, unidos e solidários, os operários não conseguirão melhorar de sorte. Não há outro meio. E, para o adiantamento geral da sociedade, no sentido de uma mais larga distribuição dos benefícios da civilização e da cultura, há toda a conveniência em que deixem de existir famílias na miséria, crianças mal alimentadas e mal-educadas, homens explorados por homens como simples máquinas.[94]

Finalmente, o jornal conclui que os interesses dos operários são interesses de toda a sociedade:

> Os interesses do operariado, bem compreendidos, são os interesses mais altos, mais belos e mais nobres, da sociedade em geral. Mas da luta elevada pela doutrina, pela discussão, pela união, pela resistência, pelas conquistas legais, à luta pelo distúrbio, pela ameaça, pela imposição, pelo desrespeito, pelo alarido, vai uma grande diferença – é que a primeira é razoável, é boa, é mesmo útil e fecunda, e a segunda é injusta, é improfícua e é contraproducente.[95]

Enquanto os jornais buscavam compreender melhor o que acontecia, as ruas ferviam. Mesmo com o aumento expressivo do policiamento e a cavalaria percorrendo a cidade, a agitação e as adesões à greve não paravam de crescer. Grupos que se juntavam espontaneamente nas ruas do Brás vaiavam a polícia. Um grupo de 300 operários apedrejou a Fiação e Tecelagem São Simão, no Belenzinho, conseguindo paralisá-la. Mil e quinhentos dos 3 mil operários da Fábrica de Tecidos Penteado, no Glicério, aderiram à greve.[96] Mas o maior temor da polícia era de que os grevistas tentassem invadir a Cia. de Gás, responsável por grande parte da iluminação pública.[97]

11 de julho

A edição de *O Estado* que chegou aos leitores na manhã do dia 11 de julho mostrava que o jornal, refletindo provavelmente o ambiente da cidade, dava um passo adiante na sua avaliação sobre a greve:

O MOVIMENTO GREVISTA ALASTRA-SE, TOMANDO PROPORÇÕES GRAVES

Continua por solucionar a anormal situação que desde dias se vem notando na capital, provocada pela atitude dos operários, que, não podendo suportar por mais tempo a crise que os atormenta, recorreram à greve como meio extremo de defesa.

O dia de ontem foi de relativa calma, tendo aderido aos paredistas novos operários, sendo de presumir que o movimento assuma as proporções de uma parede geral.[98]

O jornal previa que aquela quarta-feira seria um dia decisivo para a definição do rumo dos acontecimentos. E foi assim, efetivamente.

O enterro do operário morto no conflito à porta da Tecelagem Mariângela seria um ponto de inflexão que marcaria o movimento operário e que inegavelmente lhe deu um maior impulso. *A Gazeta*, o primeiro vespertino a circular, já refletia todo o impacto que a greve estava provocando na cidade naquele dia. O assunto estava na primeira página e as manchetes não deixavam muitas dúvidas.

> A agitação proletária se estende por todas as fábricas
> A Capital Paulista Ameaçada de Uma Greve Geral
> Adesões e mais adesões
> É gravíssima a situação
> Reuniões, *meetings*, conferências, desordens.[99]

O jornal, da mesma forma que *O Estado*, expõe claramente a sua opinião sobre as causas da situação excepcional pela qual passava a cidade:

> A gravíssima situação, originada da resistência que os industriais paulistas oferecem às justas pretensões dos operários, degenerou num colossal movimento que ameaça perturbar integralmente a vida econômica da cidade e afetar diretamente a população da capital.
>
> Há muitos meses a imprensa paulista, e principalmente "A Gazeta" reproduzindo com fidelidade o mal-estar que lavrava pelas classes pobres da capital, em sucessivas publicações, chamou a atenção dos poderes públicos para a grave ameaça de uma greve, resultante das dolorosas condições de vida que asfixiam as classes pobres. [...]

> Se reprovamos as violências que podem ser praticadas e aconselhamos calma aos operários, todavia, não podemos deixar de admitir que essas classes têm o direito à vida e não podem ser sacrificadas pela ganância e pela ambição dos que conseguem, à sombra da indiferença pública, acumular colossais fortunas, com sacrifício absoluto das necessidades mais palpitantes dos operários.[100]

As "colossais fortunas" que se acumulavam vão se tornar cada vez mais alvo dos jornais, tanto dos que se opõem ao governo quanto dos que o apoiam. Apesar dos muitos reparos à inércia do poder público frente ao aumento constante dos preços, à medida que a greve se amplia, as críticas se concentram na insensibilidade e, logo adiante, na ganância dos que enriquecem à custa do empobrecimento geral. *A Gazeta*, como o restante da imprensa, não tinha mais dúvidas em apontar quais eram as origens de toda aquela situação. Era a "resistência que os industriais paulistas oferecem às justas pretensões dos operários".

O Combate seguia na mesma linha:

> O que os operários querem é apenas ganhar o estritamente necessário para a sua família. Duvidamos, mesmo, de que um simples aumento de 20%, realize esse modestíssimo ideal, tão fortemente se faz sentir a carestia da vida.
>
> Portanto, a greve não é artificiosa, promovida por agitadores contumazes. É a reação dos esfaimados contra aqueles que, explorando-os, estão realizando atualmente ótimos negócios, com lucros tais como nunca tiveram em época nenhuma. E exatamente porque é assim, imposta pela necessidade, há de vencer, a despeito da resistência dos patrões gananciosos, que, no seu fausto, jamais se lembraram da miséria dos seus colaboradores.
>
> É lamentável que a vida da cidade esteja sendo perturbada pelas greves e ameaçada de maiores males. Mas disso não têm culpa os operários, que lutam contra a fome. Têm os industriais, que enriqueceram fabulosamente nesta época de vacas magras, graças à ausência de importações. [...][101]

A greve já tinha os seus algozes. E a sua primeira vítima ia ser enterrada naquele dia.

Rapidamente organizado pelas lideranças reunidas no Comitê de Defesa Proletária, constituído na segunda-feira, o enterro agora não dependia apenas da organização espontânea dos operários, mas tinha a marca dos anarquistas, que buscavam o maior efeito, numa forma de *propagande par le fait* ou "propaganda pelo ato", que estava na base da sua estratégia desde o século anterior, que propunha executar ações de grande visibilidade para servir de inspiração e referência para as massas.

O enterro do sapateiro espanhol José Ineguez Martinez iria alcançar facilmente esse objetivo. Embora programado para sair às nove horas da rua Caetano Pinto, uma considerável multidão tomava as ruas do Brás desde antes das sete horas. Os números variavam conforme o entusiasmo das testemunhas, mas iam desde 2 mil pessoas, segundo o grave *Correio Paulistano*, até mais de 15 mil, de acordo com as lideranças anarquistas. Mas fosse qual fosse o número, o fato é que a cidade parou efetivamente para assistir ao enterro de um operário e uma multidão acompanhou o cortejo. Era um espetáculo incomum para a outrora pacata cidade de São Paulo, e o *Correio Paulistano* registrou esse estranhamento:

> Precisamente às 9 horas, o imenso cortejo, composto de cerca de 2.000 pessoas, pôs-se em movimento, em direção ao centro da cidade, [...] numa espetaculosidade que, só por muita tolerância, a polícia permitiu. Mulheres e crianças concorriam com um forte contingente para essa grande aglomeração.[102]

Pontualmente, o enterro deixou a rua Caetano Pinto em direção à avenida Rangel Pestana, atravessando o rio Tamanduateí e subindo a ladeira do Carmo em direção ao Centro da cidade. O coche fúnebre foi dispensado e o caixão seguiu carregado nos braços da multidão. À frente do féretro seguia uma comissão de mulheres que empunhavam duas bandeiras vermelhas. Atrás delas, outro grupo, formado por lideranças anarquistas e socialistas do Comitê de Defesa Proletária, orientava a manifestação. Todos os jornais fizeram questão de ressaltar, não sem uma certa surpresa, que em meio a estandartes e bandeiras, havia muitas mulheres, algumas com um visível papel de liderança. O itinerário, combinado previamente com a polícia, previa um desvio da área mais central da cidade, proibido pelas posturas municipais aos cortejos fúnebres de qualquer espécie. Mas ele não foi seguido, e depois de uma rápida discussão, o 3º delegado auxiliar, Rudge Ramos, encarregado do policiamento, acabou cedendo e permitindo que o cortejo cruzasse o largo da Sé e seguisse pela rua 15 de Novembro, invadindo o Triângulo. Nesse ponto, houve nova discussão, porque as lideranças queriam passar pela frente da Polícia Central, no largo do Palácio, atual Pátio do Colégio, mas isso a polícia definitivamente não permitiu. O objetivo era exigir a libertação do operário russo Antônio Nalepinsky, preso ali. Com o impasse, a marcha se deteve e um grupo de cem moças, segundo O Combate,[103] se dirigiu ao prédio da Polícia Central, onde só se autorizou a entrada de três representantes. Elas foram recebidas pelo delegado geral, Thyrso Martins,[104] que negou o pedido, argumentando que o operário estava apenas detido numa sala e seria liberado após o enterro. Em meio a protestos, todas voltaram a se incorporar ao cortejo, que seguiu em direção à rua São Bento.

O centro comercial mais movimentado de São Paulo literalmente parou e um número incalculável de pessoas assistiu, em silêncio, das calçadas, ao enterro do jovem morto no dia anterior. A maioria das lojas baixou as portas e todas as atenções se concentraram na lenta passagem dos pobres, a massa enorme de trabalhadores, que seguiam o caixão. Os operários – antes praticamente invisíveis na cidade rica e próspera, onde eram quase apenas parte da paisagem, como as fábricas e as suas chaminés – exibiam, nessa manhã, pela primeira vez naquelas ruas centrais, a enorme força da sua união.

O cortejo atravessou o Viaduto do Chá, onde o compassado caminhar da multidão, que lotava completamente a passarela, fazia ranger as estruturas de ferro. Seguiu pela rua Barão de Itapetininga e entrou na Praça da República, em direção à rua da Consolação, deixando para trás a cidade sob o impacto da sua passagem.

A multidão seguiu, compacta, a longa e penosa subida da Consolação, fortemente policiada por soldados da cavalaria. No alto da ladeira, um contingente com 50 policiais e cavaleiros guardava a passagem para a

155

avenida Paulista, onde residiam muitas das figuras de proa da indústria: Matarazzo, Pinotti Gamba, Crespi, Siciliano, Jafet; e do governo, como o secretário da Justiça, Eloy Chaves. Havia o receio de que a multidão de operários tentasse invadir a avenida e atacar as mansões mais ricas da cidade. Mas isso não ocorreu e o enterro seguiu na direção oposta, até o cemitério do Araçá, aonde chegou apenas depois do meio-dia. O caixão foi depositado na capela do cemitério, porque nessa mesma tarde seria submetido à autopsia. Embora não houvesse, ainda, propriamente um túmulo, os oradores se sucederam no ambiente apertado que não comportava mais do que uma mínima parte da multidão que seguira o cortejo. Os discursos tinham inequívoco sentido revolucionário e reforçavam a filiação anarquista do jovem operário, indicando que os grupos libertários de fato assumiram a frente do movimento:

> Grande morto: discípulo fervoroso de Kropotkine, Tolstoi, Reclus, Faure, Ferrer, Malatesta e tantos outros homens ilustres, vítima das tuas ideias sublimes; servo humílimo da verdade irrecusável! Tu soubeste levantar bem alto o teu protesto dizendo que precisávamos destruir radicalmente o estado das coisas atuais! Tu preferiste a morte a uma vida em desarmonia com os teus princípios elevados![105]

Pelo menos uma mulher discursou, fato que não era comum, e chamou a atenção dos jornais do dia seguinte. *A Gazeta*, ao noticiar o enterro, destacou numa foto a presença de um grande número de mulheres à frente do cortejo ladeando o caixão, com a legenda: "a representação feminina no enterro do operário Gimenez".[106]

Após o enterro, o Comitê de Defesa Proletária marcou um comício no largo da Sé, onde muitos oradores se sucederam em discursos até as 16 horas. Embora o Centro permanecesse tranquilo, no Brás a situação era diferente.

> Enquanto se realizava o "meeting", uma multidão de grevistas calculada em milhares de pessoas percorria aos gritos sediciosos as ruas do Brás, indo assaltar os estabelecimentos fabris, que funcionavam àquela hora, conseguindo assim, por meio da violência, a adesão de outros milhares de operários. [...] A polícia, à medida que era informada dos acontecimentos, intervinha com força de cavalaria para dispersar os agitadores.[107]

Nessa tarde, a situação da cidade começou a fugir do controle e os acontecimentos foram se sucedendo com rapidez e, aparentemente, sem nenhum comando. A população abandonou definitivamente as ruas, que passaram a ser dominadas por grupos em revolta que disputavam espaço com a polícia. Na circunstância inusitada que havia se criado em São Paulo, o secretário da Justiça, ao mesmo tempo que comandava a repressão aos distúrbios, buscava uma forma de interlocução entre os industriais e os trabalhadores, assumindo abertamente o papel de mediador. Depois da reunião com os industriais, um boletim foi fartamente distribuído pela cidade.

> AOS OPERÁRIOS
>
> O dr. Eloy Chaves, secretário da Justiça, reuniu, hoje em seu gabinete, às duas horas da tarde, os principais industriais desta capital com quais conversou sobre a greve ultimamente declarada em várias fábricas.
>
> Depois de duas horas de conferência s. exe. obteve de todos os presentes a promessa formal de examinarem com espírito conciliador as reclamações dos seus operários.
>
> O dr. secretário da Justiça procurou e procura ouvir as delegações dos operários das várias fábricas, a fim de poder entender-se em definitivo com os industriais.
>
> É preciso, pois, que os operários, com espírito calmo, apresentem, por delegação que escolherem, as reclamações que entendam justas, a fim de serem submetidas ao exame dos industriais.
>
> O dr. secretário da Justiça está sinceramente empenhado em pôr em definitivo acordo as partes divergentes. – S. Paulo, 11 de Julho de 1917.[108]

O governo esperava que a reunião com os industriais e os muitos encontros entre as autoridades e os grevistas surtissem efeito e a normalidade se restabelecesse, enquanto um acordo era costurado. Mas não foi assim, como informa *O Estado*:

> Com a divulgação do resultado da conferência tudo fazia crer que os ânimos serenariam e que a cidade, de há tantos dias alarmada, voltaria à sua normalidade.

O comício do largo da Sé havia terminado depois das 16 horas, em perfeita ordem e uma comissão operária procurara o dr. Thyrso Martins, delegado geral, a fim de solicitar a reabertura da sede operária da Mooca, anteriormente fechada.

Foram logo atendidos e marcada uma reunião para as 19 horas, a fim de serem estabelecidas as bases para um acordo.

Ao escurecer, entretanto, de um momento para outro, no bairro do Brás, quando parecia restabelecida a ordem, a polícia era informada de que ali se davam graves perturbações.

Um numeroso grupo de grevistas começou a praticar uma série de assaltos à propriedade, sendo o primeiro deles a um veículo dos srs. Favilla Lombardi & Comp., na rua André Leão, na Mooca. [...]

Outro assalto era praticado na mesma rua, nos armazéns do Moinho Santista. A porta de um dos armazéns foi arrombada e os operários dali roubaram mais de 600 sacas de farinha de trigo, inutilizando ainda a mercadoria que não puderam conduzir. [...]

Diante de fatos tão lamentáveis, o dr. delegado geral deu ordens terminantes para que fossem dispersados, com energia, todos os grupos de grevistas assaltantes. [...]

Outras providências, de caráter urgente, eram determinadas, sendo destacada para o Brás uma companhia do primeiro batalhão, municiada e armada, com clarins e tambores.[109]

Em face do agravamento da situação, o governo divulgou um novo boletim, desta vez assinado pelo delegado geral:

> **AO PÚBLICO** – Em vista da atitude francamente subversiva de alguns elementos exaltados, que não recuaram diante da prática de atos de violência contra as pessoas e as propriedades, previno a quem possa interessar que a polícia, serena, mas com energia, conterá dentro da ordem os que contra ela quiserem atentar.
>
> Aos que não quiserem atender aos constantes apelos à calma, caberá a responsabilidade das consequências que possam resultar do desrespeito à lei. S. Paulo, 12 de Julho de 1917.[110]

Foi nesse clima de acirramento dos conflitos que, à noite, se reuniu o Comitê de Defesa Proletária para redigir uma nova pauta de reivindicações. Com a greve se espalhando hora a hora e a cidade já totalmente transtornada pelos vários tumultos, era inevitável que as demandas, há muito reprimidas, explodissem e ampliassem o alcance e o conteúdo das solicitações iniciais. Além das exigências relativas aos salários e às condições de trabalho, se acrescentaram várias propostas de intervenção na ordem econômica, de caráter mais geral. No final da noite, a nova pauta das organizações operárias já circulava nas redações e seria publicada pelos jornais do dia seguinte.

> Os representantes das ligas operárias, das corporações em greve e das associações político-sociais que compõem o "Comitê" de Defesa Proletária, reunidos na noite de 11 de julho, depois de consultadas as entidades que fazem parte, expondo as aspirações não só da massa operária em greve como as aspirações de toda a população angustiada por prementes necessidades, considerando a insuficiência do Estado no providenciar de outra forma que não seja pela repressão violenta, tornam públicos os fins imediatos que a atual agitação se propõe, formulando da maneira que segue as condições de trabalho que, oportunamente, serão examinadas nos seus detalhes:
>
> 1º – Que sejam postas em liberdade todas as pessoas detidas por motivos de greve;
> 2º – Que seja respeitado do modo mais absoluto o direito de associação para os trabalhadores;
> 3º – Que nenhum operário seja dispensado por haver participado ativa ou ostensivamente no movimento grevista;
> 4º – Que seja abolida de fato a exploração do trabalho dos menores de 14 anos nas fábricas, oficinas etc.;
> 5º – Que os trabalhadores com menos de 18 anos não sejam ocupados em trabalho noturno;
> 6º – Que seja abolido o trabalho noturno das mulheres;
> 7º – Aumento de 35% nos salários inferiores a 5$000 e de 25% para os mais elevados;
> 8º – Que o pagamento dos salários seja efetuado pontualmente, cada 15 dias, ou, o mais tardar, cinco dias após o vencimento;
> 9º – Que seja garantido aos operários trabalho permanente;
> 10º – Jornada de oito horas e semana inglesa;
> 11º – Aumento de 50% em todo o trabalho extraordinário.

Além disto, que, particularmente, se refere às classes trabalhadoras, o "comitê" de Defesa Proletária, considerando que o aumento dos salários, como quase sempre acontece, possa vir a ser frustrado por um aumento – e não pequeno – no custo dos gêneros de primeira necessidade, e considerando que o atual mal-estar econômico, por motivos e coisas diversas, é sentido por toda a população, sugere algumas outras medidas de caráter geral, condensadas nas seguintes propostas:

1º) Que se proceda ao imediato barateamento dos gêneros de primeira necessidade, providenciando-se, como já se fez em outras partes, para que os preços, devidamente reduzidos, não possam ser alterados pela intervenção dos açambarcadores;
2º) Que se proceda, sendo necessária a requisição de todos os gêneros indispensáveis à alimentação pública, subtraindo-se assim do domínio de especulações;
3º) Que sejam postas em prática imediatas e reais medidas para impedir a adulteração e falsificação dos produtos alimentares, falsificação e adulteração até agora largamente exercitadas por todos os industriais, importadores e fabricantes;
4º) Que os aluguéis das casas até 100$000 sejam reduzidos de 30%, não sendo executados nem despejados por falta de pagamento os inquilinos das casas cujos proprietários se oponham àquela redução.

As propostas e condições acima são medidas razoáveis e humanas. Julgá-las subversivas, repeli-las é pretender sufocar a atual agitação com as carabinas dos soldados, acreditamos que seja uma provocação perigosa, uma prova de absoluta incapacidade.
O "Comitê" de Defesa Proletária crê haver encontrado o caminho para uma solução honesta e possível. Esta solução terá, certamente, o apoio de todos aqueles que não forem surdos aos protestos da fome.[111]

Além das muitas novas reivindicações, o que chama mais atenção nesse manifesto é a clara mudança de tom. Não se veem nele aquele espírito de passiva humildade nem as declarações de respeito às autoridades ou aos patrões que eram a tônica de todas as manifestações dos grevistas divulgadas até o início do movimento. O tom agora era imperativo e intransigente. Não há dúvida de que essa nova postura se deve em muito à hegemonia de militantes anarquistas que compunham o Comitê de Defesa Proletária, todos eles já muito tarimbados e, em parte, profissionalizados, que naturalmente influíam na forma das reivindicações. Mas é notável também uma mudança de fundo, que é reflexo do que ocorria nas ruas. Os operários já não pedem humildemente, mas exigem. Mesmo que essa postura não tenha surtido efeito adiante e que os ânimos serenassem com o passar dos dias, é inegável que uma mudança havia ocorrido. E suas consequências seriam de longa duração.

As lideranças anarquistas mais lúcidas tinham isso claro. *A Plebe,* logo depois da greve, já com os operários de volta aos seus postos, publicou um retrospecto do movimento que ocupou toda a primeira página do semanário. Com textos provavelmente escritos ainda no calor da hora, um dos quais comentava a proposta do dia 11 de julho:

> À Guisa de *Ultimatum*
>
> O programa comunicado aos jornais pelo Comitê de Defesa Proletária era o mínimo que um comitê de defesa, saído das multidões vencidas pela fome, espoliada, roubada e assaltada pelos cossacos do Estado, poderia reclamar.
>
> Foi, porém, a prova da manifesta boa vontade que existia de resolver o conflito por via de uma solução que, para nós, mesmo conseguida, não deixaria de ser um tanto ilusória e transitória.
>
> Noutras partes, noutros países, o que pede um comitê de Defesa Operária – um comitê que se deve considerar subversivo – estaria já proposto pelas próprias classes conservadoras como medida de defesa dos próprios interesses.
>
> Aqui, o mínimo teve, ao contrário, de ser pedido por aqueles que têm o olhar naturalmente voltado para o máximo, por aqueles que aspiram à justiça integral, ao pão para todos, ao bem-estar de todos.
>
> Estranha contradição... que nos achou condescendentes também a nós.
>
> Era necessário, aqui, pôr o Estado em prova, demonstrar toda a sua sabedoria, toda a sua capacidade, toda a sua apregoada boa vontade, celebrada pelos seus jornais, no querer o bem-estar do povo e, particularmente, do operariado.
>
> Para nós, é claro, seria uma prova supérflua, mas necessária para um povo que se atirava à sua primeira batalha de defesa da própria existência.[112]

Para os industriais, que rejeitaram liminarmente a reivindicação de aumento de 20% e o fim dos descontos "Pro-Pátria", essa lista deve ter sido uma grande surpresa e, no fim das contas, um péssimo negócio. O acordo, que seria possível enquanto a greve era apenas pontual e as ruas se mantinham na sua calma costumeira, agora havia subido muito de preço, com a cidade praticamente em pé de guerra e a certeza de que as fábricas, que ainda não haviam parado, interromperiam o trabalho nas próximas horas. Era visível para todos, e isso estava expresso nos jornais, que a situação caminhava rapidamente para um impasse de consequências imprevisíveis.

12 de julho

No dia seguinte, quinta-feira, isso ficou ainda mais claro. O Brás havia se transformado em um território duplamente ocupado, de um lado pela polícia e de outro por grupos populares, não necessariamente operários, que percorriam as ruas e se confrontavam. O comércio e as indústrias, desde o final do dia anterior, estavam totalmente paralisados. *O Combate* resume a situação:

> No Brás
> Tudo paralisado
> O bairro do Brás, foco da agitação, está com a vida normal completamente paralisada.
> O comércio quase todo cerrou as portas e a Light foi forçada a suspender o tráfego dos bondes, que eram assaltados de momento a momento.
> As ruas estão apinhadas de grevistas em ruidosas manifestações. Esse mesmo é o aspecto de toda a cidade, embora em menores proporções.[113]

O Centro da cidade, que havia funcionado precariamente no dia anterior, foi se esvaziando ao longo da manhã. A greve havia adquirido um impulso próprio e já não podia ser contida com os meios convencionais ou, pelo menos, com aqueles que vinham sendo usados até então. Ao longo do dia deixaram de circular os carros de praça, os padeiros e os leiteiros e, ainda pela manhã, o gás foi cortado. A circulação dos bondes se manteve de maneira muito irregular, diversos veículos foram apedrejados e alguns motorneiros atacados por grupos de grevistas que circulavam pela cidade. Não aderir à greve passou a ser considerado uma traição à classe operária, e os grupos mais exaltados não viam problema em atacar quem se mantivesse trabalhando, tratando os fura-greves como verdadeiros párias. A polícia, num esforço para manter a circulação dos bondes, tentou colocar um soldado armado em cada veículo, mas isso também não deu resultado e por volta da hora do almoço, a própria Light resolveu interromper a circulação, com medo dos danos causados pelas depredações. Ao meio-dia, o comércio se rendeu e fechou as portas, e os teatros e cinemas suspenderam as sessões da noite. *A Gazeta* que circulou nessa tarde a partir das 14h30 trazia notícias ainda mais alarmantes:

> A situação se agrava de momento a momento
> Amanhã a cidade não terá pão nem carne
> Assim como os empregados da Frigorífica todos os padeiros vão aderir ao movimento.[114]

O Triângulo, o coração da cidade, ficou deserto e apenas policiais e grevistas circulavam pelas ruas. Na tarde daquela quinta-feira, a cidade inteira parou e nada mais funcionava normalmente. Os jornais, impressos e distribuídos precariamente, refletindo o clima reinante, também subiram o tom das suas críticas e até esboçaram uma justificativa para os atos de violência cometidos no curso do movimento.

> Não há como negar a justiça do movimento grevista. São suas causas inegáveis: salários baixos e vida caríssima. Com eles coincide a época de ouro da indústria que trabalha como nunca e tem lucros como jamais. É natural que os operários não se conformem com essa situação e contra ela se rebelem, com ímpeto e disposição à luta por uma melhora que não pode-lhes ser recusada.
>
> Censuram-se as violências dos grevistas. Nós mesmos as temos censurado. Entretanto no fundo, não se encontraria uma justificação para essa atitude? Pais de família, que vivem sendo explorados pelos patrões, que viam a esposa em andrajos e os filhos sem pão, que veem os industriais fazendo-se milionários à custa do seu suor e de sua miséria – esses pais não podem ter a calma precisa para reclamar dentro duma lei que não os protege, antes permite que o seu sangue seja sugado por vampiros insaciáveis.

> Resultado: saem para a rua aos milhares; fazem *meetings* inflamados; exigem dos companheiros que os auxiliem, declarando-se em greve também, apedrejam as fábricas. Assaltam os depósitos de farinha de trigo e outros gêneros alimentícios. São atos que a polícia tem o direito de reprimir e que nós, que não somos um jornal demagógico, não aplaudimos. Mas a verdade é que eles se explicam perfeitamente e, tendo-se em conta a situação desesperada do proletário, os justificam até certo ponto.[115]

Mas além de justificar os conflitos, a imprensa começa também a cobrar do governo providências para disciplinar a ganância dos industriais:

> Os poderes públicos têm o dever de intervir em semelhante conflito. Cumpre-lhes evitar que a desordem perturbe a vida da cidade. A sua ação, porém, não deve fazer sentir-se somente contra os operários atirando-se contra eles o sabre e a pata de cavalo dos pretorianos. Deve influir, também, junto aos patrões impondo-lhes, pelos meios razoáveis, e ao alcance do oficialismo, concessões cuja equidade seja evidente.[116]

Essa era a opinião de *O Combate*, um dos jornais que pretendiam ser o mais próximo das reivindicações dos grevistas, entre os maiores veículos. Mas *O Estado*, insuspeito de qualquer transigência com a desordem, ia mais ou menos na mesma linha, criticando a ação do governo e o fechamento, no início da greve, da Liga Operária da Mooca.

> São, pois, muito justas, de um modo geral, as queixas dos operários. São as queixas de toda a gente que vive de salários ou de ordenados. Contudo, quando os operários trataram de exercer o seu direito de protestar e agitar a opinião, a polícia cometeu o erro de fechar a sede de uma das suas associações, como se se tratasse de um antro de facínoras. É verdade que, como já dissemos, a ação da polícia – excluída essa violência bem caracterizada e excluídos talvez alguns outros fatos isolados – tem sido calma e conciliadora. [...]
>
> Mas a polícia cometeu aquele erro, e o seu ato irrefletido não deixou de contribuir para a exacerbação de ânimos que depois tivemos de lamentar. Porque fechar violentamente uma associação, tão regular, tão legítima, tão respeitável como quaisquer outras agremiações legalmente constituídas para fins claros e honestos? A polícia julgou que, atacando de chofre o que julgava ser a cabeça do movimento

agitador, dava um passo seguro para a extinção deste. Enganou-se duplamente. Enganou-se, porque, em primeiro lugar, ao contrário de atacar a cabeça do movimento, devia garanti-la na sua liberdade, debaixo da necessária responsabilidade, para que o movimento não se desmanchasse numa agitação desorientada em que todos gritassem e ninguém se entendesse. Em segundo lugar, enganou-se porque cerrar a sede da associação não era atingir a cabeça da greve, era apenas expulsá-la, era fazê-la funcionar cá fora. Irregular e dificultosamente, em vez de operar em lugar certo e conhecido, com mais capacidade de calma e reflexão. O resultado colhido pela violência foi o que estamos vendo.[117]

A cidade foi sendo dominada por boatos, que até os jornais às vezes iam publicando e logo desmentindo. O mais temido e recorrente era o da adesão dos soldados do policiamento à greve. Ninguém ignorava que os soldos eram baixos e quase tão miseráveis quanto os salários dos operários e a carestia os atingia igualmente. Mas nenhum motim ficou registrado. Em compensação, a polícia era cada vez mais hostilizada pelos piquetes, que organizavam verdadeiras barricadas nas ruas e em muitos casos a recebiam a tiros.

O conflito mais grave dessa quinta-feira aconteceu no Brás, onde durante todo o dia se formaram inúmeras aglomerações. Por volta das 20 horas, um grande número de pessoas ocupava os largos da Concórdia e da Estação do Norte e ameaçava cercar o posto policial instalado ali. Temeroso, o delegado geral mandou isolar o local, utilizando tropas de cavalaria. Segundo o *Correio Paulistano*,[118] isso não intimidou os grevistas, que permaneceram ameaçando o posto. Ao tentar dispersar a multidão, o conflito se instalou. Um grupo de operários se entrincheirou no Café Rasga, na avenida Rangel Pestana, e em casas vizinhas. A polícia, que já havia postado quatro metralhadoras à frente da 5ª Delegacia, tentou invadir o café e desalojar os operários. Houve resistência.

> Às 20 horas, a avenida Rangel Pestana oferecia um aspecto verdadeiramente militar. Os largos da Concórdia e da estação do Norte estavam apinhados de povo, sendo certo que, para evitar um assalto, o sr. delegado geral fez isolar por completo o posto policial, empregando para isso tropas de infantaria e de cavalaria.

> Os populares, no entretanto, não ligavam grande importância ao caso, tendo ímpetos de investir contra o posto. Em tal situação, seguiram para o Brás quatro metralhadoras que foram colocadas na avenida, em frente ao prédio onde está instalada a quinta delegacia.
>
> Às 20 horas e meia, deu-se uma desordem, no interior do Café Rasga, junto às porteiras da Inglesa, e quando a polícia se dispunha a penetrar nesse estabelecimento, foi recebida com uma carga de tiros.
>
> Foi o rastilho de um espetáculo horrível, pois, volvidos poucos minutos, saiu prolongado tiroteio das janelas e dos telhados dos prédios sitos naquele local.
>
> A força caiu sobre o povo, dando cargas para o chão. [...]
>
> O tiroteio durou nada menos de cinco minutos, ficando feridas muitas pessoas, não se lhe podendo calcular o número, porque a maioria delas foi recolher-se à suas casas.[119]

O Estado publica também a versão dos operários, obtida no calor da hora, e reafirma as críticas do jornal à ação do poder público:

> Já estavam escritas as linhas acima, quando, depois de meia-noite, fomos procurados por diversos operários, que se nos queixaram de violências praticadas no Brás, com grande brutalidade, por forças de polícia, contra grupos pacíficos de trabalhadores e até contra mulheres e crianças.
>
> A respeito de tais conflitos correram numerosos boatos. Chegou-se a falar em dezoito mortos. Outros reduziam esse número, mas pintavam os fatos com cores aterradoras. Ao que nos disseram alguns membros do "comitê operário", teria havido duas mortes. Segundo as notas fornecidas pela polícia à nossa reportagem, não houve senão ferimentos. Enfim, torna-se absolutamente impossível apurar de momento a verdade exata.
>
> Entretanto, parece certo que a polícia se excedeu, e que lhe toca boa parte das responsabilidades no conflito. Este, afirmaram-no diversos operários, começou no largo de S. João, no Belenzinho, na ocasião em que se achavam calmamente reunidos muitos condutores e motorneiros da Light, que foram inopinadamente agredidos por um troço de policiais, sendo espadeirado todo o povo ali presente e disparados muitos tiros.
>
> É necessário que os srs. secretário da Segurança Pública e delegado geral coíbam de uma vez por todas os ímpetos dos seus subordinados. Pode a

polícia usar de energia e firmeza para garantir a ordem e a tranquilidade, mas é conveniente que se não confunda energia e firmeza com arbítrio, provocação e violência.[120]

O clima de confrontação era claro. Dias mais tarde, após o fim da greve, *A Plebe* publicava no seu balanço dos acontecimentos uma avaliação positiva dos embates:

> As barricadas
>
> Em vários pontos da cidade travaram-se, como é sabido, verdadeiras batalhas entre o povo e a força armada. Foram tiroteios incessantes que os grevistas heroicamente sustentaram, forçando a debandar em completa desordem numerosos contingentes da força pública. A cavalaria, sobretudo, teve o seu quinhão.
>
> No Bom Retiro e Ponte Pequena os grevistas formaram verdadeiras barricadas de onde alvejavam, num fogo certeiro e vivo, os inconscientes e militarizados defensores do Estado e do capitalismo, princípio e causa da sua própria desgraça e da desgraça daqueles que são os seus irmãos de sofrimento e miséria.[121]

Para as forças da ordem, o resultado dessa quinta-feira de greve foi de fato o mais negativo possível. *O Combate,* no dia seguinte, fez um resumo rápido:

> Os fatos de ontem à tarde e à noite
>
> Durante a tarde e a noite de ontem, a cidade toda esteve permanentemente agitada. Os operários, aos magotes, percorriam as ruas, conseguindo adesões. Assim é que o pessoal de numerosíssimas fábricas abandonou o serviço.
>
> Cerca do meio-dia, por ordem da polícia, foi suspenso o tráfego dos bondes, para evitar os distúrbios que a passagem desses veiculos provocava, dispersando a ação da polícia que precisa concentrar a sua atenção nos pontos mais agitados. Aproveitando-se do ensejo, os motorneiros e condutores resolveram exigir diversas concessões da Light em seu benefício. [...]
>
> Os *chauffeurs*, por sua vez, declararam-se em greve, solidários com o operariado e protestando contra os preços que a Standard Oil está cobrando pela gasolina. Desde o meio-dia de ontem que não havia na praça um único automóvel.

Em seguida tivemos a greve dos padeiros, que protestam contra a alta e a adulteração da farinha de trigo. Hoje houve pão no balcão de algumas padarias. Não se fez distribuição à domicílio.

Uma comissão de operários da Companhia de Gás comunicou à imprensa que os seus companheiros aderiram à greve, manifestando o seu apoio à tabela organizada pelo comitê da Defesa Proletária. Esses operários pretendem conseguir a abolição do fardamento, caso o mesmo não seja por conta da Companhia.[122]

A grande esperança do governo, o acordo dificilmente costurado pelo delegado geral, Thyrso Martins, e pelo secretário da Justiça, Eloy Chaves – que exerceram todo o seu poder de pressão sobre os industriais –, foi liminarmente rejeitado pelas lideranças operárias reunidas no Comitê de Defesa Proletária. Foram consideradas insuficientes e o portador, ilegítimo, em razão do conflito que havia acabado de acontecer no Brás e que *A Plebe* referiu no seu balanço:

> Convidados a tratar com as autoridades, os membros do Comitê de Defesa Proletária negaram-se peremptoriamente, dizendo que não apertariam a mão de quem a tinha banhada no sangue dos trabalhadores.[123]

Até mesmo o jornal *O Combate* criticou essa estratégia:

> A atitude intransigente do Comité de Defesa Operária
>
> O Comitê de Defesa Operária, que está dirigindo o atual movimento, reuniu-se ontem à noite e deliberou não aceitar as concessões feitas por intermédio do sr. secretario da Justiça, reputando-as insuficientes e insistindo integralmente no programa ontem publicado [...].
>
> Não queremos discutir aqui a razão ou sem-razão dessa intransigência. Apenas queremos estranhar o pretexto dela: a ação da polícia, à noite, na avenida Rangel Pestana. Por mais boa vontade que tenhamos para com o movimento operário e por muito que desejamos que a polícia aja com prudência, não é possível aceitar como procedentes tais razões.
>
> À vista do caráter que a agitação vai assumindo, cada vez mais violento, a polícia não tem outro caminho a seguir, se não o da repressão enérgica. A ela não cabe julgar da equidade das reclamações do proletariado: só lhe compete manter a ordem. São muito respeitáveis

os desejos dos grevistas, de melhorar a sua mais que precária situação. Mas tão respeitáveis como eles são também a tranquillidade da população e a ordem da Capital, que não pode ficar sujeita a uma perturbação que tende a agravar-se perigosamente de um momento para outro.[124]

Mas a crítica dos jornais, mesmo dos mais simpáticos ao movimento, já não podia alterar o curso dos fatos e aquela recusa retirou do Estado o seu maior trunfo, que era a sua capacidade de intermediar o interesse dos operários junto aos patrões, obrigando-os a ceder. Sem isso, o poder público se viu sem alternativas. O *Correio Paulistano* do dia seguinte deixa clara essa situação de desconcerto em que se encontrava o governo de São Paulo:

> Esse estado de coisas não se explica. Atingiu uma tal gravidade, que precisa ser corrigido a qualquer custo.
>
> Enquanto as reclamações dos operários não haviam recebido resposta que satisfizesse às suas aspirações, compreendia-se que eles se mantivessem em greve pacífica, como parecia a princípio.
>
> Mas, depois que os industriais se resolveram declarar ao sr. secretário da Justiça, a quem se deve uma espontânea influente intervenção entre as partes litigantes, que se conformavam com as duas exigências capitais dos operários (20% de aumento nos seus salários e a readmissão de todos, sem exceção dos grevistas, ao trabalho) inexplicável se tornou a insistência com que os reclamantes prosseguiram nas suas manifestações inconvenientes e revolucionárias, pretendendo novas concessões, exageradas e descabidas.[125]

Mas restou apenas o *Correio Paulistano* para enfrentar a tarefa de fazer a defesa intransigente do governo. Os demais jornais não economizaram críticas e agora era o poder público o centro delas. *O Combate* abriu fogo e fez um balanço severo da situação:

> A MISÉRIA EM REVOLTA
>
> Os operários mantém-se firmes na defesa dos pedidos que apresentaram
>
> As culpas do governo, no desespero do povo, e as suas providências de última hora

169

> Governar é prever. Mas o governo de S. Paulo não previu a greve, que era fatal. Era fatal e foi anunciada. À exceção dos jornais que recebem em palácio o *mot d'ordre* ou que têm ligações com as grandes indústrias, todos os demais profetizaram, com grande insistência, com verdadeiro clamor, a revolta da miséria.
>
> Só o governo foi cego e surdo. Dos piores, dos que não querem ver nem ouvir. Por isso é que lhe passou despercebido que o povo, a braços com a carestia da vida e asfixiado pelos impostos, tinha que explodir. Por isso é que não divisou os sinais dos tempos.
>
> O resultado aí está: O operariado declarou-se em greve. O povo todo o apoia. O comércio está perturbado. Paralisou-se o tráfego dos bondes, dos carros e dos automóveis. A indústria passa por uma tremenda crise. Nem pão teve hoje a população da Capital!
>
> Agora, pega-lhe o governo com um trapo quente. Providências de última hora são tomadas, para acalmar os ânimos. Hesita-se entre deixar a cidade em mãos da demagogia ou praticar um morticínio na repressão das desordens. Nem por isso o movimento cessou, antes vem desde o primeiro dia redobrando de intensidade.[126]

A Gazeta, não tendo mais como destacar a gravidade da situação apenas com palavras, apelou para os meios gráficos e substituiu a sua primeira página no dia 13 por um editorial em letras grandes e em fundo branco, sem imagens, apenas encimado pelo cabeçalho do jornal:

> A SITUAÇÃO
>
> Foi precisa a evidência da atual e aterradora situação para que as classes dirigentes do estado despertassem do seu embriagador otimismo e compreendessem que a vida da população paulista se tinha tornado absolutamente intolerável.

O jornal queria deixar clara a importância da sua declaração e, sobretudo, a cobrança que dirigia diretamente ao presidente Altino Arantes:

> É indispensável que o sr. presidente do Estado, cujo patriotismo reconhecemos e cuja competência ninguém contesta, enfrente resolutamente a situação dentro da órbita de poderes que a Constituição lhe confere, sugerindo as medidas que o magno problema está a reclamar.

E vai direto ao coração da questão, aquela que intranquilizava toda a elite no poder e que era muito maior que os limitados interesses dos industriais paulistas afetados pela greve:

> Tome o governo a iniciativa das providências legais, se não quer contemplar amanhã a obra de desorganização propagada pelo interior do Estado, e paralisado o braço do trabalhador rural, que é o sustentáculo da nossa lavoura.[127]

Sem alternativas viáveis e com um escasso apoio da imprensa, o governo de São Paulo resolveu convocar, na quinta à noite, os representantes dos jornais para tentar, ao menos, dividir com eles as responsabilidades. O secretário da Justiça reuniu, no seu gabinete, os dirigentes de toda a grande imprensa da cidade. Compareceram Nestor Pestana, de *O Estado de S. Paulo*; Valente de Andrade, pelo *Jornal do Commercio*; Ângelo Pocci, pela *Fanfulla*; José Maria Lisboa Junior, pelo *Diário Popular*; Antônio Figueiredo, por *A Nação*; Nereu Rangel Pestana, por *O Combate*; Paulo Mazzoldi. pelo *Il Piccolo*; João Castaldi, por *A Capital*; J. Eiras, pelo *Diário Espanhol*; e Carlos de Campos, pelo *Correio Paulistano*. Estavam presentes os maiores jornais da capital, através dos seus principais nomes, mas o representante do *Correio Paulistano* estava longe de ser apenas mais um jornalista. Carlos de Campos era o diretor responsável do *Correio*. Nisso não havia nada de excepcional, pois os outros representantes da imprensa eram também diretores dos seus veículos e havia vários proprietários de jornais na reunião. A diferença não estava aí. Carlos de Campos era filho de Bernardino de Campos, ex-ministro da Fazenda e duas vezes presidente do Estado. Parlamentar e liderança política há décadas, era naquele momento senador estadual – no ano seguinte seria eleito deputado federal e, em 1924, presidente do Estado. Não era qualquer um, e a sua presença indicava tanto a importância que o governo estava dando ao conflito quanto o envolvimento íntimo da nata do PRP na direção do principal jornal governista.

Segundo o *Correio*:

171

> S. exe. solicitou o concurso dos jornalistas [...] obtendo de todos a promessa de contribuírem com o seu conselho para que os operários não insistam em conservar-se na atitude atual, que só males pode acarretar a todas as energias do Estado, fazendo-lhes cientes dos propósitos dos nossos dirigentes, dispostos a promover remédios para os defeitos e falhas do organismo operário que dependem da ação oficial.
>
> Em seguida, o sr. dr. Eloy Chaves ouviu os representantes da imprensa sobre as pretensões dos operários e os meios que consideravam mais oportunos e seguros de acudi-las [...].[128]

13 de julho

E a sexta-feira, 13, começou confirmando os piores temores do governo e da polícia.

A desorientação do poder público ficava bem expressa no editorial do *Correio Paulistano*, que, ao contrário de todos os outros jornais, finalmente descobrira o "real culpado" de toda aquela situação:

> O súbito e violento aspecto que assumiu, ontem, o movimento grevista de alguns elementos operários desta capital, surpreendendo a todos pelo seu inesperado contraste com a feliz e oportuna mediação oficial, que logrou pronta e completa solução para as reclamações até então feitas aos industriais, teve, afinal, o seu esclarecimento: foi obra de exploradores anarquistas que, iludindo a boa-fé dos nossos homens de trabalho e os seus pacíficos propósitos, tentaram, por aquela forma, desviá-los do terreno regular e propício às honrosas acomodações, para lançá-los à desordem e à mazorca, que nada resolvem e antes de tudo perturbam e danificam.[129]

A constatação bombástica do jornal oficial, no entanto, não impediu que os acontecimentos seguissem o seu curso. Os boatos tomavam conta da cidade e praticamente ninguém mais saía à rua. Em muitos bairros e na área central já não havia lampiões de iluminação pública intactos, despedaçados em sua maioria na tarde e na noite anterior. Logo cedo, os tumultos chegaram ao Centro junto com um grupo de grevistas, que tentou paralisar uma fábrica de malas na rua Florêncio de Abreu, a poucos metros do largo São Bento, no coração da cidade. A tentativa terminou em tumulto, com os grevistas apedrejando o prédio até que a fábrica fosse fechada. Também de manhã, um grupo, que a cavalaria tentou dispersar, se entrincheirou nas obras da nova catedral na praça da Sé e dali atirou na polícia. O tiroteio espantou de vez qualquer incauto que pretendesse circular pelo Centro, que já não tinha quase nenhum movimento.

Mas os dois mais graves incidentes do dia ocorreram em pontos diferentes da cidade e longe dos focos de tumulto iniciais. Na Barra Funda, por volta de 11 horas, um grupo investiu contra um bonde que seguia protegido por dois soldados. Houve um breve tiroteio e uma bala atingiu uma menina de 12 anos que assistia a tudo na porta de casa. A ambulância, com dois médicos, chamada para socorrê-la foi também atacada. Segundo *O Estado*:

> [...] a fim de ser socorrida a infeliz vítima, seguiram em ambulância para o local os médicos srs. Luciano Gualberto e Pedro Nacarato, acompanhados de um enfermeiro.
>
> Se deplorável era o que até ali se passara, deplorável foi o que depois se passou. Os populares atacaram a ambulância, voltando-se furiosos contra os dois médicos que ali iam no cumprimento de um dever, pretendendo linchá-los. O dr. Luciano, tirando do bolso um revólver, que por sinal estava descarregado, apontou-o aos exaltados, conseguindo amedrontá-los.
>
> Houve algumas correrias, sendo preso pelos médicos um agitador, que foi removido para a Central. Os clínicos, depois voltaram as suas atenções para a criança ferida, transportando-a para a Assistência. Infelizmente a menina não pode resistir à gravidade da lesão, tendo pouco tempo de vida.[130]

No início da tarde, a mesma cena se repetiu na rua Augusta, com um grupo que também tentou tomar posse de um bonde. O soldado que protegia o veículo atirou e atingiu um dos manifestantes, que morreu imediatamente. A polícia já não tinha meios de atender a todos os chamados, e as depredações se multiplicaram e alcançavam agora todos os bairros.

> A polícia, tendo ciência de que por todos os bairros da cidade estavam sendo praticadas depredações, danificando-se carrocinhas de pão, de leite, verdura etc., para lá fazia seguir forças, sendo enorme o movimento que nesse sentido se fez de tropas durante todo o dia.[131]

Durante a sexta-feira, os conflitos se ampliaram e os jornais encheram páginas inteiras com relatos circunstanciados de tiroteios, tentativas de invasão de estabelecimentos comerciais, tumultos diversos e espalhados por praticamente toda a cidade. Os Correios anunciaram que diminuiriam a coleta e distribuição de correspondência. Todos os jornais traziam listas de feridos encaminhados à Assistência Pública, com dezenas de nomes.

À tarde, numa mudança de postura em relação aos comunicados anteriores, o delegado geral convocou uma espécie de toque de recolher informal:

> Ao povo
>
> As pessoas ordeiras devem evitar aglomerações nas ruas e mesmo sair de suas casas à noite.
>
> A polícia está agindo com toda a energia contra os desordeiros contumazes e contra os anarquistas que há dias vêm atentando contra a ordem pública.
>
> O delegado geral, Thyrso Martins.[132]

E, ao mesmo tempo, procurava proibir as reuniões:

> Ao Público
>
> Em vista das agitações promovidas por desordeiros e elementos exaltados da classe dos operários, e em benefício mesmo dos trabalhadores pacatos, a polícia não permitirá reuniões nas praças e ruas públicas.
>
> Dissolverá pela força os que pretenderem ir de encontro a esta resolução.
>
> S. Paulo, 13-7-1917, O delegado geral, Thyrso Martins.[133]

O governo distribuiu um comunicado também às prefeituras do interior, solicitando a sua colaboração no envio de soldados das guarnições locais, no que foi atendido. Mas parecia já claro para todos que a questão não poderia ser resolvida com mais policiamento e, no fim do dia, um grupo de jornalistas reunido na redação de *O Estado* resolveu convocar os participantes do encontro do dia anterior no gabinete do secretário da Justiça, e os outros proprietários e dirigentes de jornais que se dispusessem, para uma reunião, às 22 horas dessa noite, na sede do jornal. O objetivo era encontrar uma solução para o impasse que se havia construído e que envolvia toda a cidade. O horário escolhido era estratégico, porque permitiria convocar todos os interessados, e realizar a reunião ainda a tempo de ter o que se decidisse publicado nos jornais matutinos. O resultado desse encontro saiu na primeira página de quase todos os jornais paulistas, inclusive de *O Estado*, que como já foi referido, só se permitia isso em casos muito excepcionais.

A GREVE

Impressionados pelo estado de agitação em que se encontra a cidade de S. Paulo e pelas dolorosas ocorrências que se têm desenrolado nos últimos dias;

considerando ao mesmo tempo que nada justifica semelhante situação, visto como não parece haver excessos de intransigência nem do lado dos industriais, nem do lado dos grevistas, só faltando um meio prático e eficaz de se porem de acordo as partes em conflito;

os representantes da imprensa, abaixo assinados, cedendo exclusivamente às simpatias que nutrem pela causa do operariado e ao desejo de ver a cidade restituída à ordem e calma habituais, resolvem tomar a iniciativa de uma mediação entre os reclamantes, de um lado, os industriais e representantes dos poderes públicos, do outro, confiando em que os seus esforços serão por todos bem compreendidos e sinceramente auxiliados.

Nesse intuito pedem ao Comitê de Defesa Proletária que nomeie uma comissão autorizada para entrar em negociações com os industriais e com o governo, por intermédio da comissão de imprensa.

Essa comissão de operários deverá comparecer a uma reunião amanhã dia 14, às 16 horas, na redação do "Estado", comprometendo-se os abaixo assinados, sob palavra de honra, a guardar absoluta reserva sobre tudo quanto for estranho aos termos exclusivos das últimas propostas formuladas em nome dos grevistas.

Estabelecido o mínimo das reclamações dos operários, será lavrada uma ata da reunião e a comissão de jornalistas procurará imediatamente entender-se com os srs. industriais e com os representantes do governo, no sentido de obter o máximo de concessões em favor do operariado.

A comissão abaixo assinada não só espera que, por esta forma, se encaminhará facilmente a desejada solução do atual conflito, como está convencida de que por outra maneira não se conseguirá pôr um termo feliz a tão complicada e perigosa situação,

S. Paulo, 13 do julho de 1917.

Valente de Andrade, "Jornal do Commercio"; dr. Humberto Serpieri, "Fanfulla"; dr. J. M. Lisboa Junior, "Diário Popular"; Paulo Moutinho, "Gazeta"; Valdomiro Fleury, "A Plateia"; João Castaldi, "A Capital"; Paulo Mazzoldi, "Il Piccolo"; Nestor Pestana, "Estado de S. Paulo"; Amadeu Amaral, "Estado do S. Paulo"; João Silveira Junior, "Correio Paulistano".

NOTA – Faltam os representantes de outros jornais da tarde, que não foram encontrados devido à urgência das decisões a tomar, mas ficam convidados a incorporar-se à comissão, desde que estejam de acordo com o que ficou resolvido.[134]

14 de julho

No dia seguinte, um sábado, pouco depois do meio-dia, os industriais convocados também pelo Comitê de Imprensa começaram a chegar à sala da chefia de redação de *O Estado,* na praça Antônio Prado. Embora houvesse o "compromisso de reserva", o vespertino *Diário Popular* publicou naquele mesmo dia um relato completo da reunião.[135]

Vários dos grandes capitães de indústria da cidade compareceram, o que representava, por si só, uma forma indireta de rendição: Rodolfo Crespi, dono do Cotonifício Crespi, pivô da greve e o mais intransigente dos industriais, veio acompanhado de seu irmão; Pinotti Gamba, dono dos Moinhos Gamba; Alessandro Siciliano, da Cia. Mecânica e Importadora; os ingleses, G. Ford e B. Smith, da Alpargatas; Jorge Street, o industrial mais simpático à causa dos operários, e alguns mais. Ermelino Matarazzo, filho e braço direito de Francisco Matarazzo, foi um dos últimos a chegar. O número não era grande, mas os nomes tinham peso e representavam a nata da indústria paulista.

Nestor Pestana, o anfitrião representando *O Estado,* juntamente a Amadeu Amaral, abriu a reunião e apelou em favor dos operários, ressaltando ainda a "necessidade imperiosa de que a calma e a normalidade voltassem à cidade". Pinotti Gamba, o primeiro industrial a falar, pediu que se formasse uma comissão para melhor estudar as questões propostas, mas acabou reconhecendo a necessidade de um acordo imediato que pusesse fim à greve, e finalmente aceitou o aumento de 20%, que fora a reivindicação original dos operários. No entanto, pediu que o Comitê de Imprensa fizesse um apelo para que os operários voltassem imediatamente ao trabalho. Em seguida falou Jorge Street, que logo de início se declarou a favor das reivindicações dos trabalhadores. Fez o discurso mais longo e parecia querer demonstrar aos donos de jornais que a greve não era sua responsabilidade e que, como industrial, tinha uma posição totalmente diferente da dos demais capitães da indústria. Declarou que, desde o início, concordara com o aumento de 20% e que "na sua fábrica os operários dispunham de um armazém onde os gêneros mais necessários eram vendidos a preço de custo e mais baratos do que no comércio". Contou também que oferecia a seus empregados moradia a preço reduzido e ajuda quando eles adoeciam ou eram hospitalizados e, nesses casos, eles ainda recebiam 50% do pagamento, mesmo sem trabalhar. Manifestou, porém, restrições ao compromisso de pagamento dos salários com pontualidade que, segundo ele, seria muito fácil para as pequenas empresas, mas impossível para as grandes indústrias. Também disse não ver com bons olhos a proibição do trabalho infantil:

> Segundo o modo de ver do Sr. Street, essas crianças estão melhor nas fábricas do que nas ruas ou ao abandono em suas casas. A culpa principal é dos próprios pais, operários também, que muitas vezes levam atestados de crianças, dizendo terem 12 anos, quando se vê que elas têm menos. Por seu lado acha preferível guardá-las.
>
> Aqui o Sr. Street foi interpelado por alguns colegas de imprensa, que acham conveniente a dispensa dos menores. O Sr. Street responde, em resumo, que sendo bem tratados, é preferível que trabalhem, pois são um grande auxílio para a família.

> Expõe a manutenção que sustenta de escola e creche para a sua oficina, dizendo que muitos industriais podiam tratar também do assunto.
>
> "Isso compete ao Governo", interpelam, na quase totalidade, os outros industriais.[136]

O diretor de *O Combate* se sentiu na obrigação de insistir na questão do trabalho dos menores:

> O nosso colega do *Combate*, o Sr. Nereu Pestana, falou a seguir sobre o trabalho dos menores nas fábricas, objetando que os industriais estão sempre prontos a aceitá-los, sem pensar na responsabilidade dos resultados.[137]

Com relação ao trabalho noturno e à jornada de oito horas, as divergências também se repetiram.

> Quanto aos trabalhadores noturnos, com menos de 18 anos, o Sr. Street disse que não se podia resolver de momento e que esse artigo, assim como o que diz respeito ao trabalho noturno das mulheres, não é da alçada dos industriais, mas sim do Governo.
>
> Quanto à jornada de 8 horas e semana inglesa, o Sr. Jorge Street, diz depender essa medida do Governo Federal.[138]

Street, no entanto, concordava com os demais pontos das reivindicações dos operários, principalmente no que dizia respeito à livre associação, e garantiu que nunca lhe passou pela cabeça demitir nenhum empregado por causa da greve. Finalmente, pediu "que a imprensa lembre aos operários o acordo, a paz e o amor, para que não haja mais dificuldades e indisposições". Ao final, "todos os industriais presentes aceitaram as reclamações dos grevistas, dentro do possível".

Depois de duas horas de debates, os jornalistas redigiram um comunicado ao povo e aos operários de São Paulo, que todos os jornais publicaram:

> Os industriais abaixo assinados reunidos em assembleia a convite da Comissão de Imprensa que ontem se reuniu nesta capital, atendendo às ponderações que a mesma comissão lhes fez em relação à urgente necessidade de se normalizar a vida da cidade, perturbada pela greve, resolvem:

Manter a concessão feita de vinte por cento sobre os salários em geral;

Afirmar que não será dispensado do serviço nenhum operário que tenha tomado parte na presente greve;

Declarar que respeitarão absolutamente o direito de associação dos seus operários;

Efetuar os pagamentos dos salários dentro da primeira quinzena que se seguir ao mês vencido;

Consignar que acompanharão com a máxima boa vontade as iniciativas que forem tomadas no sentido de melhorar as condições morais, materiais e econômicas do operariado de São Paulo.

R. Crespi, Jorge Street, Boyes e Comp., E. P. Gamba, G. H. Ford e B. T. Smith, pela S. Paulo Alpargatas, A. Ciciliano [sic], C. Panayotti e Comp., Ermellino Matarazzo pela S. A. Indústrias Reunidas F. Matarazzo; George A. Craig, pela viúva Craig e Cia., Pocai e Comp., P. Sarcinnelli, Nestor Rangel Pestana, "Estado de S. Paulo", Valente do Andrade, "Jornal do Commercio"; Paulo Mazzoldi, "Piccolo"; E. Holtender, "Messager de S. Paulo"; João Silveira Junior, "Correio Paulistano"; Waldomiro Fleury, "Plateia"; Umberto Serpieri, "Fanfulla"; E. França Ferreira, "Diário Alemão"; Felippe do Lima, "A Propaganda"; João Castaldi, "A Capital"; Nereu Rangel Pestana, "O Combate"; A. A. de Covello, "A Gazeta"; J. M. Lisboa Junior, "Diário Popular"; José Eiras Garcia, "Diário Español"; Antonio Figueiredo, "A Nação"; Henrique Geenen, "Germania".[139]

Naquele mesmo dia, às 16 horas foi a vez do Comitê de Defesa Proletária (CDP) se reunir com os jornalistas. Essa reunião foi mais longa e mais difícil e, depois de várias horas, a comissão operária pediu para se reunir em separado para decidir. De volta, o Comitê declarou aceitar as condições oferecidas pelos industriais, desde que o poder público se comprometesse com outras medidas de sua responsabilidade. A Comissão de Imprensa se comprometeu a fazer essa proposta ao governo, marcando uma nova reunião com o CDP para o domingo às 21 horas.

O sábado transcorreu muito mais tranquilamente do que os dias anteriores. Os cafés e as confeitarias da área central voltaram a funcionar e o tráfego de veículos foi restabelecido, "correndo bondes em todas as linhas".[140] Mas o medo ainda persistia:

179

> O aspecto geral da cidade só não foi o mesmo dos dias anteriores porque o policiamento ainda continua reforçado. Nos bairros os contingentes de cavalaria continuam a percorrer as ruas para evitar as aglomerações, sem, entretanto, ser obrigados a usar das medidas extremas. [...]
>
> Muitas carrocinhas de leite, [...] bem como as de padarias, circularam todas livremente.
>
> Os bondes da linha do Brás, que lá não trafegavam há três dias, começaram a circular ontem. Logo pela manhã, antes das 5 horas, o dr. Bandeira de Mello, delegado da 5ª circunscrição, fazendo-se acompanhar de um contingente de praças de infantaria, se dirigiu para a estação que a Light mantém na Av. Celso Garcia, esquina com a rua José do Alencar, tomando todas as providências necessárias para que os bondes saíssem sem perigo de ser assaltados. Os motorneiros e condutores, receosos de irem despertar a cólera dos grevistas por voltarem ao trabalho, relutaram a princípio em pôr os veículos em movimento. Afinal, graças aos esforços da autoridade de polícia e à boa vontade dos operários, saíram para a rua todos os bondes; levando cada qual um soldado de carabina embalada ao lado do motorneiro.
>
> Durante todo o dia os bondes de todas as linhas trafegaram regularmente, sem o mais ligeiro incidente.[141]

À tarde, na praça atrás do Hipódromo da Mooca, 4 mil operários se reuniram pacificamente.

15 de julho

No domingo, a Comissão de Imprensa se reuniu com o presidente do Estado, Altino Arantes, e o secretário da Justiça, Eloy Chaves, no Palácio dos Campos Elísios, da qual se fez uma ata que os jornais publicaram:

> A Comissão de Imprensa, que se organizou nesta capital com o fim de obter um acordo entre as partes em conflito e assim pacificar os espíritos e fazer voltar a cidade à sua ordem e calma habituais, reuniu-se, às 15 horas, em palácio, solicitando do exmo. sr. presidente do Estado uma audiência, que lhe foi prontamente concedida, achando-se a ela presente o exmo. sr. secretário da Justiça.
>
> Nessa reunião foram expostas à s. exe. as reclamações do operariado de S. Paulo, consubstanciadas nas propostas do Comitê de Defesa Proletária,

sendo essa exposição atentamente ouvida pelo sr. presidente, assim como pelo sr. secretário.

Passando-se à discussão das mesmas, ficaram assentadas as seguintes resoluções:

a) o governo porá em liberdade, imediatamente após a volta dos operários ao trabalho, todos os indivíduos presos por motivos estritamente relativos à greve, isto é, excetuados apenas os que forem réus de delito comum, os quais, aliás, não são operários;
b) o governo, como costuma proceder, e baseado nas leis e na jurisprudência dos nossos tribunais, reconhecerá o direito de reunião, quando este se exercer dentro da lei e não for contrário à ordem pública;
c) o poder público redobrará de esforços para que sejam cumpridas em seu rigor as disposições de lei relativas ao trabalho dos menores nas fábricas;
d) o poder público se interessará, pelos meios ao seu alcance, para que sejam estudadas e votadas medidas que defendam os trabalhadores menores de 18 anos e as mulheres no trabalho noturno;
e) o poder público estudará [...] minorar o atual estado do encarecimento da vida, dentro da sua esfera de ação, procurando, outrossim, exercer a sua autoridade, oficiosamente, junto do grande comércio atacadista, de modo a ser garantido aos consumidores um preço razoável para os gêneros de primeira necessidade;
f) o poder público, aliás no desempenho de um dever que lhe é muito grato exercer, porá em execução medidas conducentes a impedir a adulteração e falsificação dos gêneros alimentícios.

A comissão cumpre o dever de deixar aqui exarada que estas promessas, enumeradas e resumidas acima, foram todas detidamente explicadas pelo sr. presidente e pelo sr. secretário da Justiça, que revelaram não só pleno conhecimento das questões correspondentes, como também intenso desejo de conciliar as numerosas dificuldades antepostas à ação do governo, em qualquer época, ainda quando as suas intenções são as melhores.

Esta ata foi lida a ss. exes. antes de ser assinada pelos membros da Comissão de Imprensa, merecendo a sua aprovação.

S. Paulo, 15 de julho de 1917.[142]

Às 21 horas, como previamente combinado, reuniram-se novamente os membros da Comissão de Imprensa e o Comitê de Defesa Proletária e, depois de mais de duas horas de discussão, o Comitê resolveu aceitar as propostas dos industriais e do governo do Estado, fazendo ressalvas de que retomariam o movimento em caso de não cumprimento dos termos do acordo. Ficou acertado que os operários se reuniriam na segunda-feira, ao meio-dia, no Teatro Colombo, no Brás e, às 16 horas no Ipiranga e na Lapa, para aprovar formalmente o que se havia combinado. De todo modo, a volta ao trabalho ficava já marcada para a terça-feira, 17 de julho, quando a greve oficialmente terminaria.

Uma "radiosa alvorada"

Já no domingo, a vida da cidade havia voltado inteiramente ao normal. O Triângulo voltou a ser ocupado pelos seus habituais frequentadores, os bondes voltaram a circular sem restrições, os cafés e os cinemas funcionaram normalmente.

> A cidade já ontem apresentou o aspecto tranquilo dos seus dias normais, sendo a população abastecida de pão, leite e carne com a mais perfeita regularidade. O pequeno comércio, apesar de ser domingo, abriu as portas até a uma certa hora do dia, para os fornecimentos à sua clientela.
>
> Os bondes trafegaram em todas as linhas, com exatidão de horário, mas ainda guardados pela polícia de armas embaladas.
>
> Foi pequeno o movimento de outros veículos, tendo circulado alguns automóveis de "*garage*" e carros de praça. Todos os teatros, cinemas e outras casas de diversão funcionaram francamente, com regular concorrência.[143]

Apesar do acordo geral, diversos industriais ainda resistiram por alguns dias. Mas logo as reclamações foram se tornando raras e a imprensa comemorou tanto o fim da greve quanto o seu papel no desenlace do conflito.

Cada jornal o fez ao seu estilo.

A Gazeta não economizou adjetivos e festejou os resultados, destacando o novo papel que os operários passavam a exercer:

Radiosa Alvorada

Foram enfim satisfeitas as reclamações formuladas pelo operariado paulista e está felizmente terminada a greve geral que por tantos dias trouxe paralisada a atividade industrial da cidade. [...]

A simpatia pública não hesitou em acompanhar essa impressionante corte de infelizes, que abandonavam as oficinas em massa, e vinham para a rua fazer a pública confissão de sua miséria, pedindo aos patrões um aumento de salário para suavização de suas dificuldades, aos poderes públicos um pouco de zelo pelas suas necessidades e à sociedade um pouco de comiseração pelo seu incompreendido movimento. E durante muitos dias o espetáculo contristador desses infortúnios implantava-nos no espírito a convicção da justiça de suas pretensões, hoje plenamente reconhecidas e inteiramente sancionadas pelo beneplácito dos industriais e do próprio governo.

Não é, porém, o valor insignificante do aumento de salário que deve causar a maior satisfação dos operários. A realidade dessa vantagem material é nada, em confronto com a magnitude dos princípios reconhecidos pelos industriais e pelo governo de S. Paulo [...].

E quando evocamos as peripécias das lutas sustentadas pelo proletariado de todo o mundo, para a consecução do importantíssimo objetivo que ontem os operários de S. Paulo alcançaram; quando recordamos a figura de tantos mártires que pereceram no patíbulo, no cárcere, ou nas desoladoras planícies da Sibéria, para a realização do grande ideal socialista, não podemos deixar de reconhecer a importância da extraordinária vitória obtida pelos trabalhadores em S. Paulo, onde o poder constituído profere a declaração oficial de reconhecimento do problema operário e assume o compromisso formal de cooperar diretamente para a sua solução.[144]

São Paulo, assim como as grandes metrópoles da Europa e dos Estados Unidos, também vivia os conflitos sociais do mundo moderno. Essa era a constatação que *A Gazeta* fazia com uma certa euforia. Mas o jornal ia além e insinuava que, talvez melhor que elas, a cidade de São Paulo tenha conseguido encaminhá-los. As indústrias, a grande massa de operários e a greve eram manifestações concretas do desenvolvimento que a cidade havia atingido. De certa maneira, o desfecho do conflito demonstrava a pujança de São Paulo e a sua capacidade de equacionar um problema que desafiava as outras grandes capitais.

E nesse novo mundo, São Paulo reconhece, o operariado iria assumir um novo papel:

> Mas o que está feito, ninguém mais desmanchará. E o operariado paulista tem o direito de reivindicar exclusivamente para si, ao Brasil, a glória de se impor como uma verdadeira força política organizada, propagando o reconhecimento de princípios substanciais que lhe asseguram a possibilidade de novas conquistas. Na significação moral da vitória deve o operariado de S. Paulo encontrar hoje o mais legítimo motivo do seu extraordinário entusiasmo.
>
> E saudando na pessoa de cada trabalhador um indiscutível fator do nosso progresso industrial econômico e político é de desejar-se que a radiosa alvorada que hoje desponta esteja para o proletariado brasileiro o prenúncio de uma época em que tenha de intervir na vida do país como um forte partido político definido pela bandeira de um programa.[145]

A imprensa também podia comemorar em razão do papel relevante que teve nesse resultado:

> A imprensa de S. Paulo compôs ontem, pela sua benéfica influência, uma das mais belas páginas da história política de S. Paulo. Fundamente impressionada com a manifesta gravidade do extraordinário movimento paredista, que bruscamente vinha quebrar a normalidade da vida econômica da capital e do Estado, ameaçando assumir proporções colossais, que trariam as mais perniciosas e funestas consequências para a sociedade, resolveu intervir no conflito como um desapaixonado órgão de conciliação e tentar, pela simples e única força de seu alto prestígio moral, remover os obstáculos que estavam contribuindo para a perdurabilidade de uma situação extremamente delicada e sobre a qual pairavam as sombras dos mais tristes presságios. [...]
>
> Alcançou plenamente o seu alto objetivo e teve a incontestável glória de consagrar pelo batismo do reconhecimento oficial a questão operária que é talvez o maior problema da atualidade.[146]

O *Correio Paulistano* não via as coisas da mesma maneira. Embora festejasse o resultado, não podia deixar de ressaltar a intromissão indevida de "elementos revolucionários e anárquicos" que eram estranhos à classe operária e que tentaram levar os trabalhadores na direção oposta dos seus verdadeiros interesses. Graças "à ação eficaz do governo e de outras apreciáveis influências", obteve-se "um feliz desfecho". Mas não deixa de advertir os operários e os seus patrões de que devem ter "a consciência exata dos recíprocos direitos e procurem respeitá-los sem relutância" para o bem e o progresso do estado de São Paulo. Assim procedendo, fariam jus ao "*aplauso da opinião*" que o *Correio*, naturalmente, expressava:

> Hoje se normalizará o trabalho e se restaurará a harmonia das duas correntes que, por espaço de alguns dias, estiveram separadas e que só podem viver e prosperar unidas e confiantes uma na outra.
>
> Decerto no correr dos últimos sucessos não reinou a desejável calma no ânimo dos reclamantes, insuflados por elementos revolucionários e anárquicos, quase todos alheios à classe e que – maus conselheiros – conduziram os honrados trabalhadores à prática de excessos deploráveis com os quais os seus primitivos propósitos pacíficos não concordavam.
>
> Mas, já agora, que a ação eficaz do governo e de outras apreciáveis influências lograram um feliz desfecho para a situação anômala que atravessamos, é preciso que não se reproduzam perturbações no organismo do trabalho, a pretexto de pugnas que afetem interesses mínimos das duas partes ora reconciliadas e que podem, decerto, ser resolvidas por um cordial entendimento.
>
> Tenham operários e patrões a consciência exata dos recíprocos direitos e procurem respeitá-los sem relutância, a bem do sossego público e da marcha regular das atividades e do progresso deste grande Estado.
>
> Conquistarão assim os justos ideais a que aspiram e, com eles, o aplauso da opinião.[147]

Para além das comemorações, o *Correio* fazia também um balanço bastante severo do processo. No dia 20, o jornal publicou matéria retirada do diário carioca *O País*, que transcreve o discurso do líder da bancada paulista na Câmara Federal e que de certa forma resume a posição do governo de São Paulo e, por conseguinte, a do próprio jornal.

> Ainda ontem, discursando, na Câmara, sobre esse assunto, o sr. Álvaro de Carvalho, "*leader*" da bancada paulista, mostrou como, ao contrário do que se tem pretendido insinuar, os homens de governo do seu Estado não contrariam as aspirações legítimas do proletariado, que hão de ser satisfeitas. [...]

> O sr. Álvaro de Carvalho colocou admiravelmente a questão, separando o joio do trigo, isto é, referindo a parte que na greve tiveram operários e anarquistas.
>
> E isso foi o bastante para pôr em evidência a correção do governo paulista, que, aliando-se às justas pretensões dos trabalhadores, soube, no entanto, repelir e castigar as explorações anarquistas.
>
> Os operários, conforme é sabido, ganhavam os mesmos salários de cinco anos passados. Há dois anos, pelo menos, as indústrias conseguiram aumentar seus lucros de mais de 300 ou 400%. Todavia, os patrões, assim enriquecidos subitamente, à custa, em grande parte, do trabalho de seus operários, não se lembraram de lhes melhorar as condições de vida, não para que elas ficassem mais prósperas do que eram há três ou cinco anos passados, mas unicamente para que de algum modo não se afastassem muito do que eram naquele tempo, pois, à medida que os patrões ganhavam mais 400%, os operários – firmes no salário antigo – viam os gêneros de primeira necessidade, os alimentos frugais do pobre, aumentarem de preço, na razão – muitos deles – de mais de quinhentos por cento!
>
> Ora, esse desequilíbrio era e é iníquo. À medida que os patrões multiplicam a sua fortuna, à custa do trabalho alheio, não é justo que a recompensa para os que contribuem para esse mirífico bem-estar seja a miséria, a fome, o aniquilamento.
>
> O sr. Altino Arantes, desde o primeiro dia da grande greve, colocou-se ao lado das pretensões do operariado e a agitação só cedeu quando o governador de S. Paulo peremptoriamente se dispôs a patrocinar o aumento dos salários e a defesa da saúde dos proletários, pela regulamentação das horas de trabalho para todos e das condições especiais em que devam ser utilizadas as forças das mulheres e crianças no interior das fábricas.
>
> A justiça da causa dos grevistas era transparente. A opinião do sr. Altino Arantes foi partilhada por toda a população, até que os anarquistas estrangeiros – porque essa raça não fez ainda prosélitos indígenas – resolveram tirar partido da situação, procurando perverter a ordem social estabelecida juridicamente pelo Estado.[148]

Além de fantasiar o papel do presidente do Estado na solução dos impasses da greve e contra a opinião dos outros jornais, o *Correio* foi progressivamente ressaltando o papel dos anarquistas no movimento, até colocá-los finalmente como figuras centrais do processo e, sobretudo, como responsáveis pelos tumultos – protagonizados por eles – que se impuseram aos objetivos iniciais dos operários, originalmente pacíficos. Apesar da ênfase quase obsessiva na questão do papel dos anarquistas, o jornal não deixou de cobrar dos industriais o que considerava ser da sua responsabilidade. E o fez com grande severidade. A situação criada pela guerra havia permitido aos industriais e aos grandes comerciantes com acesso ao mercado externo explorar o desequilíbrio dos preços internos e externos e, com isso, auferir lucros extraordinários. Esse "desequilíbrio era e é iníquo", disse o jornal. A conclusão era simplíssima: "À medida que os patrões multiplicam a sua fortuna, à custa do trabalho alheio, não é justo que a recompensa para os que contribuem para esse mirífico bem-estar seja a miséria, a fome, o aniquilamento". É importante não se perder de vista o uso da expressão "multiplicam a sua fortuna à custa do trabalho alheio", que não só contesta os elevados ganhos dos industriais como retira deles a sua legitimidade, pois não são ganhos obtidos à custa do próprio trabalho e do próprio capital, mas sim da exploração iníqua do trabalho alheio.

O Estado de S. Paulo, fiel ao seu estilo racional e analítico, fez um histórico do conflito, ressaltando o papel dos jornalistas e cobrando a cota de responsabilidades dos diversos protagonistas.

SOLUÇÃO FELIZ

Está concluído o conflito que há vários dias surgiu entre operários e patrões, nesta capital. [...]

Não foi fácil a missão que os jornalistas levaram a cabo. Foi mesmo a dificuldade e o perigo da situação que os levaram a intervir. O que víamos, até o dia 13 à noite, era uma situação muito séria, muito tensa e insolúvel pelos meios e processos conhecidos. Naquele dia, infelizmente, a polícia havia abandonado a sua primitiva atitude para assumir uma ação repressiva e enérgica – diziam os seus boletins – em vista de atos delituosos cometidos por indivíduos amotinados. Os grevistas, de sua parte, se achavam tanto mais dispostos a continuar a resistência e a dar ainda maior amplitude ao movimento quanto julgavam ver na atitude da polícia uma coação e uma ameaça, ou seja, um novo motivo a juntar-se aos das reclamações e protestos precedentes. Desta forma,

> os oferecimentos de mediação feitos pelo sr. delegado geral aos operários pacíficos, por sinceros que fossem, não podiam ser aceitos pelos grevistas, visto partirem do mesmo poder que, exercendo uma ação repressora, os colocava na possível alternativa de serem acolhidos como ordeiros, ou apanhados como desordeiros.
>
> Nestas condições, impunha-se a interferência de uma entidade efetivamente capaz de encaminhar a conciliação desejada por todos – pela polícia, pelos patrões, pela população alarmada e pelos próprios grevistas, que não reclamavam por capricho, como é compreensível, nem por excesso de confiança na sua força, visto como essa força já estava demonstrada pelo levantamento global de quarenta mil indivíduos solidários. [...][149]

O jornal, como era do seu feitio, advertia o governo e os patrões sobre as suas respectivas responsabilidades em relação ao futuro.

> Essa publicação termina por um aplauso às diferentes partes que tinham de pronunciar-se. Ratificamo-lo plenamente por nossa conta. Apenas pedimos licença para lhe juntar um voto: para que os srs. capitalistas, os srs. membros do governo, os srs. congressistas e todos aqueles que podem exercer uma ação benéfica, no sentido de prevenir e dirimir as questões de classe, façam por acompanhar com toda a atenção e com toda a reflexão, a marcha das aspirações do trabalhador e do povo, a fim de tomarem a tempo atitudes conscientes, esclarecidas e voluntárias em face dos problemas que forem surgindo.[150]

E, assim como os outros jornais, destaca que as questões sociais são comuns a todos os povos civilizados e São Paulo, em melhores condições que outros, tinha agora a obrigação de fazer frente a elas.

> Vivemos num país democrático, mais do que pelas suas instituições políticas, pela sua própria composição, costumes, distribuição pouco acidentada da riqueza, ausência de distinções com velhas bases tradicionais, etc. Para cooperarmos todos no sentido de uma melhor harmonia social, não temos necessidade senão de ver o que se passa em todo o mundo, de reconhecer que o Brasil não poderá furtar-se por muito tempo a uma fatalidade histórica comum a todos os povos civilizados, e de pensar que o melhor meio de evitar um problema não é dá-lo por inexistente, como fazem os avestruzes quando escondem a cabeça debaixo da asa, julgando eliminar assim o caçador que já não enxergam.[151]

E ressalta a união da imprensa paulista:

> Há nos acontecimentos de que nos ocupamos, uma circunstância que deve ser posta em relevo: é esta a primeira vez, no Brasil, que a imprensa, representada pelos seus diferentes órgãos, se une para realizar, no campo da ação, um pensamento de tão alto alcance. Essa tarefa, ela a desempenhou com a unidade de vistas e de propósitos, com a rapidez de movimentos, com a discrição e o tato necessários. Não nos fica bem exaltar a obra conciliadora e simpática em que modestamente colaboramos, mas seja-nos permitido consignar o fato nestas poucas linhas, porque o fato é na realidade interessante, constitui uma honra para a imprensa de S. Paulo e poderá servir de exemplo benéfico em análogas situações.[152]

Em relação às acusações do governo Altino Arantes e do *Correio Paulistano*, que creditavam a greve à influência dos anarquistas, *O Estado de S. Paulo*, crítico severo do governo, não perdeu tempo em responder. Num artigo publicado no dia seguinte ao do *Correio*, sintomaticamente intitulado "A verdade e a Greve", argumenta que o governo, através do líder na Câmara Federal:

> [...] aplicou ao caso aquele velho, conhecido e cansado clichê, que nunca jamais faltou em ocasiões destas: o clichê dos agitadores e anarquistas estrangeiros que, abrigados pela tolerância das nossas leis e pela brandura dos nossos costumes, vêm realizar aqui a sua obra criminosa de ódio e de demolição, etc. [...] O que motivou a greve em São Paulo, antes e acima de tudo, foi a terrível carestia de vida sob cujo peso se estorcem as classes trabalhadoras, de anos a esta parte. Isto pode dar-se por definitivamente assentado. Não há duas opiniões a respeito.[153]

Entre todos, *O Combate* foi o mais sintético e, na sua primeira página do dia 16, a exemplo do que já havia feito *A Gazeta*, publicou uma capa sem fotos, apenas com um relatório formal das negociações que se desenvolveram desde o final da sexta-feira, encimada pelos títulos em letras grandes:

A Vitória do Operário

A mediação da Imprensa conseguiu, afinal, harmonizar os interesses em conflito

Os grevistas foram atendidos pelos patrões e pelo governo[154]

No editorial, foi enfático na cobrança aos industriais e ao governo:

> A greve triunfou em toda a linha. Nesse triunfo a imprensa teve uma grande parte, porque foi ela, com a sua indicação, quem encontrou o meio prático de se encontrar uma solução conciliatória dos interesses em conflito. Mas interviesse ou não a imprensa, houvesse ou não outro mediador, o fato é que o operário tinha que vencer, como venceu. A justiça estava com ele; a opinião pública amparava-o; não havia quem lhe contestasse o direito a uma melhoria de situação que o pusesse ao abrigo da fome. E um movimento como esse, que nasce do desespero, pode ser encaminhado e detido pelas concessões que se fizerem, mas não pode ser reprimido a sabre, a pata de cavalo ou a tiros. [...]
>
> Confiamos, entretanto, que não será necessária nova greve para efetivar as promessas ontem conseguidas. A experiência foi dura. O capital deve estar convencido de que a parte do leão não lhe caberá eternamente. O governo, doutro lado, não quererá que a fome traga para as ruas a agitação que ameaçou subverter a ordem por completo e que só cessou quando se entreviu a solução a que se chegou por intermédio da imprensa.[155]

Até a revista quinzenal de variedades, *A Cigarra*, a maior de São Paulo e dirigida a um público predominantemente feminino, fez questão de deixar expressa a sua opinião no primeiro número publicado depois da greve. O seu resumo do movimento coincide quase inteiramente com a opinião dos outros veículos, ressaltando a justiça das reivindicações e reafirmando o direito de os operários protestarem em busca de melhores condições de vida.

Assim como os outros veículos, *A Cigarra* também enxergava na greve uma demonstração do progresso, ressaltando que o que aconteceu em São Paulo é o mesmo que acontecia "lá fora". Mas não é um "lá fora" qualquer. Cabia a São Paulo imitar a Inglaterra, a França, a Itália – esses eram os exemplos a seguir.

> O que se deu em São Paulo não é uma novidade de conquista. Lá fora o operariado tem feito coisa igual. O que em toda a parte se vê é que ele, com as suas lutas, tem conseguido dos governos várias reformas sociais no interesse superior da coletividade, não sendo por isso justo que o Governo, em nosso país, em vez de aproximar o trabalho e o patronato, os separe e distancie tornando-os inimigos irreconciliáveis.

> A legislação pátria necessita ser ampliada com regulamentos para serem observados no que toca ao dia de oito horas, ao trabalho das mulheres e das crianças, à higiene das fábricas etc. [...]
>
> Imitemos a Inglaterra, imitemos a França, imitemos a Itália nas concessões feitas ao operariado, estabelecendo medidas liberais e criando instituições de previdência, tão necessárias no seio das grandes aglomerações operárias.[156]

A Cigarra também ressaltou o papel da imprensa e cobrou providências do governo:

> [...] Deve-se à imprensa, em grande parte, a solução da greve. Ninguém lhe pode negar o grande serviço que ela vem de prestar à paz social do Estado, senão de todo o país.
>
> Resta agora que o Governo, por todos os recursos ao seu alcance, trabalhe por modificar as condições de vida de uma enorme massa de trabalhadores cuja rebelião só teve em vista melhorar uma situação que a ameaçava de morte. À preocupação de proibir a federação dos sindicatos de Trabalho, é preferível reconhecer que uma vez proclamado o direito de greve, pela paz ou pela força, o operariado há de conquistar regalias que o ponham a salvo do regime das compressões.[157]

A nota original foi a cândida interpretação de que a polícia, temendo maiores conflitos, "interveio junto aos patrões, na esperança que eles cedessem".

> O espetáculo não era dos mais agradáveis para nossos créditos de cidade pacata. Mas nada podia impedir, dentro da ordem, a manifestação do proletariado. Foi quando a polícia, receosa de conflitos, interveio junto aos patrões, na esperança que eles cedessem. Muitos foram amáveis conciliadores, outros mostravam-se hesitantes, outros ainda, inflexíveis, não cederam coisa nenhuma.[158]

Essa, curiosamente, era também a opinião de alguns industriais sobre o papel da polícia naqueles eventos.

As boas famílias e os outros

Grupo social hegemônico que, com o advento da República, se tornou dominante no Brasil e que manteve até 1930 as rédeas do poder, eliminando os antagonistas e se reproduzindo quase sem mudanças, de modo a constituir uma verdadeira oligarquia. Essa seria a elite do café, que dominou São Paulo a partir das últimas décadas do Império.

Sustentada pelo dinamismo e pela pujança da economia cafeeira, ela teria sido capaz de não só concentrar nas suas mãos os melhores resultados da expansão do café, como também de socializar os seus prejuízos nos períodos de crise, baseada no poder político que controlava inteiramente, e que reproduzia sem povo. Composta quase que exclusivamente por grandes fazendeiros, tinha mentalidade agrária e origens na economia escravista que a contragosto abandonara.

As relações que organizaram a distribuição do poder político nacional e nos estados assumiram formas específicas, que são típicas desse período e o caracterizam.

> Pode-se dizer que nesse arranjo os coronéis ocupam o centro da cena política. São os coronéis, chefes políticos locais, a base e a origem de uma complicada rede de relações que, a partir do município, estrutura as relações de poder que vão desde o coronel até o presidente da República, envolvendo compromissos recíprocos.[1]

Esse seria, em estreito resumo, o retrato da chamada "oligarquia cafeeira" que teria dominado a Primeira República, como um ator fundamental e quase exclusivo, em um momento em que o sistema político baseado no latifúndio opunha os interesses agrário-exportadores que o café representava aos urbano-industriais. Essa luta, que dura todo o período, e que pode ser traduzida como um conflito entre a burguesia, aliada à classe média urbana, e o latifúndio só se resolve com a Revolução de 30.[2]

Segundo um balanço recente:

> [...] essa interpretação guarda relação com um modelo mais amplo de interpretação da realidade brasileira, defendido pelo Partido Comunista Brasileiro (PCB) e, em certa medida, pelo movimento nacionalista, nos anos 1950, cuja tese central está baseada no pressuposto da existência de dois setores socioeconômicos básicos: o pré-capitalista e o urbano-capitalista. O primeiro, localizado no campo, teria como expressão máxima o latifúndio, nele predominando as relações de tipo semifeudal. Já o segundo, situado nos centros urbanos, teria dado origem a uma burguesia industrial e às classes médias urbanas. Como desdobramento, nesse esquema, os conflitos de classe no país são vistos como resultado do antagonismo entre latifúndio (aliado ao imperialismo) e as forças nacionais, formadas pelos segmentos da burguesia nacional, pela pequena burguesia e pelas classes populares.[3]

Essa visão, embora ainda muito presente, vem sendo criticada desde os anos 1970.

> Essa discussão tem sido renovada em teses e artigos que destacam a competição política, a questão da representação e a importância dos partidos e do voto no período, desenhando um quadro mais complexo da política na Primeira República, diferente das caricaturas de um sistema político marcado por fraude, violência, clientelismo, ausência de direitos e eternização de oligarquias no poder.[4]

AS ELITES

Sem procurar fazer um balanço acurado da historiografia do período, este livro buscou contribuir para iluminar o processo de formação das elites paulistas, destacando as suas grandes linhas, com o objetivo de compreender o quadro geral da sociedade, as suas divisões e, sobretudo, a sua estrutura complexa, envolvendo interesses permanentemente em disputa e que em muitos momentos se apresentaram em aberto conflito.[5]

Essas elites têm raízes anteriores à Independência e, durante o Império, seus líderes foram capazes de acumular capital e aplicá-lo em empreendimentos inovadores – como bancos e ferrovias – ou no grande comércio de importação e exportação. E o mais importante, souberam resolver, em parceria com o poder público local, mas sob a sua direção, o crucial problema da mão de obra, sem a qual a expansão da economia teria sido impossível. Assumiram, em função disso tudo, uma liderança econômica que, ao longo do Segundo Reinado, foi se transformando em poder político, que dominou a província. Com o advento da República, a representação política do grande capital cafeeiro paulista lutou para estender o seu poder sobre o governo nacional e o manteve por um largo período. Em alguns momentos, esse poder chegou a ser quase hegemônico e marcou os primeiros anos da República.

Em São Paulo, embora o café fosse, de fato, o motor que impulsionava a economia e o denominador comum de todos os negócios, não tinha a capacidade de unificar os diversos interesses em que se dividia a sociedade paulista.

Entre o grande capital cafeeiro, que detinha as rédeas do poder e o controle do estado, e os cafeicultores havia um permanente conflito que muitas vezes aflorou em azedas disputas políticas locais. A reação a esse conflito sustentou mais de uma tentativa de se formar o Partido da Lavoura, que representaria o interesse dos plantadores de café. Estes, no entanto, apesar das suas insatisfações, permaneceram sempre subordinados ao poder político e econômico do grande capital cafeeiro, sem jamais alcançar uma existência autônoma.

Os representantes do grande capital cafeeiro, os produtores de café e a elite urbana que se desenvolveu com as mudanças da economia e o crescimento das cidades, apesar dos seus antagonismos internos, faziam parte do estrato social superior das "boas famílias", frequentavam os mesmos círculos privilegiados e eventualmente casavam seus filhos entre si.

OS INDUSTRIAIS E OS SEUS CONFLITOS

Esse não era o caso dos industriais imigrantes. Embora ficassem cada vez mais ricos, não penetravam com facilidade nos territórios das elites paulistas e eram raros os casos como o de Alessandro Siciliano, que se integrou pelo casamento, viveu toda a vida entre os velhos paulistas e teve papel destacado na organização do Plano de Valorização do Café. Mas Siciliano chegou ao Brasil em 1860, bem antes da imigração em massa, e casou-se com a rica filha de um fazendeiro em 1881. Nesse ano, as transformações da economia paulista estavam num estágio inicial, a grande imigração ainda não se iniciara, nem Matarazzo, Crespi, Pinotti Gamba e todos os outros capitães da indústria haviam posto os pés no Brasil.

É a partir de 1890 que os industriais imigrantes vão cada vez mais ampliando os seus negócios e as suas fortunas e, nos anos de guerra, sua proeminência é patente. À medida que crescem as suas fortunas, crescem também os antagonismos latentes.

Esses industriais, durante toda a vida, procuraram reforçar a imagem de trabalhadores que cruzaram o Atlântico como milhões de seus compatriotas e venceram graças ao próprio esforço, o que não era perfeitamente exato. Essa narrativa, que visava, aparentemente, construir uma imagem de trabalho entre a massa de imigrantes e era mais próxima de uma mentalidade burguesa, típica da virada do século,[6] tinha uma leitura adversa na sociedade local, que ainda embaralhava os valores da modernidade com os de uma sociedade tradicional, de onde ela provinha. Além do mais, por terem chegado recentemente a São Paulo e enriquecido de forma espetacular em pouquíssimo tempo, os industriais enfrentavam uma hostilidade difusa, não só das elites, quanto do cidadão comum, que não cansavam de se espantar com o progresso contínuo e crescente desses estrangeiros altamente bem-sucedidos.

Um cronista, retratando esse tempo, nota que as maiores fortunas das famílias paulistas tradicionais, que podiam alcançar a enorme quantia de 10 mil contos, foram rapidamente superadas pelo crescimento exponencial da riqueza dos industriais:

> Havia os Prados, os Penteados e os Prates, fabulosas fortunas de 10 mil contos [...]. Agora, já estrangeiros milionários, Gamba, Crespi, Pugliesi, Matarazzo, Jafet, Calfat. Vinte mil contos.
>
> Perguntava-me há dias um velho ituano, torcendo-me o botão do casaco na Praça do Patriarca:
>
> – Onde é que nós vamos parar com estes estrangeiros todos? Onde é que estão os paulistas?
>
> – No Automóvel Clube, formulando planos de salvação do Brasil.[7]

Além de representar uma ameaça à elite tradicional, a posição dos industriais os colocava em várias outras situações de conflito.

O embate entre a indústria e os produtores de café se concretiza, por exemplo, na prolongada disputa entre Jorge Street e as tecelagens de juta e os cafeicultores. Como já vimos, a batalha sobre o preço da sacaria nacional, frente à importada, tinha impacto direto nos custos de produção do café. Mas esse não era o único conflito entre os interesses dos industriais e da cafeicultura. A estrutura tributária do estado de São Paulo, principalmente desde o Plano de Valorização do Café, se concentrava na taxação do produto exportado.

Cincinato Braga, que foi deputado durante toda a Primeira República, defendendo sempre os interesses da lavoura, dedicou-se também aos estudos econômicos. Ele publicou, em 1921, um alentado volume sobre a economia paulista, resultado da compilação de artigos publicados em *O Estado* e oferecido ao recém-eleito Washington Luís, que iniciava a sua gestão na presidência do estado de São Paulo. Entre os mais variados assuntos, trata em diversos capítulos do problema tributário. Embora a sua crítica ao sistema tributário paulista seja generalizada, é a cafeicultura a sua principal preocupação. Segundo ele, o Orçamento da Receita do Estado para 1920 previa arrecadação de 89 mil contos,[8] sendo 37 mil e 800 contos de Imposto de Exportação de Café. Outros 30 mil contos ainda seriam recolhidos como sobretaxa de exportação.[9] A indústria arcava com o Imposto de Indústria no valor de 698 contos no mesmo ano.[10] A sua argumentação está aqui simplificada, envolve muitos outros cálculos e existe um inegável viés na sua visão, mas ele, substancialmente, procura destacar que o peso do financiamento da máquina pública paulista repousava, quase que inteiramente, sobre os ombros dos produtores de café.

Como a principal base tributária desde a Independência eram os impostos de importação e exportação, era claro que a indústria, que produzia localmente e vendia apenas no mercado interno, era relativamente pouco taxada. Segundo ele:

> O orçamento ânuo de um Estado culto é, para o organismo social, um aparelho cirúrgico de delicado e perigoso emprego. [...]
>
> Em sua obstetrícia, aplicada a sacar do ventre da comunhão recursos vivos para o Tesouro, o financista tem que manejar seu fórceps sem olvidar nenhum dos [...] aspectos essenciais do orçamento moderno. [...]
>
> Já mostramos que nosso orçamento tributa os lucros econômicos da comunhão nesta proporção:
>
> Classe Agrícola cafeeira 28,0%
>
> Classe Industrial 2,6%
>
> Classe dos capitalistas 1,8%
>
> Classe comercial 1,7%
>
> O orçamento que traduz essa situação não é orçamento, nem nada: é o arbítrio desabusado, agindo nas trevas de um empirismo caótico, próprio das colônias africanas mal cuidadas pela metrópole.[11]

Foi nesse ambiente de conflitos subjacentes que eclodiu o movimento dos operários. O crescimento da indústria paulista, vigoroso nos primeiros anos do século XX, se acelerou durante o período de guerra. Em 1910, a indústria têxtil do estado de São Paulo produzia 75,8 milhões de metros de tecidos de algodão, 218 mil de tecidos de lã e 19 milhões de metros de tecidos de juta. Em 1917, os números são dramaticamente superiores: 160,5 milhões de metros de algodão, com um crescimento de 111% em 7 anos; 1.317 mil metros de tecidos de lã, 6 vezes mais do que em 1910; e 42,6 milhões de metros de juta, 124% a mais do que no final da década anterior.[12]

Além das tecelagens, a indústria ia se expandindo para os mais diversos ramos e, em 1920, São Paulo possuía 4.145 estabelecimentos industriais, que reuniam um capital total de 537.817 contos de réis em atividades como alimentação, vestuário, química, metalurgia, entre outros.[13] A expansão da indústria estava, evidentemente, associada ao crescimento da riqueza e do poder dos industriais.

Se a indústria prosperava de maneira contínua, o café, sustentáculo da economia paulista e das rendas das suas elites, enfrentava crises frequentes. Embora a tendência fosse de crescimento, apesar das vicissitudes, o dia a dia dos agentes econômicos ligados ao café era de altos e baixos, transmitindo a impressão de crise permanente. Entre 1891 e 1898, os preços mundiais do café despencaram 60%[14] e, em 1906, o Brasil produziu mais de 20 milhões de sacas para um consumo mundial de apenas 17,5 milhões.[15] O Convênio de Taubaté, aprovado após acesos debates, resultou num alívio, mas durante a guerra os preços baixaram cerca de 50%, compensados, em parte, pela desvalorização da moeda. Porém, entre 1916 e 1917, os estoques de café passaram de 1 milhão para 6 milhões de sacas.[16] É evidente que o peso da economia cafeeira era infinitamente maior que a produção industrial, mas os resultados provenientes do café eram sempre variáveis e instáveis, enquanto a indústria crescia continuamente e sem freios.

Esses antagonismos disseminados ajudam a explicar o comportamento do poder público, que até o jornal *O Combate* ressaltou, não sem uma certa estranheza. Havia um amplo consenso de que a greve era fruto da superexploração imposta pelos patrões aos seus operários e o poder do Estado nunca chegou a se alinhar aos industriais, a ponto de "a própria polícia aliada natural do capitalismo" ter se interessado publicamente "pela causa dos operários".

> Portanto, a greve não é artificiosa, promovida por agitadores contumazes. É a reação dos esfaimados contra aqueles que, explorando-os, estão realizando atualmente ótimos negócios, com lucros tais como nunca tiveram em época nenhuma. [...]
>
> Isto está tanto na consciência geral que a própria polícia, aliada natural do capitalismo, se tem interessado pela causa dos operários, realmente

merecedora das mais ardentes simpatias. O dr. Eloy Chaves, secretário da Justiça, tendo chegado ontem do Rio, conferenciou durante o dia, por várias vezes, com o dr. Thyrso Martins, delegado geral, combinando várias providências. Entre elas, ficou assentado que o dr. Thyrso agisse junto aos industriais, como intermediário, a ver se conseguia que eles atendessem aos pedidos do operariado.[17]

A RESPOSTA DAS ELITES

Naquele ano de 1917, as elites paulistas, protagonistas e herdeiras do grande fluxo de desenvolvimento de São Paulo, iniciado na segunda metade no século anterior, se viram em face de uma situação inteiramente nova, que se por um lado testou a sua capacidade de compreensão das mudanças acumuladas nas décadas anteriores, por outro as colocou frente a um mundo completamente novo, com desafios ainda desconhecidos.

Nessa conjuntura inédita detonada pela eclosão do movimento operário, a sua reação se voltou, em primeiro lugar, contra o antagonista mais óbvio e mais visível. Desde o momento em que o conflito entre os interesses dos industriais e os dos operários se estabeleceu, a elite paulista, que se expressava através dos grandes jornais da cidade, só teve um momento de clara vacilação e este se deu quando ficou patente, para ela, a necessidade de manter a ordem pública. Mas, mesmo quando a cidade foi tomada pelos tumultos e totalmente paralisada pelos grevistas, mesmo aí, em nenhum momento se cogitou apoiar resolutamente os industriais contra os seus operários.

Nos primeiros dias de greve, os jornais ainda procuravam pesar as razões dos dois lados do conflito e publicaram versões vindas dos patrões, justificando a impossibilidade de atender a todas as reivindicações. No entanto, com o correr dos dias, os argumentos dos industriais foram banidos dos jornais analisados e a sua voz simplesmente desapareceu. Eles foram considerados os verdadeiros responsáveis pela greve de maneira praticamente unânime, e a legitimidade dos seus lucros, portanto, o fundamento da sua riqueza, foi amplamente contestada pela imprensa.

POBRES, OPERÁRIOS, CLASSE OPERÁRIA

A leitura da grande massa de artigos publicados pelos jornais, objeto deste trabalho, durante o período da greve, deixa perceber com clareza que em nenhum momento os operários são encarados como uma ameaça à sociedade constituída e, sobretudo, não são vistos pelas elites paulistas como "a classe operária" no sentido contemporâneo do termo. É inevitável considerar que eles são percebidos, de maneira mais genérica e simples, como "os pobres". É nesses termos que *O Estado* se refere, por exemplo, às "*classes pobres em geral, e em especial o operariado*".[18] Na mesma linha, *O Combate*, durante vários dias de cobertura da greve, deu às matérias de primeira página o título geral de "A miséria em revolta". E é como "os pobres", como a parte mais desfavorecida de uma sociedade afluente, que os grevistas são tratados nos jornais citados, sendo dessa forma merecedores de um olhar benigno dos que desfrutam das vantagens da riqueza que o progresso trouxe.

A ideia de que a classe operária "em si" é a inimiga natural da burguesia e do capitalismo e, sendo assim, é portadora da chama capaz de subverter toda a ordem social é um conceito historicamente construído e claramente não está, ainda, presente nos textos analisados. Nos primeiros anos da década de 1970, Boris Fausto já advertia, tratando da classe operária no primeiro período de sua formação:

> Convém evitar também o risco de inverter as lentes com a consequência de dar à mobilização do proletariado urbano – pequena mancha em um imenso oceano agrário, mudo do ponto de vista dos movimentos políticos – uma dimensão que ela não tem.[19]

É claro que a elite paulista, bem-informada e culturalmente francófila, como vimos, não ignorava as lutas sociais europeias. Mas não transparece, nos textos pesquisados, o temor de uma revolta popular, como as da França, no século anterior, nem, muito menos, na linha do que acontecia naquele momento na Rússia. Os eventos na Rússia estavam ainda se desenrolando, eram precariamente conhecidos, e o processo estava longe de ter se completado em julho de 1917. Além disso, eles se misturavam com a avalanche de episódios que se multiplicavam na Europa nessa etapa final da guerra. Os telegramas das agências internacionais, a única fonte de informação possível, não eram capazes de fornecer, no calor da hora, um quadro exato dos acontecimentos e demorou ainda um bom tempo para que a real natureza da Revolução Russa fosse claramente compreendida no Brasil.[20]

É pisar em um terreno movediço encarar os operários de 1917 como precursores de uma mobilização que só fez se ampliar nos anos seguintes e chega até os nossos dias. Há um notável heroísmo para o seu tempo e muitas barreiras superadas pelos grevistas de 17. Mas é preciso lembrar de Lucien Febvre e dizer, "para o seu tempo".[21] A natureza daquela mobilização não é igual às que foram realizadas nos anos seguintes nem a reação das classes dominantes pode ser comparada.[22] Isso não representa uma hierarquia de valores. A relativa tranquilidade das elites paulistas com relação ao movimento de 1917 não iria mais se repetir, e num curto período, o movimento operário deixará de ser visto como simples manifestação das carências dos pobres. O próprio movimento operário iria se transformar depois de 1917 e sua plataforma será bem outra nos anos seguintes. A ascensão do comunismo e o declínio do anarquismo não representam apenas uma mudança ideológica, ou a troca de uma teoria errada por outra correta ou vice-versa, a depender do ponto de vista da análise. Há uma mudança de qualidade e de alcance.

Não se pode deixar de notar que uma coisa é lutar contra a sociedade capitalista, tendo como objetivo desmontar o poder do Estado pela ação direta de indivíduos livres e implantar a Anarquia, um ideal abstrato. Outra, completamente diferente, é lutar contra a sociedade capitalista tendo como modelo e suporte o Estado soviético em pleno desenvolvimento e com pretensões de espalhar a revolução pelo mundo através de um partido ferreamente organizado e profissionalizado. A percepção dessa mudança será rápida, principalmente durante os anos 1920, sob o impacto global provocado pela Revolução Russa, e coincide com a decadência do movimento anarquista e a emergência do novo Partido Comunista.

PODER PÚBLICO, ORDEM PÚBLICA

O que os textos publicados pelos jornais analisados nos permitem entender é que as demandas dos operários de São Paulo eram fruto das suas necessidades, que mesmo limitadas não podiam mais ser satisfeitas, em razão da ação abusiva dos industriais, que se aproveitavam de uma conjuntura que lhes era excepcionalmente favorável, e "multiplicam suas fortunas à custa do trabalho alheio". A ação dos industriais, alterando o equilíbrio natural da sociedade para enriquecer além de toda a medida, foi possível, segundo os jornais, pela imprevidência e pela ação incompetente do governo, que se manteve "surdo e indiferente". Era portanto, necessário que eles fossem contidos, em benefício do interesse comum:

> Surdo ao clamor popular, o governo do município permaneceu impassível. [...] Não menos indiferente se conservou o governo do Estado, e daí as consequências dolorosas de hoje. [...]
>
> A greve generalizada é, inegavelmente, uma grande calamidade, mas não se pode deixar de reconhecer, como reconhecemos, que as classes pobres e, principalmente, as classes operárias não mais podem permanecer na angustiosa e intolerável situação a que se viram reduzidas, pela alta contínua dos gêneros alimentícios, pela escassez crescente dos recursos de vida, pelo açambarcamento dos cereais, pela exportação contínua e ilimitada dos produtos agrícolas e máxime pela conservação dos baixos salários, em contraste doloroso com o encarecimento geral da vida e com os ganhos fabulosamente aumentados dos industriais.[23]

Apesar dessa visão complacente em relação ao movimento operário, os jornais não esqueciam que, afinal de contas, a ordem tinha que ser mantida e a vida normal da cidade não poderia ser perturbada pelas reivindicações dos trabalhadores, por mais justas que fossem. São inúmeras as publicações nesse sentido, não só do *Correio Paulistano*, porta-voz do governo estadual, como também dos outros jornais, já muito citadas.

A princípio, a necessidade da manutenção da ordem, independentemente das razões dos operários, é considerada uma prioridade. Além da ordem, deveria ser assegurada também a preservação das propriedades públicas e privadas e a liberdade de trabalho. No entanto, com o decorrer da greve e o acirramento dos conflitos, até mesmo esse princípio foi relativizado.

Embora fosse, depois do *Correio Paulistano*, o jornal que procurava se posicionar numa linha editorial mais próxima ao governo do Estado, *A Gazeta*, já no dia 11, não economiza adjetivos para criticar "a ganância e a ambição" que se estabeleceram "à sombra da indiferença pública". Mais que isto, proclama "o direito à vida", que não pode ser negado aos operários.

> Se reprovamos as violências que podem ser praticadas e aconselhamos calma aos operários, todavia, não podemos deixar de admitir que essas classes têm o direito à vida e não podem ser sacrificadas pela ganância e pela ambição dos que conseguem, à sombra da indiferença pública, acumular colossais fortunas, com sacrifício absoluto das necessidades mais palpitantes dos operários.
>
> Esta greve é, principalmente, um sintoma da miséria que reinava nas classes proletárias e parece que tem unicamente por fim a defesa do pão quotidiano, que ia faltando a milhares de indivíduos na nossa abastada capital.[24]

O Estado, que em momentos como esse, costumeiramente, produzia os textos mais ácidos, não deixou de ressaltar o "tradicional amor ao belo sossego e a doce indiferença" das autoridades e até justificou os excessos dos operários, "uma vez que é preciso gritar para ser ouvido":

> Até certo ponto, compreende-se a exaltação de ânimos [dos operários]. A carestia da vida, por um lado, se vai tornando de dia para dia mais terrível, e, por outro lado, os proprietários de alguns estabelecimentos industriais parece que não querem senão aproveitar da situação, mais do que seria razoável e equitativo. Diante de tudo isto, apesar dos constantes apelos da imprensa, os nossos homens públicos, embalando-se no seu tradicional amor ao belo sossego e a doce indiferença, não fazem coisa alguma no sentido de, pelo menos, dar a entender aos homens do trabalho e da pobreza que há alguém que se interesse pelos seus sofrimentos. Explica-se até certo ponto que os operários percam a paciência e gritem, uma vez que é preciso gritar para ser ouvido.[25]

Já *O Combate*, por sua vez, advertia:

> É certo que se as reclamações não forem atendidas, teremos de assistir a uma agitação sem precedentes. O que os operários querem é apenas ganhar o estritamente necessário para a sua família. Duvidamos, mesmo, de que um simples aumento de 20% realize esse modestíssimo ideal, tão fortemente se faz sentir a carestia da vida.[26]

A imprensa refletia a opinião geral – e isso é muitas vezes ressaltado – e creditava os tumultos à fome e à miséria que se espalhavam na rica e orgulhosa cidade de São Paulo.

NO PALÁCIO

Não era assim que os acontecimentos eram vistos a partir dos Campos Elísios. Altino Arantes tinha outra opinião e via a presença de forças de oposição ao seu governo atuando para agravar a situação. Altino era um político muito jovem – tinha 39 anos quando assumiu – e a sua indicação foi muito conturbada e conflituosa, resistências que se agravaram por ele ter passado à frente de muitos outros políticos mais experientes. Seu nome foi praticamente imposto por Rodrigues Alves como candidato a vice na chapa de Rubião Jr. Com a morte prematura do titular, ele acabou assumindo a cabeça da chapa e se elegeu em meio a críticas. O jornal *O Estado de S. Paulo* combateu sistematicamente a sua administração e os conflitos eram constantes. Nesse cenário, a opinião de Arantes, registrada em seu diário, não chega a surpreender. No registro da quarta-feira, 18 de julho, depois de encerrada a greve, ele escreveu:

> Reuni os meus Secretários nos Campos Elísios e – depois de ter despachado a pasta do Interior – expus as minhas impressões sobre o movimento grevista, a que acabávamos de assistir. Do manifesto mentiroso e francamente ameaçador, que os jornais da manhã – ou melhor que o "Estado de São Paulo" divulgava, assinado por uma *introuvable* "Liga de Defesa Operária", e de outros indícios relevantes que apontei; a conclusão a tirar-se era que, no fundo de toda essa injustificada agitação, o que havia era nada mais, nada menos que uma clamorosa exploração política contra o governo do Estado e contra a ordem de cousas assentadas na federação agora e para o futuro...
>
> Os inimigos eram, aliás, bem conhecidos e, nesse caso, não se ocultavam convenientemente. O seu reduto estava no "Estado" e, os seus antecedentes – parlamentaristas, monarquistas ou militaristas, conforme a monção – autorizavam plenamente a convicção de se terem convertido à causa socialista ou mesmo anarquista...
>
> Posta a questão nestes termos, urgia cessar toda e qualquer condescendência e esclarecer o público sobre a situação real dos fatos. Por isso,

deviam os meus auxiliares empregar todos os argumentos e esforços a seu alcance e, principalmente, chamar a postos os jornalistas amigos e de boa-fé, para se emanciparem da tutela, que – aproveitando-se habilmente dos acontecimentos – sobre eles avocará o "Estado", e se definissem francamente: pela ordem pública, com o governo, ou pela mazorca, com a gente do "Estado".

No mesmo sentido falei ao Carlos de Campos, para que ele agitasse a questão no "Correio Paulistano".[27]

O *Correio Paulistano*, alinhado à opinião do presidente Altino Arantes, também procurava atribuir os conflitos a outros fatores: eram influências externas, que não aquelas que inspiraram a greve, que já se viu, era unanimemente considerada justa. O governo de São Paulo, desde o momento em que a greve fugiu ao controle e os conflitos se espalharam, foi o primeiro a usar a ação dos anarquistas, para tentar se isentar. Os tumultos se deviam – e o governo paulista e o seu jornal enfatizam isso – aos anarquistas estrangeiros, que se infiltraram no movimento e influenciaram os operários. Essa seria a explicação última para o fato de que, no momento em que o governo estadual esperava ter conseguido pôr fim à greve, os tumultos não só se mantiveram, como também se expandiram. Logo depois do fim da greve, no balanço que o *Correio Paulistano* publica, fica clara a posição do jornal oficialista, atribuindo os méritos mais exagerados ao presidente do estado, o que contrariava tudo o que havia saído na imprensa naqueles dias, e voltava a indicar os anarquistas como a causa principal dos distúrbios.

O PAPEL DOS ANARQUISTAS

É preciso entender também a maneira pela qual os anarquistas eram vistos pela elite paulista. Nos muitos artigos publicados, não se nota nunca a presença da ideia de que os anarquistas de fato representavam os operários ou "a classe operária" ou que, de alguma forma, poderiam ser os seus porta-vozes. Ao contrário, eles eram sempre vistos como elementos infiltrados e, por vezes, até mesmo como estranhos ao movimento dos trabalhadores. Essa era uma visão oposta àquela que os anarquistas tinham de si mesmos. Apesar das muitas divisões e disputas, o movimento se considerava a vanguarda da classe operária e, naturalmente, caberia a ele a missão de subverter as bases da sociedade capitalista e destruí-la, construindo a sociedade nova baseada na Anarquia.

Essa visão não era partilhada pela elite paulista, que considerava os anarquistas apenas radicais perturbadores da ordem, elementos eventualmente perigosos e capazes de cometer atos de violência, movidos por ideias erradas, mas não capazes de tomar o poder ou subverter as bases da sociedade, como os próprios anarquistas acreditavam. Na visão dessas elites, o risco que os anarquistas representavam era o risco da desordem. Não de ruptura social.

É preciso lembrar, mais uma vez, que a Revolução Russa ainda estava em andamento e os seus efeitos sobre as lutas sociais que marcariam o século XX eram desconhecidos. O *Correio Paulistano* dá bem conta disso, no grande artigo em que republica a matéria do jornal *O País*, do Rio de Janeiro, que transcreve o discurso feito pelo líder da bancada paulista na Câmara, Álvaro de Carvalho, com o balanço da greve. Para o deputado, "há, de fato, uma distinção a fazer, entre operários brasileiros e anarquistas estrangeiros".

> Vê-se bem que a imaginação enfermiça desses petulantes propagandistas da "revolução social" vislumbrou a hipótese, verdadeiramente ridícula e absurda, de transformar os seus "comitês de defesa proletária" em "comitês de operários e soldados". É necessário uma grande ignorância da situação social e política do Brasil para pensar em repetir, aqui, o exemplo da revolução russa, que, aliás, não foi feita por anarquistas e sim pelos partidos socialistas e republicanos, apoiados no próprio poder legislativo da nação e prestigiados pela solidariedade dos principais centros universitários. [...]
>
> Há, de fato, uma distinção a fazer, entre operários brasileiros e anarquistas estrangeiros. Feita essa distinção, em face da greve de S. Paulo, percebe-se claramente de que lado estão a razão e a justiça. [...]
>
> E isso foi o bastante para pôr em evidência a correção do governo paulista, que, aliando-se às justas pretensões dos trabalhadores, soube, no entanto, repelir e castigar as explorações anarquistas.[28]

Essa relativa subestimação dos riscos de um conflito social radical não era produto do momento, mas vinha de longe e talvez ajude a explicar o fato, que muitos autores estranharam, da publicação nos grandes jornais paulistas de artigos e colunas de conteúdo nitidamente anarquista ou socialista. Em 1902, o sem dúvida conservador *O Estado de S. Paulo* relatou em detalhes, durante cinco dias seguidos, o desenrolar do Segundo Congresso Socialista Brasileiro. A cobertura foi considerada tão positiva que a liderança do partido não deixou de parabenizar o jornal:

> Levo meus parabéns, pois, ao *Estado de S. Paulo*, pelos bons serviços, a meu ver, prestados ao socialismo hodierno, colocando-se, assim, na vanguarda dos órgãos informantes e dirigentes da opinião pública, [...] não hesitando em ocupar suas colunas com a minuciosa notícia das sessões e resoluções finais do Segundo Congresso Socialista Brasileiro.[29]

Na mesma linha se poderiam citar os vários artigos de Benjamim Motta na imprensa paulista, inclusive no *Estado*, como, por exemplo, o elogio fúnebre à Louise Michel, famosa anarquista francesa, publicado com destaque.[30] E durante a cobertura da greve, de manifestos francamente subversivos, como aquele que conclamava a adesão dos soldados à greve.[31]

Quando Jean Jaurès, líder socialista francês, visitou a cidade em agosto de 1911, a prestigiosa coluna "Notas e informações", muitas vezes redigida por Júlio Mesquita, lhe deu as boas-vindas na primeira página de *O Estado*.

> É esperado hoje nesta capital, vindo do Rio pelo noturno de luxo, o ilustre parlamentar francês, sr. Jean Jaurès. [...] Jaurès não é, porém, apenas o influente chefe socialista, de cuja atitude muitas vezes tem dependido as soluções da política do seu país. O famoso deputado é também um glorioso representante da intelectualidade francesa, um orador célebre pela sua eloquência, pela sua facúndia e pelo cunho libertário dos seus discursos.[32]

Do ponto de vista das elites paulistas, solidamente estabelecidas em São Paulo, onde o seu poder parecia inabalável, a classe operária e as suas ideias não eram ainda causa de profunda preocupação. Havia outros riscos mais iminentes a enfrentar.

RISCOS REAIS

No desenrolar da greve, estava subjacente o perigo de que as greves urbanas pudessem contaminar os trabalhadores rurais, temor que *A Gazeta* fez questão de ressaltar, advertindo o governo, como já citado anteriormente:

> Tome o governo a iniciativa das providências legais, se não quer contemplar amanhã a obra de desorganização propagada pelo interior do Estado, e paralisado o braço do trabalhador rural, que é o sustentáculo da nossa lavoura.[33]

A greve, caso alcançasse o interior do estado, poderia ter um impacto tremendo e atingir não só a lavoura – que, em julho, ainda não havia concluído a colheita –, como afetar todo o circuito de produção do café, quebrando a espinha dorsal da economia de São Paulo.

A outra ameaça já estava à vista de todos. O veloz enriquecimento dos industriais, que parecia incontrolável, poderia, em algum momento, colocar em xeque a supremacia da elite paulista. Analisado em perspectiva, esse risco de perda da hegemonia da elite cafeeira pelo aumento do poder econômico dos industriais, de fato, parece real, embora, afinal, não tenha ocorrido ou, pelo menos, não ocorreu como os paulistas temiam.

Se a reação das elites paulistas podia parecer flácida com relação à organização da classe operária, o mesmo não acontecia com os industriais estrangeiros, vistos como um risco concreto.

AS ELITES E OS NOVOS-RICOS, UM RESUMO LITERÁRIO

Certamente, por isso mesmo, embora os grandes industriais houvessem se tornado muito mais ricos que a maioria dos membros das elites locais, nem todas as portas estavam abertas para eles. A política era a principal delas. Os presidentes do Estado, os prefeitos da capital, os parlamentares sempre ostentavam os sobrenomes tradicionais, muitas vezes repetidos ao longo deste trabalho.[34] Consultando a lista de deputados e senadores estaduais eleitos durante toda a Primeira República, não se pode encontrar praticamente nenhum sobrenome estrangeiro.[35] As exceções se devem ao Dr. Deodato Wertheimer, um médico paulistano com família há muito estabelecida na cidade, que se instalou em Mogi das Cruzes em 1913 e lá se casou com a filha do chefe político local e se elegeu vereador, prefeito e depois deputado estadual, e a Samuel Malfatti um engenheiro vindo da Itália, pai da pintora Anita Malfatti, que só exerceu um mandato e pouquíssimos mais.

As "boas famílias" casavam os seus filhos entre si e as uniões fora desse padrão eram muito raras e, em geral, malvistas. No entanto, em 1914, um evento quebrou espetacularmente esse costume. Renata Crespi, filha de Rodolfo Crespi, um dos industriais italianos mais ricos da cidade, atrás apenas de Matarazzo, casou-se com Fábio Prado, filho de Martinho Prado Jr., unindo, pela primeira vez em São Paulo, a elite mais tradicional com a filha de um dos imigrantes mais bem-sucedidos. Mas aquele foi um evento de exceção, e havia ainda muita resistência ao intercâmbio entre imigrantes e a elite local.

Renata Crespi, nascida em São Paulo em 1897, jovem, linda e rica herdeira ainda provocava um certo estranhamento nos círculos da elite paulista. Em 1911, num evento de aviação no Hipódromo da Mooca, que atraía as atenções da cidade, um aviador italiano fazia exibições com seu biplano Farman.

> O aviador foi recebido pela assistência com vibrantes e prolongadas aclamações.
>
> Passados uns quinze minutos, anunciou-se que Eros subiria, levando consigo uma senhorita. Todos queriam saber quem ela era, – quem era a moça que se arrojava a uma tal empresa.
>
> – Quem é? Quem é?! Perguntavam-se todos: – quem é?
>
> É a senhorita Renata Crespi, filha do cavalheiro Rodolfo Crespi, afirmou uma voz.
>
> E era de fato. A senhorita Crespi, que conta treze anos de idade, atravessava a pista, levando à cabeça um gorro branco. Ia, muito calma, risonha, dirigindo-se para o aeroplano.
>
> Vendo-a tão senhora de si, segredou uma mocinha a uma velha, com quem estava:
>
> – Ah! Logo vi; não é uma brasileira. Nós não nos arriscamos assim.[36]

O seu casamento com Fábio Prado – um dos nomes fortes da família, que nos anos 1930 chegou a prefeito de São Paulo, como seu tio Antônio – foi aparentemente muito mal recebido. Ao contrário do costume, não há nenhuma menção na imprensa sobre a cerimônia, numa época em que esses eventos eram detalhadamente descritos nos jornais, e dependendo da importância dos noivos, com as listas dos convidados, dos padrinhos, a descrição da festa, das *toilettes* e até dos presentes recebidos pelo casal. Também parece estranho que o noivo, tão rico, tenha ido trabalhar na indústria do sogro, onde nos dias de greve aparece nos jornais como "diretor". É evidentemente muito difícil, passados cem anos desses eventos, comprovar as reações de natureza íntima e familiar. Mas se pode afirmar com segurança que, pelo menos através da imprensa, a união dessas famílias mereceu um tratamento absolutamente incomum.

Parece claro, por outro lado, que os mecanismos de exclusão social constituíam a última linha de defesa da antiga elite paulista contra a ascensão, que parecia irresistível, dos estrangeiros, que em pouco tempo penetraram tão fundo na sociedade paulista.

Foi principalmente pela cultura e pelas artes que os imigrantes ou seus descendentes se misturaram às elites. Como foi muitas vezes repetido neste livro, as mudanças eram rápidas em São Paulo e, durante os anos 1910 e 1920, a elite urbana paulistana foi incorporando nas suas fileiras novos nomes estrangeiros, de jornalistas, artistas e intelectuais de todos os tipos, que se multiplicaram na cidade e rapidamente ocuparam o seu espaço. Na Semana de Arte Moderna em 1922, muitos deles já se destacavam, como Anita Malfatti, Menotti del Picchia e Victor Brecheret.

Testemunha desse processo, Antônio de Alcântara Machado, ele mesmo um representante das elites tradicionais, escolheu para tema de seu segundo livro os que ele chamou de "novos mamalucos", os italianos que ocuparam a paisagem da cidade, alterando hábitos, comportamentos e até a língua, que nunca mais perderia o acento daquela gente que, segundo ele, "pisou na terra paulista cantando".[37] O livro *Brás, Bexiga e Barra Funda* era dedicado à Lemmo Lemmi, o caricaturista Voltolino, falecido em agosto de 1926, e também "ao triunfo dos novos mamalucos", uma lista com 18 nomes italianos, nascidos ou criados em São Paulo, e que incluía, além dos modernistas citados, o Conde Francisco Matarazzo Júnior, o compositor Francisco Mignone e o boxeador Ítalo Hugo.

Um desses contos – "A Sociedade" – resume de maneira sintética os conflitos subjacentes nas relações entre os imigrantes e as elites locais:

> – Filha minha não casa com filho de carcamano!
>
> A esposa do Conselheiro José Bonifácio de Matos e Arruda disse isso e foi brigar com o italiano das batatas. Teresa Rita misturou lágrimas com gemidos e entrou no quarto batendo a porta. O Conselheiro José Bonifácio limpou as unhas com o palito, suspirou e saiu de casa abotoando o fraque.

O conto, já de início, apresenta a família "da boa sociedade", bem-nascida, mas não tão rica, e a sua filha, encantada com um pretendente, jovem e rico, mas que era tudo, menos de uma "boa família".

> O Lancia passou como quem não quer. Quase parando. A mão enluvada cumprimentou com o chapéu Borsalino.
>
> Uiiiiia – uiiiia! Adriano Melli calcou o acelerador.
>
> Na primeira esquina fez a curva. Veio voltando. Passou de novo. Continuou. Mais duzentos metros. Outra curva. Sempre na mesma rua. Gostava dela. Era a Rua da Liberdade. Pouco antes do número 259-C já sabe: uiiiiia-uiiiiia!
>
> – O que você está fazendo aí no terraço, menina.
>
> – Então, nem tomar um pouco de ar eu posso mais?
>
> Lancia Lambda, vermelhinho, resplendente, pompeando na rua. Vestido do Camilo, verde, grudado à pele, serpejando no terraço.
>
> – Entre já para dentro ou eu falo com seu pai quando ele chegar!
>
> – Ah meu Deus, meu Deus, que vida, meu Deus!
>
> Adriano Melli passou outras vezes ainda. Estranhou. Desapontou. Tocou para a Avenida Paulista.

O pai italiano, porém, tinha planos para o filho:

> – Olha aqui, Bonifácio: se esse carcamano vem pedir a mão de Teresa para o filho, você aponte o olho da rua para ele, compreendeu?

– Já sei, mulher, já sei!

Mas era cousa muito diversa.

O *Cav. Uff.* Salvatore Melli alinhou algarismos torcendo a bigodeira. Falou como homem de negócios que enxerga longe. Demonstrou cabalmente as vantagens econômicas de sua proposta.

– O doutor...

– Eu não sou doutor, Senhor Melli.

– Parlo assim para facilitar. Non é para ofender. Primo o doutor pense bem. E poi me dê a sua resposta. Domani, dopo domani, na outra semana, quando quiser. Io resto à sua disposição. Ma pense bem!

Renovou a proposta e repetiu os argumentos pró. O conselheiro possuía uns terrenos em São Caetano. Cousas de herança. Não lhe davam renda alguma. O *Cav. Uff.* tinha a sua fábrica ao lado. 1.200 teares. 36.000 fusos. Constituíam uma sociedade. O conselheiro entrava com os terrenos. O *Cav. Uff.* com o capital. Arruavam os trinta alqueires e vendiam logo grande parte para os operários da fábrica. Lucro certo, mais que certo, garantidíssimo.

– É. Eu já pensei nisso. Mas sem capital o senhor compreende é impossível...

– Per Bacco, doutor! Mas io tenho o capital. O capital sono io. O doutor entra com o terreno, mais nada. E o lucro se divide no meio.

O capital acendeu um charuto. O conselheiro coçou os joelhos disfarçando a emoção. A negra de broche serviu o café.

– Dopo o doutor me dá a resposta. Io só digo isto: pense bem.

O capital levantou-se. Deu dois passos. Parou. Meio embaraçado. [...] Embatucou. Tinha qualquer cousa. Tirou o charuto da boca, ficou olhando para a ponta acesa. Deu um balanço no corpo. Decidiu-se.

– Ia dimenticando de dizer. O meu filho fará o gerente da sociedade... Sob a minha direção, si capisce.

– Sei, sei... O seu filho?

– Si. O Adriano. O doutor... mi pare... mi pare que conhece ele?

O silêncio do Conselheiro desviou os olhos do *Cav. Uff.* na direção da porta.

Concretizado o impasse, o desfecho é rápido:

213

– E então? O que devo responder ao homem?
– Faça como entender, Bonifácio...
– Eu acho que devo aceitar.
– Pois aceite.
E puxou o lençol.

A outra proposta foi feita de fraque e veio seis meses depois. [...]
No chá do noivado o *Cav. Uff.* Adriano Melli na frente de toda a gente recordou à mãe de sua futura nora os bons tempinhos em que lhe vendia cebolas e batatas, Olio di Lucca e bacalhau português, quase sempre fiado e até sem caderneta.[38]

Nos 13 anos que separavam o casamento de Renata Crespi da publicação do livro de Alcântara Machado, muita coisa havia acontecido.

Epílogo

Embora tudo terminasse bem e o fim da greve fosse intensamente comemorado pela imprensa paulista como uma demonstração do verdadeiro progresso de São Paulo, nos Campos Elísios as feridas continuavam abertas.

Na segunda-feira, 16 de julho, os operários em assembleias puseram fim, oficialmente, à paralisação, e no dia seguinte voltaram ao trabalho. No entanto, na sexta-feira, a cidade foi tomada por boatos de que uma nova e mais violenta greve rebentaria na segunda-feira, 23 de julho, apenas uma semana depois do fim do movimento anterior. O presidente do Estado, Altino Arantes, anotou no seu diário íntimo, no sábado:

[21 de julho de 1917]

Escrevi longamente ao Álvaro de Carvalho, mandando-lhe as minhas impressões pessoais sobre os acontecimentos da greve e sua provável e já anunciada repetição.[1]

No domingo, voltou ao assunto, registrando no diário as suas preocupações:

[22 de julho de 1917]

Recrudesceram agora os rumores de uma nova greve a rebentar amanhã. Estão tomadas todas as medidas de prevenção, e vou agora dormir sob a guarda reforçada, que vale muito, mas, principalmente, sob a proteção de Deus, que é tudo...[2]

Apesar de improvável e um pouco contrária à lógica – já que a greve havia terminado poucos dias antes, muitos acordos estavam sendo concluídos e formalizados, e os operários ainda comemoravam a sua vitória –, o boato correu a cidade. Segundo *O Combate*, a autoria seria da própria polícia:

Desde sexta-feira que no Triângulo, no Brás, [...] por toda a cidade surgiu o boato de que segunda-feira rebentaria uma nova greve contra a polícia. [...]

Atribuiu-se a autoria de semelhante alarma à própria polícia. Para que perguntar-se-á? Para provocar agitações artificiosas que permitissem uma ação violenta contra o proletariado, dizem uns. Para justificar a decretação de lei marcial explicam outros. [...]

O que é fato, é que a atoarda não tem o mínimo fundamento. O operariado negocia com os patrões ainda recalcitrantes, e vai obtendo as concessões possíveis. Por outro lado, aguarda as providências que o governo prometeu e que não podem ser tomadas em 24 horas, como nas mágicas. Greve por que e para que nesse momento? [...]

Esteja a população tranquila. A greve já triunfou sobre o governo e patrões. Não se repetirá agora. Não há necessidade.[3]

Na segunda-feira, a greve prevista pelo governo não ocorreu e, no final daquela noite, Altino Arantes anotou no seu diário as suas

EPÍLOGO

providências de caráter preventivo e a sua convicção sobre a explosão futura de uma greve articulada por exploradores estrangeiros que se infiltravam entre os operários.

[23 de julho]

No despacho do Dr. Eloy, este fez-me uma demorada exposição dos recentes acontecimentos, dos quais resultou, para ele, a convicção de que na nossa aparelhagem policial há três males urgentes a remediar: a) falta de meios de transporte urbano para a movimentação rápida da tropa; b) insuficiência manifesta das forças de cavalaria para as nossas necessidades; c) grandes deficiências no serviço de investigações secretas para o conveniente policiamento da Capital. Reconheci esses defeitos e autorizei providências precisas para a sua pronta correção, visto estarmos todos convencidos de que o movimento grevista – esperado para hoje e felizmente não verificado – está apenas adiado: explodirá em breve – sabe-o agora a polícia – com novos elementos de organização e de resistência e com um programa mais vasto e mais subversivo. Assim o queriam, com efeito, os exploradores estrangeiros que andam a promover e fomentar as massas operárias...

O Dr. Eloy falou-me ainda da necessidade, urgente para a tranquilidade pública e para a defesa da ação governamental, de tratar o Estado, perante a União da imediata importação de trigo, da Argentina, dos Estados Unidos ou mesmo do Chile, para as exigências do nosso consumo.[4]

Como já foi visto, o governo de São Paulo considerava a greve mais um golpe armado pelos inimigos políticos da situação, que tinham sua sede no jornal *O Estado* e o objetivo permanente de confrontar e desestabilizar o governo. Desde 1915, a dissidência do Partido Republicano Paulista, chefiada por Júlio Mesquita, fustigava impiedosamente o poder e, ao longo de todo o seu diário, Altino Arantes queixa-se amargamente dessa oposição que nunca lhe deu trégua. O diário, um conjunto de reflexões muito íntimas, com revelações de caráter pessoal que justificavam o pedido para que os cadernos fossem queimados após a sua morte, mostra sem disfarces o pensamento do governante de São Paulo naqueles tempos agitados.

O *Correio Paulistano* procurava disseminar essas preocupações, mas a cada dia, essa posição ia se mostrando mais isolada, dando margem a críticas recheadas de ironia dos outros jornais:

> O *Correio Paulistano* viu ontem, profusamente espalhados pela cidade, boletins que concitavam à nova greve.
>
> Se o órgão oficial pudesse arranjar-nos um exemplarzinho deles, para amostra...[5]

Enquanto o governo procurava radicalizar a sua posição, *A Gazeta*, *O Estado* e *O Combate* insistiam em desmentir os boatos, e até o semanário anarquista *Guerra Sociale* tratou do assunto com sarcasmo:

> Mas desta nova greve geral, todos sabem alguma coisa, menos os operários que deveriam colocá-la em prática.[6]

O jornal em língua italiana *Fanfulla* foi mais enfático e levantou suspeitas sobre as verdadeiras intenções do governo:

> Excitar os ânimos, suscitar suspeitas, criar uma agitação artificiosa na esperança de que de um incidente possam nascer maiores perturbações é obra delituosa que deve ser repudiada por todos.[7]

O próprio Comitê de Defesa Proletária tratou de desmentir os boatos, justificando que o prazo dado ao governo e aos industriais para o cumprimento dos acordos que resultaram no final da greve vitoriosa ainda não havia se esgotado.[8] Apesar da calma que reinava na cidade, no interior do governo as informações alarmantes se repetiam quase diariamente e Altino Arantes as registra em seu diário, sempre considerando um novo movimento como iminente. No feriado de 7 de setembro, o presidente do Estado seguiu com a família para o interior, mas voltou apressadamente:

> [8 e 9 de setembro de 1917]
>
> Passei estes dois dias na fazenda da Serra, em Vila Bomfim, tendo sido meus companheiros de excursão a Stella, [sua filha], o Meirelles Reis e seu filho Paulo e o Tte. Guedes de Cunha. [...] mas o passeio terminou mais depressa do que esperávamos, por ter eu sido chamado para a capital, pelo Dr. Eloy – justamente apreensivo com novas e sérias ameaças de greve na São Paulo Railway; ameaças que, verificadas, poderiam interromper as comunicações com o interior do Estado e retardar assim o meu regresso. Parti, pois, de volta, pelo noturno do dia 8, tendo embarcado [...] na Estação de Vila Bonfim.[9]

Logo ao chegar a São Paulo, ainda na estação da Luz, Altino recebeu um informe de seu secretário da Justiça e resolveu, quem sabe ali mesmo, tomar as medidas mais drásticas e solicitar ao líder do governo na Câmara dos Deputados que levantasse a questão da decretação do estado de sítio.

[10 de setembro de 1917]

[...] o Eloy informou-me, ainda na gare da Luz, que o movimento estava iminente e com tendências para generalizar-se. Essas informações, confirmou-as e completou-as ele próprio mais tarde, por ocasião do seu despacho comigo. Combinamos então que a polícia agisse com prontidão e energia, abafando logo qualquer tentativa de perturbação da ordem. Assinei a requisição ao Ministro do Interior da expulsão de diversos estrangeiros anarquistas, implicados no movimento subversivo planejado; e escrevi ao Álvaro sobre esse assunto e sobre a necessidade da decretação de "estado de sítio" na hipótese de se agravarem os acontecimentos. "Somos incapazes, disse-lhe eu, de medidas violentas ou de perseguições odiosas contra quem quer que seja. Queremos, porém, estar preparados para, na defesa da ordem pública, cumprir todo o nosso dever."[10]

A suspeita dos jornais quanto às origens dos boatos aparentemente não era infundada. No Palácio dos Campos Elísios, a expectativa de uma nova greve já se prolongava por mais de um mês e a frustação com a inexistência de um movimento ficou patente no diário de Altino Arantes. Apesar disso, as providências foram tomadas:

[11 de setembro de 1917]

Continuaram os boatos da greve; mas, à noite, nos Campos Elíseos, o Eloy anunciara-me que o movimento lhe parecia abortado. Foi pena, porque já era tempo de se arrumar, de vez, esse incômodo tumor, que nos anda molestando, há tanto tempo, e que precisa desaparecer – eliminado ou eliminando-nos... Com essa notícia tranquilizadora, chegara-me também um telegrama do Ministro do Interior, participando-me que, hoje mesmo, haviam sido expedidos os decretos de expulsão de estrangeiros, por mim solicitados ontem. Esses atrevidos perturbadores da ordem pública não perderão por esperar mais algum tempo![11]

No dia seguinte, Altino volta a registrar no diário a sua versão, cada vez mais radicalizada, dos acontecimentos:

[12 de setembro de 1917]

Assentei com o Dr. Eloy em que fossem executados, durante esta noite, os decretos de expulsão de estrangeiros implicados em tentativas de perturbação da ordem pública, de acordo com o telegrama do Sr. Ministro do Interior. São eles em número de vinte e seis, e todos segundo informa a Polícia, anarquistas perigosos que, ainda nas últimas reuniões operárias, pregaram o assassinato do Secretário da Justiça e do Delegado Geral.[12]

No dia 14 de setembro, *A Gazeta*, em editorial, reitera que "o mundo operário não pensa em recorrer de novo à greve para obter novas melhorias de salário".[13] Mas já era tarde. Enquanto a edição d'*A Gazeta* era distribuída, a mudança de situação foi sendo conhecida e nessa noite o presidente do Estado, Altino Arantes, anotou no seu diário:

[14 de setembro de 1917]

Antes do almoço, esteve em Palácio o dr. Eloy, acompanhado do Rafael, e cientificou-me de ter a polícia efetuado, no correr da noite, dezesseis prisões de estrangeiros a serem deportados.[14]

Além dos estrangeiros, a polícia também prendeu Edgard Leuenroth, um dos principais líderes anarquistas da cidade, nascido em Mogi Mirim e vivendo desde a infância no Brás. Como era impossível classificá-lo como estrangeiro, pesou sobre ele a curiosa acusação de "autor intelectual" do saque ao depósito de farinha do Moinho Santista, nos últimos dias da greve.

Os deportados passaram por um longo calvário, percorrendo diversos portos da costa brasileira, a caminho da Europa e de Barbados, onde foram desembarcados Florentino de Carvalho, Antônio Nalepinsky e José Sarmento Marques, líderes do Comitê de Defesa Proletária, que fugiram do navio que os levaria para Europa em Recife, sendo recapturados e remetidos para o Caribe. Enquanto isso se dava, os jornais de São Paulo, com exceção do *Correio Paulistano*, protestavam. O caso percorreu todas as instâncias da Justiça e uma ampla campanha em apoio aos deportados foi posta em prática, sendo encarregado da defesa dos réus o advogado Evaristo de Morais, célebre por ter defendido o marinheiro João Cândido, líder na Revolta da Armada.

Finalmente, em 10 de novembro de 1917, o Supremo Tribunal Federal se pronunciou em definitivo em favor dos réus, conforme noticia alegremente *O Estado*:

> O Supremo Tribunal Federal, após longa discussão, considerou os operários expulsos vítimas de uma violência policial, de uma ilegalidade provada, e determinou que cesse incontinenti o constrangimento em que se acham.
>
> Era apenas isso que o "Estado" exigia de nossa polícia. Os defensores do situacionismo acusaram-nos de fazer causa comum com os anarquistas porque pugnávamos pela liberdade e pela justiça. O Supremo Tribunal Federal colocou-se ao nosso lado. Confessamos que esta companhia não nos desagrada e que até a preferimos...[15]

Altino Arantes, derrotado e com certeza decepcionado, apenas anotou no seu diário: "*Erat in fatis!...*"[16]

A atitude de Altino Arantes, embora pareça radical e isolada, reflete o seu entendimento do jogo político do período. Para ele, as forças de oposição, que tinham como centro e motor o jornal *O Estado de S. Paulo*, desde o princípio teriam utilizado as insatisfações dos operários para desgastá-lo e, ao incentivar o movimento, como ele supunha que parte da imprensa fizera, buscavam atingir o seu governo e desestabilizá-lo. O seu ataque aos anarquistas procurava, no fundo, alcançar o cerne da oposição, como fica claro na anotação posta no seu diário ao final da greve, já citada, mas que vale a pena reler:

> [17 de julho de 1917]
>
> [...] expus as minhas impressões sobre o movimento grevista, a que acabávamos de assistir. Do manifesto mentiroso e francamente ameaçador, que os jornais da manhã – ou melhor que o "Estado de São Paulo" divulgava [...] e de outros indícios relevantes que apontei, a conclusão a tirar-se era que, no fundo de toda essa injustificada agitação, o que havia era nada mais, nada menos que uma clamorosa exploração política contra o governo do Estado e contra a ordem de cousas assentadas na federação agora e para o futuro...
>
> Os inimigos eram, aliás, bem conhecidos e, nesse caso, não se ocultavam convenientemente. O seu reduto estava no "Estado" [...].[17]

Não se deve esquecer que, nesse momento, se estava buscando consolidar a candidatura de Rodrigues Alves, padrinho político de Altino, para a presidência da República, contestada por Rui Barbosa, aliado de *O Estado* e dos dissidentes, na convenção realizada em junho.[18] Essa, provavelmente, era a referência de Altino, ao protestar contra "uma clamorosa exploração política contra o governo do Estado e contra a ordem de cousas assentadas na federação agora e para o futuro...". Os operários e o seu movimento inevitavelmente se tornaram peças do jogo do poder, nesse período em que as divisões dentro da elite paulista não só se acentuavam, como eram cada vez mais públicas e explícitas. Mas a entrada dos trabalhadores no mundo da política brasileira, anunciada em São Paulo em 1917, era definitiva e com ela emergia "a questão social".

A QUESTÃO SOCIAL, UM CASO DE POLÍCIA

Quando candidato ao governo de São Paulo em 1920, Washington Luís participou do tradicional banquete no Theatro Municipal, onde o ungido pela cúpula do PRP era formalmente apresentado ao partido e à sociedade e lia a sua plataforma de governo. Nesse discurso, Washington Luís disse que:

> [...] em São Paulo, pelo menos, a agitação operária é uma questão que interessa mais à ordem pública do que à ordem social; representa ela o estado de espírito de alguns operários, mas não o estado de uma sociedade. [...]
>
> Homens vindos de outros climas, habituados a outras leis, martirizados por sofrimentos por nós desconhecidos, exacerbados por males que aqui não medraram, agitam-se e agitam, num momento propício, como seja a carestia da vida intercorrentemente produzida pela guerra europeia, a falar em reivindicações de direitos que lhes não foram negados, a reclamar contra situações que não existem. [...]
>
> Não quer isto dizer que as lições tumultuosas das revoluções alheias não sirvam ao encaminhamento seguro da nossa evolução, na qual o trabalho e o capital têm de ser defendidos, visto que, se o capital não vive sem o trabalho, o trabalho não prospera sem capital. Só no consórcio humano e inteligente dos dois, as crises atuais encontrarão remédio e solução.[19]

EPÍLOGO

Foi um outro membro da elite paulista, Amadeu Amaral, poeta e folclorista, redator-chefe de *O Estado de S. Paulo* e membro, desde 1919, da Academia Brasileira de Letras, onde substituiu ninguém menos que Olavo Bilac, que ajudou a celebrizar esse discurso protocolar de Washington Luís.

Sendo candidato independente e sem partido a deputado estadual em 1922, contra o poder do PRP que Washington Luís representava, ele deu um tratamento venenoso àquele discurso.

> O Sr. Presidente do Estado, em sua plataforma, teve uma expressão que fez bela carreira através da imprensa nacional e da opinião conservadora, sendo festejada como a fórmula precisa e luminosa da chamada questão social entre nós. Disse S.Exa. que questão operária era antes de ordem pública do que qualquer outra ordem... Deixou assim indicada a solução que se lhe antolhava melhor: consistia no emprego de medidas enérgicas, no sentido de abafar agitações. Quem teria de proceder, principalmente, era a polícia e não o legislador. [...] Para muita gente, como para o honrado Dr. Washington Luís, a questão social no Brasil se reduz à mera questão de polícia.[20]

A frase: "a questão social é um caso de polícia" nunca foi pronunciada por Washington Luís, mas ficou célebre como sendo de autoria dele.[21] Mais do que as intenções ocultas das elites paulistas, ela revela, na realidade, as suas muitas divisões, que foram se aprofundando ao longo dos anos 1920.

À greve de 1917 sucederam-se outras greves, mas seu ímpeto diminuiu e a reação a elas aumentou. Em 1922, São Paulo acompanhou de longe a Revolta dos 18 do Forte de Copacabana e assistiu de perto ao bombardeio da cidade em julho de 1924, ordenado pelo presidente Arthur Bernardes e que, para escândalo de boa parte dos paulistas, contou com o apoio do presidente do Estado, Carlos de Campos. Esse episódio veio demonstrar, por um lado, que a hegemonia paulista já não era a mesma no plano nacional e que, no plano local, as divisões que eram visíveis se aprofundavam. Em 1926, a criação do Partido Democrático oficializa finalmente uma ruptura, mas o poder, as elites paulistas só iriam perder com a Revolução de 30.

Notas

INTRODUÇÃO (p. 9-14)

1. *A Gazeta*. São Paulo, 10 de julho de 1917, p. 1.
2. No primeiro número do jornal *A Redenção*, dirigido por Antônio Bento e publicado em janeiro de 1887, o objetivo do grupo estava claramente expresso e não deixava dúvidas: "Divergimos completamente tanto dos liberais resistentes, como dos escravocratas, não concordamos com as ideias conservadoras e detestamos aqueles que, trazendo o capacete frígio na cabeça, trazem na mão o bacalhau com que quotidianamente surram os seus míseros escravos. Nós queremos a libertação imediata, sem prazo; para consegui-la aceitamos a própria revolução porque não podemos admitir que continuem debaixo do azorrague e da escravidão tantos brasileiros que, livres, poderiam concorrer vantajosamente para a felicidade de nossa pátria." *A Redenção*. São Paulo, 2 de janeiro de 1887, p. 1. Ver também: CALDEIRA, Jorge. *Júlio Mesquita e seu tempo*. São Paulo: Mameluco, 2015, v. 1, p. 21.
3. THOMPSON, Edward P. *A formação da classe operária inglesa*. Rio de Janeiro: Paz e Terra, 1987, v. 1, p. 13.

SÃO PAULO SE ENCONTRA COM O SÉCULO XX (p. 15-71)

1. *O Estado de S. Paulo*. São Paulo, 6 de abril de 1917, p. 2.
2. MESQUITA, Júlio. *A Guerra (1914-1918)*. São Paulo: Terceiro Nome, 2002, v. 3, p. 616.
3. *O Estado de S. Paulo*. 7 de abril de 1917, p. 2.
4. *O Estado de S. Paulo*. 6 de abril de 1917, p. 2.
5. *O Estado de S. Paulo*. 7 de abril de 1917, p. 2.
6. Um dos fatores que contribuíram para o desgaste público do ministro Lauro Müller, além do fato de ser ele descendente de alemães, foi o lento processo de expulsão do embaixador e do pessoal alemão do país. Embora se esperasse que o grupo saísse do Rio imediatamente após o rompimento de relações, ele só deixou a capital em 27 de abril, com destino a São Paulo, onde um trem os levou por terra ao Uruguai. *A Gazeta*. 28 de abril de 1917, pp. 1 e 6.
7. *Correio Paulistano*. 11 de abril de 1917, p. 1.
8. *O Estado de S. Paulo*. 11 de abril de 1917, p. 5.
9. *Id*.
10. *Id*.
11. *Id*.
12. *Id*., p. 6.
13. *Id*.
14. *Id*., p. 4.

[15] *Correio Paulistano*. 11 de abril de 1917, p. 1.
[16] MESQUITA, Júlio. Op. cit., p. 616.
[17] SAINT-HILAIRE, Auguste de. *Viagem à província de São Paulo*. São Paulo: Edusp, 1972, p. 161.
[18] *Ibid.*, p. 154.
[19] BUENO, Beatriz Piccolotto Siqueira. "Tecido urbano e mercado imobiliário em São Paulo: metodologia de estudo com base na Décima Urbana de 1809". *Anais do Museu Paulista,* São Paulo, v. 13, n. 1, jan./jun. Disponível em: <http://dx.doi.org/10.1590/S0101-47142005000100003>. Acesso em: 21 fev. 2020.
[20] BUENO, Beatriz Piccolotto Siqueira. *Op. cit.*
[21] *Ibid.* Entre os 20 maiores proprietários urbanos da cidade, 3 dos 4 primeiros eram ordens religiosas: São Bento, Carmo e Santa Teresa. O outro era a Câmara. Esses imóveis eram na quase totalidade destinados a aluguel.
[22] BEIER, José Rogério. "A contribuição de Daniel Pedro Müller para a transição do ensino de engenharia militar para a civil na província de São Paulo (1802-1841)". *História e Cultura,* Franca, v. 4, n. 1, pp. 377-400, mar. 2015. Disponível em: <https://www.google.com.br/search?q=daniel+pedro+miller&ie=utf-8&oe=utf-8&client=firefox-b-ab&gfe_rd=cr&ei=o-djWKmgIqHX8gelqIKwDg#q=daniel+pedro+muller>. Acesso em: 14 jan. 2020.
[23] BASSANEZI, Maria Silvia C. Beozzo. *São Paulo do passado: dados demográficos – capital VII.* Campinas: Editora Unicamp, 2000, p. 39.
[24] *Ibid.*, pp. 145 e segs.
[25] *Ibid.*, p. 107.
[26] SILVA, Sergio. *Expansão cafeeira e origens da indústria no Brasil.* São Paulo: Alfa-omega, 1976, p. 50.
[27] ZALUAR, Augusto Emilio. *Peregrinação pela província de S. Paulo (1860-1861).* São Paulo: Cultura, 1945, p. 135.
[28] "Não são, portanto, as riquezas da região onde se situa São Paulo, riquezas naturais inexistentes, que estão na base do desenvolvimento da cidade. É a outros fatores que São Paulo deve o seu progresso. Um sobretudo, que em última análise explica e condiciona os demais, e que é a posição relativa que a cidade ocupa no conjunto do sistema econômico político e social de que é centro geográfico natural e necessário." PRADO JR., Caio. *Evolução política do Brasil.* São Paulo: Brasiliense, 1972, p. 112.
[29] WALKER, José Roberto; BRAZ, Pedro José. *Sala São Paulo*: café, ferrovia e a metrópole. São Paulo: Arquivo do Estado, 2001, p. 50.
[30] CALDEIRA, Jorge. *Júlio Mesquita e seu tempo.* São Paulo: Mameluco, 2015, v. 1, p. 98.
[31] *Gazeta de Campinas*. Campinas, 31 de outubro de 1869, p. 1.
[32] GRAHAM, Richard. *Escravidão, reforma e imperialismo.* São Paulo: Perspectiva, 1979, p. 62.
[33] BETHEL, Leslie. *A abolição do tráfico de escravos no Brasil.* São Paulo: Edusp, 1976, p. 309 e segs.
[34] SCHULZ, John. *A crise financeira da abolição.* 2. ed. São Paulo: Edusp, 2013, p. 43.
[35] *Ibid.*, p. 63.
[36] *Diário do Rio de Janeiro*. 19 de setembro de 1864. Apud MACHADO DE ASSIS, J. M. *Crônicas, 2º vol. (1864-1867).* Rio de Janeiro: W. M. Jackson Inc., 1957, p. 148.
[37] *Correio Paulistano*. 24 de setembro de 1864. Apud *Relatório da commissão encarregada de proceder a um inquerito sobre as causas principaes e accidentaes da crise do mez de setembro de 1864.* Rio de Janeiro: Typographia Nacional, 1865, p. E-52.
[38] SCHULZ, John. *Op. cit.*, p. 75. É de notar que apesar das ressalvas do autor, os números citados provavelmente refletem o crescimento do volume de dinheiro em circulação no período e estão alinhados às avaliações de outras fontes.
[39] CALDEIRA, Jorge. *História da riqueza no Brasil.* Rio de Janeiro: Estação Brasil, 2017, p. 272.

⁴⁰ WALKER, José Roberto. Entre o litoral e o planalto, 150 anos de ferrovia no Brasil. *In*: WALKER, José Roberto; GURGEL, Antônio; LACERDA, Guilherme. *Ferrovia*: um projeto para o Brasil. São Paulo: Contexto, 2005, p. 19. Ver também *Correio Paulistano*, 7 de setembro de 1865, p. 2.

⁴¹ BRASIL. Decreto n. 1.759, de 26 de abril de 1856. *In*: Portal da Câmara dos Deputados. Disponível em: <https://www2.camara.leg.br/legin/fed/decret/1824-1899/decreto-1759-26-abril-1856-571236-publicacaooriginal-94323-pe.html>. Acesso em: 16 mar. 2020.

⁴² "Durante o tempo do privilégio não se poderá conceder empresas de outros caminhos de ferro dentro da distância de cinco léguas de 18 ao grau, [equivalente a 6.172 metros], tanto de um como de outro lado, e na mesma direção desta estrada, salvo se houver acordo com a Companhia." Id.

⁴³ "A Companhia se obriga a não possuir escravos, e a não empregar no serviço da construção da estrada de ferro senão pessoas livres, que, sendo nacionais, poderão gozar da isenção do recrutamento, bem como do serviço ativo da Guarda Nacional, e sendo estrangeiras, participarão de todas as vantagens, que por Lei são e forem concedidas aos colonos úteis e industriosos." Id.

⁴⁴ *Id.*

⁴⁵ WALKER, José Roberto. Op. cit., p. 19.

⁴⁶ Nascido em Olinda, foi eleito deputado geral pela primeira vez em 1848 pela sua província natal. Foi presidente em Minas Gerais de 1865 a 1867 e eleito novamente deputado geral por Pernambuco, foi nomeado presidente da província de São Paulo pelo gabinete de Zacarias de Góes e Vasconcelos. Liberal radical, com a queda de Zacarias e a volta dos conservadores ao poder, afastou-se do seu antigo partido para iniciar a organização republicana. Em 1870, foi um dos fundadores do Clube Republicano no Rio de Janeiro e, também, um dos signatários do Manifesto lançado juntamente ao jornal *A República*, em dezembro de 1870, no Rio de Janeiro.

⁴⁷ *Correio Paulistano*. 15 de dezembro de 1867, p. 1.

⁴⁸ *Id.*

⁴⁹ *Id.*

⁵⁰ *Id.*, p.1 e segs

⁵¹ *Correio Paulistano*. 15 de dezembro de 1867, p. 1 e segs.

⁵² *Id.*

⁵³ *Id.*

⁵⁴ Vicente de Sousa Queiróz (São Paulo, 1813 – Baependi, 1872), Barão de Limeira, foi proprietário rural e político. Era filho do brigadeiro Luís Antônio de Sousa Queiróz (1746-1819), fazendeiro, negociante e grande proprietário com múltiplas atividades na cidade, tendo sido considerado o homem mais rico de São Paulo. Ver também BUENO, Beatriz Piccolotto Siqueira. *Op. cit.*

⁵⁵ Joaquim José dos Santos Silva (São Paulo, 1799-1876), Barão de Itapetininga, foi empresário rural e urbano. Era filho do Cel. Joaquim José dos Santos, que consta como proprietário de cinco casas de aluguel em São Paulo em 1809. Recebeu o título de Barão de Itapetininga por decreto imperial de D. Pedro II em 1863. Era dono da "Chácara do Chá", no Vale do Anhangabaú, onde hoje se localiza o Viaduto do Chá. Foi deputado provincial na legislatura 1842-1843. Era sogro de Joaquim Egydio de Souza Aranha, mais tarde Marques de Três Rios, e futuro presidente da província de São Paulo, também presente na reunião da Câmara de Campinas onde subscreveu 50 ações.

⁵⁶ MARCONDES, Renato Leite. O financiamento hipotecário da cafeicultura no Vale do Paraíba paulista (1865-87). *Revista Brasileira de Economia*, Rio de Janeiro, v. 56, n. 1, mar. 2002, n. p. Disponível em: <https://periodicos.fgv.br/rbe/article/view/810/888>. Acesso em: 10 set. 2024. Warren Dean aponta para Rio Claro, uma região mais dinâmica, o valor de 1:700$ para um escravo masculino de 15 a 29 anos no ano de 1867. Ver DEAN, Warren. *Rio Claro, um sistema brasileiro de grande lavoura 1820-1920*. Rio de Janeiro: Paz e Terra, 1977, p. 66.

⁵⁷ "Art. 53. Depois de construída a estrada, o Governo da Província completará os 7% garantidos, se porventura os lucros líquidos da Companhia não atingirem esse quantum: e pagá-lo-á por inteiro

até o máximo de 7%, se a Companhia não auferir lucro algum. Art. 55. Logo que os lucros líquidos excedam a 10%, o Governo da Província entrará em partilha igual com a Companhia no excesso dos 10%." BRASIL. Decreto n. 4.283, de 28 de novembro de 1868. Disponível em: <https://www2.camara.leg.br/legin/fed/decret/1824-1899/decreto-4283-28-novembro-1868-553709-publicacaooriginal-71849-pe.html>. Acesso em: 12 dez. 2021.

[58] *Gazeta de Campinas*. 18 de agosto de 1872, p. 2.

[59] *Id.*, p. 3.

[60] *Gazeta de Campinas*, 7 de novembro de 1869, pp. 1-2.

[61] *Id.*

[62] *Correio Paulistano*. 24 de abril de 1873, p. 2.

[63] SAES, Flávio Azevedo Marques de. *As ferrovias de São Paulo:* 1870-1940. São Paulo: Hucitec, 1981, p. 24.

[64] *Ibid.*, p. 152.

[65] BRASIL. Decreto n. 3.503, de 10 de julho de 1865. Transfere as ações da Companhia e estabelece que: "A estrada de ferro e suas obras, armazéns, edifícios, máquinas, materiais, bens móveis e imóveis, dividas ativas, em suma tudo o que forma o ativo da Companhia constante do balanço apresentado passará a ser sem a mínima reserva propriedade do Estado; que em consequência ficará também responsável pelo passivo da Companhia. [...] Aprovado o contrato, ficará extinta e dissolvida a Companhia da Estrada de Ferro de D. Pedro II, passando para o Governo todos os seus direitos e deveres, e portanto aliviados os membros da Diretoria de toda a responsabilidade civil pelos contratos anteriormente celebrados, que passarão ao Governo sobre as mesmas condições por que estavam sujeitos os membros da Diretoria". Disponível em: <https://www2.camara.leg.br/legin/fed/decret/1824-1899/decreto-3503-10-julho-1865-554859-publicacaooriginal-73814-pe.html>. Acesso em: 16 fev. 2020.

[66] MELNIXENCO, Vanessa Cristina. A estrada de ferro de Cantagallo (1857=1873). *Anais Eletrônicos do 14º Seminário Nacional de História da Ciência e da Tecnologia – 14º SNHCT*. Belo Horizonte, campus Pampulha da Universidade Federal de Minas Gerais (UFMG), 8 a 11 de outubro de 2014.

[67] CALDEIRA, Jorge. *Júlio Mesquita e seu tempo*, v. 4, p. 8.

[68] FALA DO TRONO. Sessão de 5 de maio de 1879. *Annaes do Parlamento Brazileiro*, Rio de Janeiro, Câmara do Srs. Deputados, Typographia Nacional, 1879, p. 2.

[69] SCHULZ, John. Op. cit, p. 110.

[70] Congresso Agrícola 1878. *Anais do Congresso Agrícola*, realizado no Rio de Janeiro em 1878. Edição fac-similar. Rio de Janeiro: Fundação Casa de Rui Barbosa, 1988.

[71] *Id.*, p. 31.

[72] *Ibid.*, p. 73.

[73] SCHULZ, John. Op. cit, p. 64.

[74] *Ibid.*

[75] MARCONDES, Renato Leite. O financiamento hipotecário da cafeicultura no Vale do Paraíba paulista (1865-87). *Revista Brasileira de Economia*, v. 56, n. 1, mar. 2002, n. p.

[76] *Ibid.*

[77] *Ibid.*

[78] *Ibid.*

[79] DEAN, Warren. Op. cit., p. 48.

[80] SAES, Flávio Azevedo Marques de. *Crédito e bancos no desenvolvimento da economia paulista (1850-1930)*. São Paulo: IPE/USP, 1986, p. 68. Renato Marcondes aponta taxas de 11% a 14% nas décadas de 1860-70 em Lorena e Guaratinguetá. Ver: MARCONDES, Renato Leite. Op. cit.

[81] *Correio Paulistano*. 12 de novembro de 1881, p. 3.
[82] SCHULZ, John. Op. cit., p. 90.
[83] BRASIL. Lei n. 1.237, de 24 de setembro de 1864. Reforma a Legislação Hypothecaria, e estabelece as bases das sociedades de crédito real. Disponível em: <http://legis.senado.leg.br/norma/542870/publicacao/15635516>. Acesso em: 16 maio 2022.
[84] SCHULZ, John. Op. cit., p. 101.
[85] "Os fazendeiros do congresso de 1878 culparam a dívida interna por suas dificuldades em obter empréstimos. Embora os plantadores se queixassem da falta de crédito, eles eram na verdade um risco insatisfatório. Suas ações próprias para se proteger, como tornar a execução das hipotecas virtualmente impossível, deram aos banqueiros pouco incentivo para emprestar aos fazendeiros. Um banqueiro ou outro investidor que não desejasse adquirir títulos imperiais tinha outras oportunidades de aplicar seus fundos: títulos e ações de ferrovias, depósitos bancários locais com juros, títulos ou letras de câmbio estrangeiros e imóveis urbanos. A disponibilidade dessas alternativas fez com que os investidores dificilmente aceitassem o risco de emprestar a fazendeiros ilíquidos, cujas terras não poderiam ser executadas." SCHULZ, John. Op. cit., p. 117.
[86] HANLEY, Anne G.; MARCONDES, Renato Leite. Bancos na transição republicana em São Paulo: o financiamento hipotecário (1888-1901). *Estudos Econômicos*, São Paulo, v. 40, n. 1, p. 4, jan./mar. 2010. Disponível em: <http://www.scielo.br/scielo.php?script=sci_arttext&pid=S0101-41612010000100004>. Acesso em: 14 ago. 2021.
[87] MARCONDES, Renato Leite. Op. cit.
[88] No plano nacional foi promulgada a Lei n. 3.150, de 4 de novembro de 1882, que reduziu as exigências de autorização governamental para a formação de sociedades anônimas. Excetuando os bancos estrangeiros, os hipotecários e os de emissão, todos os outros bancos podiam se organizar com o simples registro na Junta Comercial e apenas com a integralização de 10% do seu capital. Ver HANLEY, Anne G.; MARCONDES, Renato Leite. Bancos na transição republicana em São Paulo: o financiamento hipotecário (1888-1901). *Estudos Econômicos*, São Paulo, v. 40, n. 1, p. 5, jan./mar. 2010.
[89] MARCONDES, Renato Leite. Op. cit.
[90] BRASIL. Lei n. 145, de 25 de junho de 1881. Autoriza o Presidente da província a garantir o juro de 7% ao ano, pelo prazo de 30 anos, ao capital de cinco mil contos de réis, de um banco ou companhia que se estabelecer nesta província. Disponível em: < https://www.al.sp.gov.br/repositorio/legislacao/lei/1881/lei-145-25.07.1881.html>.
[91] Ver HANLEY, Anne G.; MARCONDES, Renato Leite. Op. cit., p. 6.
[92] BRASIL. Lei n. 660, de 28 de agosto de 1899. Autoriza o governo a reformar o contrato celebrado com o Banco de Crédito Real de São Paulo.
[93] HANLEY, Anne G.; MARCONDES, Renato Leite. Op. cit., p. 7.
[94] *Ibid.*, p. 10.
[95] LOBATO, J. B. Monteiro. *Negrinha*. São Paulo: Brasiliense, 1950, p. 22.
[96] Excluindo-se Cotia, Guarulhos, São Bernardo e Juqueri, que foram sendo desmembrados ao longo do século XIX. Ver: BASSANEZI, Maria Silvia C. Beozzo. Op. cit., pp. 183 e segs.
[97] *Ibid.*
[98] HOLLOWAY, Thomas H. *Imigrantes para o café*: café e sociedade em São Paulo - 1886-1934. Rio de Janeiro: Paz e Terra, 1984, p. 62.
[99] "Uma lei Provincial, de 29 de março de 1884, criou uma taxa anual de um mil-réis por escravo empregado na agricultura e duas vezes essa soma por escravo não empregado na agricultura, destinada a financiar o serviço de imigração." *Ibid.*, p. 62.

[100] *Ibid.*
[101] "Os cavalheiros que assinaram o contrato com o governo são os srs.: drs. Martinho da Silva Prado Junior, Raphael Aguiar Paes de Barros, Nicolau de Souza Queiroz, condes de Itu e Três Rios, visconde do Pinhal, barões de Tatuhy, Mello e Oliveira, e Piracicaba, drs. Augusto Cincinato de Almeida Lima, Francisco Antônio de Souza Queiroz Filho e Francisco Aguiar Paes de Barros, srs. coronéis Antônio Leme da Fonseca e Joaquim da Cunha Barreiro, srs. Jorge Tibiriçá, Antônio Paes de Barros, Benedicto Augusto Vieira Barbosa, Luiz de Souza Queiroz e Antônio de Souza Queiroz." *Correio Paulistano.* 4 de julho de 1886, p. 2.
[102] *Ibid.*, p.2 e HOLLOWAY, Thomas H. Op. cit., p. 64.
[103] *Correio Paulistano.* 4 de julho de 1886, p. 2; e CALDEIRA, Jorge. *Júlio Mesquita e seu tempo*, pp.192 e 195.
[104] *Correio Paulistano.* 4 de julho de 1886, p. 2.
[105] HOLLOWAY, Thomas H. Op. cit., p. 64
[106] *Ibid.*, p. 65.
[107] CALDEIRA, Jorge. *Júlio Mesquita e seu tempo*, p.196
[108] HOLLOWAY, Thomas H. Op. cit., p. 68
[109] *Ibid.*, p. 68.
[110] *Ibid.*, p. 66.
[111] Revista *A Cigarra*, n. 70, 11 de julho de 1917.
[112] CALDEIRA, Jorge. *Júlio Mesquita e seu tempo*, p. 10.
[113] FRANCO, Gustavo H. B.; LAGO, Luiz Aranha Correa do. *A economia da República Velha, 1889-1930.* Rio de Janeiro: Departamento de Economia/ PUC Rio, versão preliminar, 2011, p. 4.
[114] Entre 1889 e 1899, o meio circulante no Brasil passou de 206 mil contos para 733 mil contos. Ver: FUNDAÇÃO IBGE. *Estatísticas históricas do Brasil.* 2. ed. revista e atualizada do volume 3 de Séries Estatísticas Retrospectivas. Rio de Janeiro: IBGE, 1990, p. 545.
[115] FRANCO, Gustavo H. B.; LAGO, Luiz Aranha Correa do. *Op. cit.*, p. 9.
[116] *Ibid.*, p. 12.
[117] DIRECTORIA GERAL DE ESTATISTICA. *Synopse do recenseamento de 31 de dezembro de 1900.* Rio de Janeiro: Typographia da Estatística, 1905.
[118] DIRECTORIA GERAL DE ESTATISTICA. *Recenseamento do Brasil 1920, vol. IV, população.* Rio de Janeiro: Typographia da Estatística, 1926.
[119] HOLLOWAY, Thomas H. *Op. cit.*, p. 106.
[120] *Ibid.*
[121] *Id.*
[122] AMERICANO, Jorge. *São Paulo naquele tempo (1895-1915).* São Paulo: Carrenho, 2004, p. 317.
[123] *Ibid.*, p. 52.
[124] *Ibid.*, p. 317.
[125] *Ibid.*, p. 133.
[126] TOLEDO, Roberto Pompeu. *A capital da solidão*: uma história de São Paulo das origens a 1900. Rio de Janeiro: Objetiva, 2003, p. 450.
[127] MARTINS, José de Souza. *Conde Matarazzo, o empresário e a empresa.* São Paulo: Hucitec, 1976, p. 22.
[128] GATTAI, Zélia. *Anarquistas, graças a Deus.* Rio de Janeiro: Record, 1980, p. 9.
[129] *Ibid.*, p. 13.
[130] HOLLOWAY, Thomas H. *Op. cit.*, p. 91.
[131] BASSANEZI, Maria Silvia Beozzo. Op. cit., p. 517.

[132] DIRECTORIA GERAL DE ESTATISTICA. *Recenseamento do Brasil 1920*, vol. IV, população, p. 545.

[133] "Uma vez formado no ginásio, penetrei no jornalismo. Nos primeiros meses de 1909 fui admitido, a pedido de meu pai, na redação do *Diário Popular*. Ganhava sessenta mil-réis por mês que religiosamente gastava em presentes a meus pais." ANDRADE, Oswald. *Um homem sem profissão*. São Paulo: Livraria José Olympio, 1954, p. 89.

[134] BANANÉRE, Juó (Alexandre Ribeiro Marcondes Machado). *La divina increnca*. São Paulo: Folco Masucci, 1966, p. 30.

[135] *Ibid.*, p. 48.

[136] BARROS, Maria Paes de. *No tempo de dantes*. São Paulo: Paz e Terra, 1998, p. 14.

[137] *Correio Paulistano*. 8 de abril de 1917, p. 5. "Departamento de Costura. Nosso departamento de vestidos e tailleurs é agora dirigido por um modista francês altamente experiente. Os nossos clientes podem confiar-nos as suas encomendas, com a certeza de receber uma criação de suprema elegância e que segue as últimas ideias dos grandes costureiros de Paris. Preços moderados" (tradução do autor).

[138] "Leio *Leur âme* para grupos de amigos. Vazei principalmente nessa peça, que nos cafés escrevi em francês com Guilherme de Almeida, toda a crise amorosa que me oprimiu. Suzanne Deprés [sic], de passagem por São Paulo, representou com Lugné-Poe um ato dela no Teatro Municipal. Eu e Guilherme estávamos por detrás do palco. O teatro repleto". ANDRADE, Oswald. Op. cit., p.156.

[139] *O Pirralho*. São Paulo, 8 de janeiro de 1916, n. 210, p. 6.

[140] *O Furão*. São Paulo, 6 janeiro de 1917, p. 3. Estrela de Montmartre – Rua Cons. Crispiniano, 19 – Diretora Proprietária: Mme. Bianca Perla – Pensão para Artistas – A mais chic de São Paulo – Quartos ricamente mobiliados – Banhos quentes e frios – Cozinha de primeira ordem – Perto dos Teatros

[141] CLEMENCEAU, Georges. *Notes de voyages das l'Amerique du Sud*: Argentine, Uruguay, Brésil. Paris: Hachette et Cie., 1911, p. 242 (tradução do autor).

[142] BARROS, Maria Paes de. Op. cit., pp. 57-60.

[143] CALDEIRA, Jorge. *História da riqueza no Brasil*. Rio de Janeiro: Estação Brasil, 2017, p. 494.

[144] AMERICANO, Jorge. *Op. cit.*, p. 360.

[145] SODRÉ, Nelson W. *A história da imprensa no Brasil*. Rio de Janeiro: Civilização Brasileira, 1966, p. 397.

[146] *O Estado de S. Paulo*. 12 de novembro de 1914, p. 3.

[147] AZEVEDO, Carmen Lúcia de; CAMARGOS, Márcia; SACHETTA, Vladimir. *Monteiro Lobato*: furacão na Botocúndia. São Paulo: Editora Senac, 1997, p. 54.

[148] O episódio se refere à primeira batalha do Marne, travada entre 5 e 12 de setembro de 1914 e que resultou na vitória das forças franco-britânicas que impediram a chegada dos exércitos alemães em Paris. AMERICANO, Jorge. Op. cit., p. 369.

[149] Na reunião que tinha por finalidade alcançar um acordo para pôr fim à greve geral que paralisava a cidade, realizada na redação de *O Estado* em 14 de julho de 1917, reunindo os industriais e a imprensa, assinaram a ata representando a imprensa: Nestor Rangel Pestana, por *O Estado*; João Silveira Junior, pelo *Correio Paulistano*; Nereu Rangel Pestana, por *O Combate*; J. M. Lisboa Junior, pelo *Diário Popular*; A. A. de Covello, por *A Gazeta*; João Castaldi, por *A Capital*; Valente de Andrade, pelo *Jornal do Commercio*; Waldomiro Fleury, pela *Plateia*; José Eiras Garcia, pelo *Diario Hespanhol*; Umberto Serpieri, pela *Fanfulla*; Paulo Mazzoldi, por *Il Piccolo*; E. França Ferreira, pelo *Diário Alemão*; E. Holtender, por *Le Messager de São Paulo*. Assinaram também, Felippe de Lima, por A Propaganda; Henrique Geenen, por *Germania* e Antônio Figueiredo, por *A Nação*. Nenhum dos três periódicos foi localizado, mas Figueiredo era jornalista atuante em São Paulo nesse período e escreveu *História do foot-ball em São Paulo*, editado pelo *O Estado de S. Paulo* em 1918, um dos livros pioneiros sobre o assunto. Henrique Geenen foi pioneiro da psicologia no Brasil e era ativo como professor e escritor, com uma dezena de livros publicados.

[150] CALDEIRA, Jorge. Júlio Mesquita, fundador do jornalismo moderno no Brasil. *In*: MESQUITA, Júlio. *A Guerra (1914-1918)*. São Paulo: Terceiro Nome, 2002. p. 21.

[151] Oswald de Andrade, na época em que era proprietário d'*O Pirralho*, conta como conheceu Washington Luís: "A vida de *O Pirralho* tornou-se intensa e importante no cenário político, onde se lutava pelo civilismo de Rui contra a ditadura de Pinheiro Machado. Eu deixara o *Diário Popular*. E, numa excursão à cidade de Socorro, conheci um dos maiores líderes políticos de São Paulo. Chamava-se Washington Luís Pereira de Sousa, era Secretário de Justiça e Segurança e fazia-se temido por sua conhecida energia. Suas palavras sobre minha revista foram de tal modo elogiosas e favoráveis que, sem embaraço, aceitei o convite que me fez de vê-lo em sua Secretaria. Aí espontaneamente ele se dispôs a auxiliar financeiramente *O Pirralho*, que considerava um valor na luta que se desenvolvia em torno de Rui Barbosa contra o hermismo controlado por Pinheiro Machado." ANDRADE, Oswald. Op. cit., p. 103.

[152] *O Estado de S. Paulo*. 27 de dezembro de 1915, p. 3.

[153] CALDEIRA, Jorge. Júlio Mesquita, fundador do jornalismo moderno no Brasil. *In*: MESQUITA, Júlio. *A Guerra (1914-1918)*. São Paulo: Terceiro Nome, 2002, p. 21.

[154] "Embora fosse um republicano de quatro costados, incomodava-se muito com o fato de que o jornal que dirigia era o órgão oficial do partido. Logo nos primeiros meses de sua gestão, conseguiu acabar com esta posição, convencendo o partido a empregar o *Correio Paulistano* – jornal de conservadores que aderiram ao novo regime – para esta função. Ao mesmo tempo, procurou fazer no jornal uma cobertura tão isenta quanto possível do novo regime, o que o levou a trombar de frente com o governo, logo nos primeiros meses de 1890." Ibid., p. 28.

[155] *Ibid.*

[156] SODRÉ, Nelson W. Op. cit., p. 371.

[157] ARANTES, Altino. *O diário íntimo de Altino Arantes (1916-1918)*. Coord. e ed. Robson Mendonça Pereira e Sonia Maria de Magalhães. Jundiaí: Paco, 2015, p. 277.

[158] CALDEIRA, Jorge. Júlio Mesquita e seu tempo, p. 203.

[159] GATTAI, Zélia. Op. cit., p. 44.

[160] *O Estado de S. Paulo*. 11 de abril de 1917, p. 6.

[161] *Correio Paulistano*. 13 de abril de 1917, p. 1.

[162] *O Pirralho*. 20 de maio de 1917, p. 8.

[163] LEITE, Sylvia Helena Telarolli de Almeida. *Chapéus de palha, panamás, plumas, cartolas*: a caricatura na literatura paulista. São Paulo: Fundação Editora Unesp, 1996, p. 56.

[164] ANDRADE, Oswald. Op. cit., p. 180.

OS NOVOS PERSONAGENS (p. 73-113)

[1] HOLANDA, Sérgio Buarque de. *Caminhos e fronteiras*. Rio de Janeiro: José Olympio, 1957, p. 158.

[2] HOLANDA, Sérgio Buarque de. Prefácio. *In*: PETRONE, Maria Thereza S. *O Barão de Iguape*: um empresário da época da Independência. São Paulo: Editora Nacional, 1976, p. XX.

[3] *Ibid.*

[4] PETRONE, Maria Thereza S. O Barão de Iguape: um empresário da época da Independência. São Paulo: Editora Nacional, 1976, pp. 6-14.

[5] PERISSINOTTO, Renato M. *Classes dominantes e hegemonia na República Velha*. Campinas: Editora da Unicamp, 1994, p. 38.

[6] "A sociedade dos ricos fazendeiro: os do 'oeste' ainda mais que os do 'norte', tirava sua força da sua dupla origem, rural e mercantil ao mesmo tempo; a riqueza e o espírito de empreendimento." MOMBEIG, P. *Pioneiros e fazendeiros de São Paulo*. São Paulo: Hucitec, 1984, p. 97.

[7] *Ibid.*

NOTAS

8   MELLO, Zélia Maria Cardoso de. *Metamorfoses da riqueza, São Paulo 1845-1895*. 2. ed. São Paulo: Hucitec, 1990, p. 150.
9   SILVA, Sergio. *Expansão cafeeira e origens da indústria no Brasil*. São Paulo: Alfa-Ômega, 1976, p. 58.
10 Oswald de Andrade, filho de um empreendedor imobiliário que possuía uma grande gleba que ia desde os fundos da Faculdade de Medicina até próximo da várzea do rio Pinheiros, chamada de Vila Cerqueira César, participa ainda que indiretamente desse processo de expansão: "Foi por essa ocasião que surgiram em S. Paulo as primeiras operações de terrenos da Companhia City. Era um grupo de ingleses que resolvera aplicar atividade e capitais em nossa cidade. Dizia-se que quem a trouxera para cá era o terrenista Horácio Sabino. Fato é que esse grupo adquiriu dele os terrenos da Vila América, ao longo da Rua Augusta, estendendo a operação a uma grande gleba que se seguia na direção de Pinheiros e que parecia um negro atoleiro. Os nossos terrenos, ao lado do futuro Jardim América, que se construiu sobre o lamaçal saneado, sofreram imediatamente uma alta considerável. Certa manhã, meu pai foi procurado em casa pelo seu compadre, o corretor Basílio da Cunha, que lhe ofereceu pela Vila Cerqueira César a soma de dois mil e quinhentos contos. [...] A City oferecia a metade da soma em dinheiro e a metade em ações suas que só se valorizaram e cresceram. Com uma parte do dinheiro meu pai teria adquirido todas as casas da Rua Direita e se transformado, com um filho só e uma mulher só, num dos maiores milionários nacionais. Mas não sei por que ele e D. Inês acharam pequeno o preço, pedindo ao corretor que transmitisse a contraoferta de seis mil contos. O negócio foi adiado e acabou gorando. No entanto, o ambiente era de prosperidade [...]." ANDRADE, Oswald. *Um homem sem profissão*. São Paulo: Livraria José Olympio, 1954, p. 104.
11 VICENTINI, Rita de Cássia Carvalho. *O percurso de um precursor*: as atividades de um empreendedor paulista na São Paulo imperial e republicana. São Paulo, 2007. Dissertação (Mestrado) – FFLCH/USP, p. 28.
12 MELLO, Zélia Maria Cardoso de. *Op. cit.*, p. 87.
13 PERISSINOTTO, Renato M. *Classes dominantes e hegemonia na República Velha*. Campinas: Editora Unicamp, 1994, p. 44.
14 "O novo Banco União de São Paulo teve um formato mais complexo, pois atuou tanto como banco de emissão de São Paulo quanto hipotecário e comercial. No entanto, a sua vida como banco de emissão foi breve e ele consistentemente dedicou a maioria dos seus recursos a hipotecas urbanas e a desenvolvimento de negócios industriais." HANLEY, Anne G.; MARCONDES, Renato Leite. Bancos na transição republicana em São Paulo: o financiamento hipotecário (1888-1901). *Estudos Econômicos*, São Paulo: USP, v. 40, n.1, jan./mar. 2010.
15 PERISSINOTTO, Renato M. *Op. cit.*, p. 37.
16 "[...] a frequente concentração de funções nos mesmos agentes econômicos que são a um tempo grandes fazendeiros, banqueiros e comissários." FAUSTO, Boris. Pequenos ensaios de história da República: 1889-1945. Cadernos Cebrap, São Paulo, p. 10, 1970. *Apud* PERISSINOTTO, Renato M. Op. cit., p. 20.
17 PERISSINOTTO, Renato M. Op. cit., p. 37.
18 *O Commercio de São Paulo*. 20 de outubro de 1899, p. 2.
19 *Id.*, 7 de fevereiro de 1899, p. 1.
20 *Id.*, 20 de outubro de 1899, p. 2.
21 AMERICANO, Jorge. *São Paulo naquele tempo (1895-1915)*. São Paulo: Carrenho, 2004, p. 354.
22 *Ibid.*, p. 52.
23 *Ibid.*, p. 290.
24 ANDRADE, Oswald. Op. cit., p. 32.
25 *O Pirralho*. 12 de agosto de 1911, p. 10.
26 *Id.*
27 CAMARGO, Luís Soares de. Dom João VI e o cotidiano das mulheres em São Paulo: um reflexo na moda. *Informativo Arquivo Histórico Municipal*, São Paulo, ano 3, n. 17, n. p., mar./abr. 2008. n.p. Disponível em: http://www.arquiamigos.org.br/info/info17/i-manu.htm. Acesso em: 4 nov. 2015.

[28] BARROS, Maria Paes de. No tempo de dantes. São Paulo: Paz e Terra, 1998, p. 5.
[29] AMERICANO, Jorge. Op. cit., p. 316.
[30] *O Pirralho*. 28 de fevereiro de 1914, p. 6.
[31] *O Pirralho*. 20 de fevereiro de 1915, pp. 9-10.
[32] *A Província de São Paulo*. São Paulo, 6 de julho de 1886, p. 1.
[33] AMERICANO, Jorge. *Op. cit.*, p. 284.
[34] ANGELO, Ivan. *85 anos de cultura*: história de Sociedade de Cultura Artística. São Paulo: Studio Nobel, 1998, pp. 22-30.
[35] *Ibid.*
[36] ANDRADE, Mário. *De São Paulo*: cinco crônicas de Mário de Andrade, 1920-1921. Org. intr. e notas de Telê Ancona Lopez. São Paulo: Editora Senac, 2004, pp. 109-112.
[37] CAMARGOS, Marcia. *Villa Kyrial*: crônica da Belle Époque paulistana. São Paulo: Editora Senac, 2000, p. 159.
[38] *Ibid.*, p. 47.
[39] *Ibid.*, pp. 40-45.
[40] "O nosso século [o século 20] é um período no qual a vida e a arte se misturaram, no qual a existência tornou-se estetizada." EKSTEINS, Modris. *A sagração da primavera*: a grande guerra e o nascimento da era moderna. Rio de Janeiro: Rocco, 1991, p. 15.
[41] CANDIDO, Antonio. A vida como arte. *In*: CAMARGOS, Marcia. *Villa Kyrial*: crônica da Belle Époque paulistana. São Paulo: Editora Senac, 2000, p. 12.
[42] DEAN, Warren. *A industrialização de São Paulo (1880-1945)*. Rio de Janeiro: Bertrand, 1991, p. 19.
[43] *Ibid.*
[44] FAUSTO, Boris. *Trabalho urbano e conflito social*. Rio de Janeiro: Difel, 1977, p. 14.
[45] DEAN, Warren. *Op. cit.*, pp. 9-14.
[46] SILVA, Sergio. *Op. cit.*, p. 17.
[47] DEAN, Warren. *Op. cit.*, p. 19.
[48] DIRECTORIA GERAL DE ESTATISTICA. *Recenseamento do Brasil*, v. 5, indústria. Rio de Janeiro: Typ. da Estatistica, 1927. Indústria 1907-1920 por estados.
[49] SILVA, Sergio. Op. cit., p. 92.
[50] MARTINS, José de Souza. Conde Matarazzo, o empresário e a empresa. São Paulo: Hucitec, 1976, p. 18.
[51] PRADO JR., Caio. *História econômica do Brasil*. 12. ed. São Paulo: Brasiliense, 1970, p. 265.
[52] MARTINS, José de Souza. Op. cit., p. 18.
[53] BIANCATO, Vicenzo S. *Scelta di discorsi e interviste del Conte Francesco Matarazzo*. San Paolo: Typ. Paulista, 1926. Apud MARTINS, José de Souza. Op. cit., p. 23.
[54] MARTINS, José de Souza. *Op. cit.*, p. 27.
[55] *Ibid.*, p. 30.
[56] "Quando estava iniciando a minha vida, o Banco Inglês me deu um crédito de 60 contos de réis. Fiz uma compra de farinha." *Ibid.*, p. 29.
[57] *Ibid.*, p. 31.
[58] MARTINS, José de Souza. Op. cit., p. 35.
[59] *O Estado de S. Paulo*. 3 de julho de 1917, p. 5.
[60] CAPELLI, Vittorio. Imigração italiana e empreendedorismo no Brasil: dois estudos de caso. *In*: FAY, Claudia Musa; RUGGIERO, Antônio de. *Imigrantes e empreendedores na História do Brasil*: estudos de caso. Porto Alegre: EdiPUCRS, 2014, p. 116.
[61] *Ibid.*
[62] DEAN, Warren. Op. cit., p. 82.

63 *Ibid.*
64 *Ibid.*, p. 83.
65 *Ibid.*
66 MARCOVITCH, Jacques. *Pioneiros e empreendedores:* a saga do desenvolvimento no Brasil. São Paulo: Edusp/Saraiva, 2006, v. 1, p. 71.
67 *Ibid.*, p. 73.
68 *Ibid.*, p. 157.
69 *Ibid.*
70 "O monopólio de importação e de distribuição de juta (que pertencia a Street e aos Guinle, que, com navios especialmente fretados, traziam o produto diretamente da Índia) proporcionou-lhes o controle sobre o fornecimento da juta bruta para outras fábricas." MATOS, Maria Izilda Santos de. *Trama e poder:* a trajetória e polêmica em torno das indústrias de sacaria para o café (São Paulo, 1888-1934). 2. ed. Rio de Janeiro: 7Letras, 2002, p. 35.
71 *O Estado de S. Paulo.* 22 de setembro de 1919, p. 6.
72 *Id.*
73 Já durante a greve de 1912, Street escreveu uma longa carta ao jornal *O Estado de S. Paulo*, justificando detalhadamente os motivos pelos quais não era possível atender às reivindicações dos seus operários em greve e relatando todas as suas providências para construir vilas para seus trabalhadores, e relacionando nomes e pagamentos para famílias operárias para demonstrar que "os salários não eram mesquinhos" e que "somos verdadeiros e sinceros amigos dos nossos operários". *O Estado De S. Paulo.* 23 de maio de 1912, p. 6.
74 "[...] a ausência de uma rede organizativa entre os empresários paulistanos (grandes e pequenos) deve ter determinado uma certa lentidão em atender aos pedidos de operários enfurecidos por uma inflação diária nunca vista até então e, portanto, uma inaptidão para compreender a necessidade de fornecer uma plataforma comum de contrapropostas viáveis para as comissões grevistas que se formavam." BIONDI, Luigi. Greve geral de 1917 em São Paulo e a imigração italiana: novas perspectivas. *Cadernos AEL*, v. 15, n. 27. Disponível em: <https://www.ifch.unicamp.br/ojs/index.php/ael/article/view/2577>.
75 O que se entende aqui por operários obedece ao sentido do termo como era utilizado naquela época e inclui todos os trabalhadores manuais assalariados, trabalhassem eles na indústria ou não.
76 "O avanço da economia capitalista de exportação gerou assim diretamente as condições para que se constituísse um núcleo de trabalhadores no setor de serviços." FAUSTO, Boris. *Trabalho urbano e conflito social*, p. 14.
77 DULLES, John W. Foster. *Anarquistas e comunistas no Brasil.* Rio de Janeiro: Nova Fronteira, 1977, p. 47.
78 FAUSTO, Boris. Conflito social na República Oligárquica: a greve de 1917. *Estudos Cebrap*, São Paulo, n. 10, p. 93, 1984.
79 FAUSTO, Boris. *Trabalho urbano e conflito social*, p. 97.
80 DULLES, John W. Foster. *Op. cit.*, p. 22.
81 SODRÉ, Nelson W. A História da Imprensa no Brasil. Rio de Janeiro: Civilização Brasileira, 1966, p. 303; e FAUSTO, Boris. *Trabalho urbano e conflito social*, p. 99.
82 DULLES, John W. Foster. Op. cit., p. 22.
83 LOPREATO, Christina Roquette. *O espírito da revolta:* a greve geral anarquista de 1917. São Paulo: Annablume, 2000, p. 15.
84 HOLLOWAY, Thomas H. Imigrantes para o café: café e sociedade em São Paulo - 1886-1934. Rio de Janeiro: Paz e Terra, 1984, p. 80.
85 *Ibid.*
86 AMERICANO, Jorge. Op. cit., p. 322.
87 FAUSTO, Boris. *Trabalho urbano e conflito social*, p. 63.
88 LOPREATO, Christina Roquette. Op. cit., p. 20.

[89] *Ibid.*
[90] FAUSTO, Boris. *Trabalho urbano e conflito social*, p. 69.
[91] *Ibid.*, p. 72.
[92] BATALHA, Claudio. *O movimento operário na Primeira República*. Rio de Janeiro: Jorge Zahar, 2000, p. 23.
[93] "[...] apesar das divergências e das constantes trocas de acusações carregadas de críticas mordazes, anarcocomunistas e anarquistas sindicalistas tinham em comum a mesma estratégia de luta política: a ação direta". LOPREATO, Christina Roquette. *Op. cit.*, p. 19.
[94] FAUSTO, Boris. *Trabalho urbano e conflito social*, p. 76.
[95] *Guerra Sociale*. 11 dezembro de 1915. *Apud* LOPREATO, Christina Roquette. *Op. cit.*, p. 69.
[96] *Guerra Sociale*. Janeiro de 1916. *Apud* LOPREATO, Christina Roquette. *Op. cit.*, p. 70.
[97] *Guerra Sociale*. 20 de setembro de 1916, p. 1.
[98] *A Plebe*. São Paulo, 28 de julho de 1917, p. 1.
[99] LEUENROTH, Edgard. *Dados sobre o anarquismo no Brasil*. Mimeo. *Apud* LOPREATO, Christina Roquette. *Op. cit.*, p. 24.

A GREVE DE 1917 NA IMPRENSA PAULISTA (p. 115-191)

[1] BATALHA, Claudio. *O movimento operário na Primeira República*. Rio de Janeiro: Jorge Zahar, 2000, p. 38.
[2] FAUSTO, Boris. *Trabalho urbano e conflito social*. Rio de Janeiro: Difel, 1977, p. 125.
[3] *O Commercio de São Paulo*. 27 de junho de 1905, p. 2.
[4] FAUSTO, Boris. *Op. cit.*, p. 125.
[5] BATALHA, Claudio. *Op. cit.*, p. 41.
[6] FAUSTO, Boris. *Op. cit.*, p. 136.
[7] *Ibid.*, p. 137.
[8] "E, precisamente a essa hora, o diretor do *Commercio de São Paulo*, a única folha desta capital que deu notícia pormenorizada do movimento, foi procurar o sr. Conselheiro Antônio Prado, diretor da Companhia, dando-lhe parte de tudo que tinha ocorrido. O sr. Conselheiro Antônio Prado recebeu a notícia com grande surpresa tanto mais que o telégrafo da Paulista não costumava funcionar às três horas da madrugada." *O Estado de S. Paulo*. 16 de maio de 1906, p. 1.
[9] *O Commmercio de São Paulo*. 15 de maio de 1906, p. 1.
[10] *Id.*
[11] FAUSTO, Boris. *Trabalho urbano e conflito social*, p. 138.
[12] *Ibid.*
[13] *O Commercio de São Paulo*. 24 de maio de 1906. *Apud* FAUSTO, Boris. *Op. cit.*, p. 138.
[14] *Fanfulla*. São Paulo, 17 de maio de 1906. *Apud* FAUSTO, Boris. *Op. cit.*, p. 143.
[15] *O Commercio de São Paulo*. 20 de maio de 1906, p.1.
[16] *Id.*
[17] *Id.*
[18] FAUSTO, Boris. *Op. cit.*, p. 145.
[19] *Ibid.*, p. 146.
[20] *Ibid.*
[21] WEINSTEIN, Barbara. Impressões da elite sobre os movimentos da classe operária: a cobertura da greve em *O Estado de S. Paulo* 1902-1907. *In*: CAPELATO, M. H.; PRADO, M. L. *O bravo matutino*: imprensa e ideologia o jornal *O Estado de S. Paulo*. São Paulo: Alfa-Ômega, 1980, pp. 135 e segs.

[22] *A Plateia*. 25 de maio de 1907. *Apud* FAUSTO, Boris. Op. cit., p. 148.
[23] *Ibid.*, p. 148.
[24] *Ibid.*, p. 150.
[25] *Ibid.*
[26] *Illustração Paulista*. Semanário Popular de Atualidades. São Paulo, 26 de novembro de 1910.
[27] *A Gazeta*. São Paulo, 16 de janeiro de 1917, p. 1.
[28] FAUSTO, Boris. Op. cit., p. 192.
[29] *A Gazeta*. 20 de abril de 1917, p. 1.
[30] LOPREATO, Christina Roquette. O espírito da revolta: a greve geral anarquista de 1917. São Paulo: Annablume, 2000, p. 84.
[31] *Ibid.*, p. 91.
[32] *O Estado de S. Paulo*. 7 de março de 1917, p. 5.
[33] LOPREATO, Christina Roquette. *Op. cit.*, p. 104.
[34] FAUSTO, Boris. Op. cit., p. 193.
[35] LOPREATO, Christina Roquette. *Op. cit.*, p. 104.
[36] *A Gazeta*. 8 de maio de 1917, p. 3.
[37] *Id.*
[38] *A Gazeta*. 4 de janeiro de 1917, p. 3.
[39] *Id.*
[40] *Id.*
[41] *A Gazeta*. 7 de maio de 1917, p. 1.
[42] *Id.*
[43] FAUSTO, Boris. Op. cit., p. 201.
[44] É interessante notar como Thompson analisa a questão dos açambarcadores e a rejeição a eles, no período de formação da classe operária na Inglaterra: "Essas ações populares eram legitimadas pela antiga economia moral paternalista. Embora no final do século 18, a velha legislação contra açambarcadores e monopolistas tivesse sido em grande parte anulada ou revogada, ela se mantinha com inalterado vigor tanto na tradição popular como nas mentes de alguns liberais paternalistas, incluindo gente como o Lorde Supremo da Justiça (Kenyon) que, em 1795, declarou a sua opinião de que o açambarcamento e o monopólio continuavam a ser delitos, segundo o direito costumeiro. [...] Assim os últimos anos do século 18 presenciaram um esforço desesperado do povo para reimpor a economia moral mais antiga, em detrimento da economia livre de mercado." THOMPSON, Edward P. *A formação da classe operária inglesa*. Rio de Janeiro: Paz e Terra, 1987, v.1, pp. 70-1.
[45] *O Estado de S. Paulo*. 12 de julho de 1917, p. 4.
[46] *Correio Paulistano*. 8 de maio de 1917, p. 5.
[47] *A Gazeta*. 11 de maio de 1917, p. 3.
[48] LOPREATO, Christina Roquette. *Op. cit.*, p. 108.
[49] DEL ROIO, José Luiz. *A greve de 1917*. São Paulo: Alameda, 2017, p. 55.
[50] FAUSTO, Boris. Op. cit., pp. 192-3.
[51] "A combatividade da massa operária [...] ganha alento não só a partir dos 'agitadores', mas da intransigência de Rodolfo Crespi. Conhecido por sua recusa a negociar – ele seria um dos últimos dentre os grandes industriais a aceitar o compromisso final – Crespi transforma sua fábrica em um foco de contínuos atritos. Na última semana de junho, faz um sério erro de cálculo apelando para um *lockout* que na verdade favorece a extensão do movimento grevista." Ibid., p. 202.
[52] DEL ROIO, José Luiz. *Op. cit.*, p. 56.
[53] *A Gazeta*. 19 de junho de 1917, p. 3.
[54] *A Gazeta*. 30 de junho de 1917, p. 6.

[55] *Id.*
[56] FAUSTO, Boris. Op. cit., p. 193.
[57] *A Gazeta.* 2 de julho de 1917, p. 4.
[58] *O Combate.* 3 de julho de 1917, p. 3.
[59] *Id.*
[60] *Correio Paulistano.* 5 de julho de 1917, p. 5.
[61] *O Combate.* 7 de julho de 1917, p. 1.
[62] *Correio Paulistano.* 6 de julho de 1917, p. 5.
[63] FAUSTO, Boris. Op. cit., p. 194.
[64] *A Gazeta.* 7 de julho de 1917, p. 6.
[65] *O Combate.* 9 de julho de 1917, p. 3.
[66] *A Gazeta.* 9 de julho de 1917, p. 3.
[67] *Id.*
[68] *Id.*
[69] PICCAROLLO, A.; FINNOCHI, L. O desenvolvimento industrial de São Paulo através da Primeira Exposição Municipal. São Paulo, 1918. Apud BARDESE, C. I. *Arquitetura industrial*: patrimônio edificado, preservação e requalificação – o caso do Moinho Matarazzo e Tecelagem Mariângela. São Paulo, 2011. Dissertação (Mestrado) – Faculdade de Arquitetura e Urbanismo, Universidade de São Paulo, p. 125.
[70] *Correio Paulistano.* 10 de julho de 1917, p. 5.
[71] *O Combate.* 10 de julho de 1917, p. 1.
[72] *Id.*, p. 3.
[73] LOPREATO, Christina Roquette. *Op. cit.*, p. 35.
[74] *O Combate.* 10 de julho de 1917, p. 3.
[75] *Id.*
[76] *Id.*
[77] *Correio Paulistano.* 11 de julho de 1917, p. 2.
[78] *O Estado de S. Paulo.* 11 de julho de 1917, pp. 5-6.
[79] *O Combate.* 10 de julho de 1917, p. 3.
[80] *Correio Paulistano.* 11 de julho de 1917, p. 2.
[81] *O Combate.* 10 de julho de 1917, p. 3.
[82] *Id.*
[83] *Correio Paulistano.* 11 de julho de 1917, p. 2.
[84] *O Combate.* 10 de julho de 1917, p. 3.
[85] "Ontem de tarde, uma comissão de pintores da Companhia Antarctica procurou o sr. delegado geral, com quem teve demorada conferência, expondo-lhe a sua situação e entregando-lhe uma proposta capaz de conciliar os interesses dos empregados e dos patrões, desde que por estes fosse aceita". *Id.*
[86] *O Estado de S. Paulo.* 11 de julho de 1917, pp. 5-6.
[87] *Correio Paulistano.* 11 de julho de 1917, p. 2.
[88] *O Estado de S. Paulo.* 11 de julho de 1917, p. 6.
[89] *Id.*, p. 5.
[90] *O Combate.* 10 de julho de 1917, p. 1.
[91] *Correio Paulistano.* 10 de julho de 1917, p. 3.
[92] *O Estado de S. Paulo.* 10 de julho de 1917, p. 5.
[93] *Id.*

[94] *Id.*
[95] *Id.*
[96] *Correio Paulistano.* 11 de julho de 1917, p. 2.
[97] *O Estado de S. Paulo.* 11 de julho de 1917, pp. 5-6.
[98] *Id.*, p. 5.
[99] *A Gazeta.* 11 de julho de 1917, p. 1.
[100] *A Gazeta.* Segunda edição. 11 de julho de 1917, p. 1.
[101] *O Combate.* 11 de julho de 1917, p. 1.
[102] *Correio Paulistano.* 12 de julho de 1917, p. 2.
[103] *O Combate.* 11 de julho de 1917, p. 3.
[104] *Correio Paulistano.* 12 de julho de 1917, p. 2.
[105] *A Plebe.* 21 de julho de 1917, p. 2.
[106] *A Gazeta.* 12 de julho de 1917, p. 1.
[107] *O Estado de S. Paulo.* 12 de julho de 1917, p. 5.
[108] *Id.*
[109] *Id.*
[110] *Id.*
[111] *Id.*
[112] *A Plebe.* 21 de julho de 1917, p. 1.
[113] *O Combate.* 12 de julho de 1917, p. 3.
[114] *A Gazeta.* 12 de julho de 1917, p. 1.
[115] *O Combate.* 12 de julho de 1917, p. 1.
[116] *Id.*
[117] *O Estado de S. Paulo.* 12 de julho de 1917, p. 5.
[118] *Correio Paulistano.* 13 de julho de 1917, p. 2.
[119] *O Estado de S. Paulo.* 13 de julho de 1917, p. 5.
[120] *Id.*
[121] *A Plebe.* 21 de julho de 1917, p. 1.
[122] *O Combate.* 13 de julho de 1917, p. 1.
[123] *A Plebe.* 21 de julho de 1917, p. 1.
[124] *O Combate.* 13 de julho de 1917, p. 1.
[125] *Correio Paulistano.* 13 de julho de 1917, p. 2.
[126] *O Combate.* 13 de julho de 1917, p. 1.
[127] *A Gazeta.* 13 de julho de 1917, p. 1.
[128] *Correio Paulistano.* 13 de julho de 1917, p. 2.
[129] *Id.*, p. 3.
[130] *O Estado de S. Paulo.* 14 de julho de 1917, p. 4.
[131] *Id.*
[132] *Correio Paulistano.* 14 de julho de 1917, p. 2.
[133] *O Estado de S. Paulo.* 14 de julho de 1917, p. 3.
[134] *Id.*, p. 1.
[135] *Diário Popular.* São Paulo, 14 de julho de 1917, p. 1.
[136] *Id.*
[137] *Id.*
[138] *Id.*

[139] *Correio Paulistano*. 16 de julho de 1917, p. 2.
[140] *O Estado de S. Paulo*. 15 de julho de 1917, p. 8.
[141] *Id.*
[142] *Correio Paulistano*. 16 de julho de 1917, p. 2.
[143] *Id.*
[144] *A Gazeta*. 16 de julho de 1917, p. 3.
[145] *Id.*
[146] *Id.*
[147] *Correio Paulistano*. 17 de julho de 1917, p. 3.
[148] *Correio Paulistano*. 20 de julho de 1917, p. 2.
[149] *O Estado de S. Paulo*. 16 de julho de 1917, p. 5.
[150] *Id.*
[151] *Id.*
[152] *Id.*
[153] *O Estado de S. Paulo*. 21 de julho de 1917, p. 5.
[154] *O Combate*. 16 de julho de 1917, p. 1.
[155] *Id.*, p. 3., p.3.
[156] *A Cigarra*. São Paulo, 26 de julho de 1917, p. 11.
[157] *Id.*
[158] *Id.*

AS BOAS FAMÍLIAS E OS OUTROS (p. 193-214)

[1] RESENDE, Maria Efigênia Lage de. O processo político na Primeira República e o liberalismo oligárquico. *In*: FERREIRA, Jorge; DELGADO, Lucília de Almeida Neves. *O Brasil Republicano*. 3ª. ed. Rio de Janeiro: Civilização Brasileira, 2008, v. 1, p. 92.

[2] FERREIRA, Marieta de Moraes; PINTO, Surama Conde Sá. Estado e oligarquias na Primeira República: um balanço das principais tendências historiográficas. *Tempo*, v. 23, n. 3, p. 423, 2017. Disponível em: <http://doi.org/10.1590/tem-1980-542x2017v230301>. Acesso em: 13 dez. 2019.

[3] *Ibid.*, p. 424.

[4] *Ibid.*, p. 437.

[5] Este trabalho evita usar o termo "classes dominantes", de raiz marxista, para caracterizar as elites paulistas no período em estudo. A justificativa é simples. Nos grupos que compõem as elites paulistas existem dominantes e dominados. Embora o grande capital cafeeiro seja indubitavelmente dominante, primeiro em São Paulo e depois nacionalmente, o grupo de cafeicultores, neste livro muitas vezes chamado "a lavoura", embora possa ter algum predomínio num território limitado, é subordinado ao grande capital e inteiramente dependente do seu comando, tanto do ponto de vista político quanto econômico. As elites urbanas por sua vez, são também integralmente subordinadas e carecem de autonomia e, embora façam parte do grupo social privilegiado, não têm poder.

[6] Ver a esse respeito: EKSTEINS, Modris. *A sagração da primavera*: a grande guerra e o nascimento da era moderna. Rio de Janeiro: Rocco, 1991.

[7] AMERICANO, Jorge. São Paulo naquele tempo (1895-1915). São Paulo: Carrenho, 2004, p. 316.

[8] O orçamento total previsto para 1920 é de 107.446:800$000. O valor considerado por Cincinato Braga, representa a soma das receitas com tributos, taxas e outras, excluídas as receitas classificadas como Rendas Patrimoniais e Rendas Extraordinárias que somam 18.443 contos. SÃO PAULO. Lei n. 1.713, de 27 de dezembro de 1919. Fixa a despesa e orça a receita do estado para o exercício

financeiro de 1920. Disponível em: <http://www.al.sp.gov.br/repositorio/legislacao/lei/1919/lei-1713-27.12.1919.html>. Acesso em: 20 jan. 2020.

[9] BRAGA, Cincinato. *Magnos problemas econômicos de São Paulo*. São Paulo: Secção de Obras d'O Estado de S. Paulo, 1921, p. 117.

[10] *Ibid.*, p. 130.

[11] *Ibid.*, p. 136.

[12] LUNA, Francisco Vidal; KLEIN, Herbert S. *História econômica e social do estado de São Paulo (1850-1950)*. São Paulo: Imprensa Oficial, 2019, p. 298.

[13] *Ibid.*, p. 320.

[14] *Ibid.*, p. 161.

[15] *Ibid.*

[16] FRANCO, Gustavo H. B.; LAGO, Luiz Aranha Correa do. A economia da República Velha, 1889-1930. Rio de Janeiro: Departamento de Economia/PUC Rio, versão preliminar.

[17] *O Combate*, 11 de julho de 1917, p. 1.

[18] *O Estado de S. Paulo*. 12 de julho de 1917, pp. 4-5.

[19] FAUSTO, Boris. *Trabalho urbano e conflito social*. Rio de Janeiro: Difel, 1977, p. 8.

[20] Em 13 de agosto de 1917, *A Gazeta* noticiou, com base em telegrama retransmitido de Buenos Aires, provavelmente da Agência Havas, que "o anarquista Lenine chegou à Suíça".

[21] FEBVRE, Lucien. *O problema da incredulidade no século XVI*: a religião de Rabelais. São Paulo: Companhia das Letras, 2009, p. 390.

[22] "Suas ideias? Não as instalemos, por favor, como cabeça de série, na origem de nossas próprias ideias. Um selvagem é extremamente engenhoso ao fazer fogo rolando fortemente uma varinha no oco de um pedaço de madeira seca. E se ele próprio imaginou uma tal técnica é um selvagem de gênio. Mas não o inscreveremos, por isso, na lista dos inventores do forno elétrico." *Ibid.*, p. 391.

[23] *A Gazeta*. Segunda edição, 11 de julho de 1917, p. 1.

[24] *Id.*

[25] *O Estado de S. Paulo*. 10 de julho de 1917, p. 5.

[26] *O Combate*. 11 de julho de 1917, p. 1.

[27] ARANTES, Altino. O diário íntimo de Altino Arantes (1916-1918). Coord. e ed. Robson Mendonça Pereira e Sonia Maria de Magalhães.

[28] *Correio Paulistano*. 20 de julho de 1917, p. 2.

[29] WEINSTEIN, Barbara. Impressões da elite sobre os movimentos da classe operária: a cobertura da greve em *O Estado de S. Paulo* 1902-1907. *In*: CAPELATO, M. H.; PRADO, M. L. *O bravo matutino*: imprensa e ideologia no jornal *O Estado de S. Paulo*. São Paulo: Alfa-Ômega, 1980, p. 144.

[30] *Ibid.*, p. 143.

[31] "Soldados! não deveis perseguir os vossos irmãos de miséria." Manifesto assinado por "um grupo de mulheres grevistas" e publicado na íntegra pelos jornais *O Estado de S. Paulo*. 11 de julho de 1917. p. 6; e *A Gazeta*. 10 de julho de 1917, p. 1.

[32] *O Estado de S. Paulo*. 21 de agosto de 1911, p. 1.

[33] *A Gazeta*, 13 de julho de 1917, p. 1.

[34] TOLEDO, Roberto Pompeu. *A capital da vertigem*: uma história de São Paulo de 1900 a 1954. Rio de Janeiro: Objetiva, 2015, p. 121.

[35] Disponível em: <https://www3.al.sp.gov.br/historia/deputados-estaduais-legislaturas-anteriores/indcap2.htm>. Acesso em: 11 mar. 2021.

[36] *Correio Paulistano*. 9 de janeiro de 1911, p. 5.

[37] MACHADO, Antônio de Alcântara. *Brás, Bexiga e Barra Funda*: notícias de São Paulo. São Paulo: Nova Alexandria, 1995, p. 16.

[38] *Ibid.*, pp. 41-46.

EPÍLOGO (p. 215-223)

1. ARANTES, Altino. O diário íntimo de Altino Arantes (1916-1918). Coord. e ed. Robson Mendonça Pereira e Sonia Maria de Magalhães.
2. *Ibid.*, p. 279.
3. *O Combate.* 23 de julho de 1917, p. 1.
4. ARANTES, Altino.Op. cit., p. 279.
5. *O Combate.* 24 de julho de 1917, p. 1.
6. "*Ma di questo nuovo sciopero generale tutti sapevano qualche cosa, meno gli operai che avrebbero dovuto praticarlo.*" Guerra Sociale. 26 de julho de 1917, p. 1.
7. *Fanfulla,* 23 de julho de 1917, p. 3. *Apud* LOPREATO, Christina Roquette. O espírito da revolta: a greve geral anarquista de 1917. São Paulo: Annablume, 2000, p. 139.
8. LOPREATO, Christina Roquette. *Op. cit.*, p. 140.
9. ARANTES, Altino. *Op. cit.*, p. 318.
10. *Ibid.*
11. *Ibid.*, p. 320.
12. *Ibid.*, p. 321.
13. *A Gazeta.* 14 de setembro de 1917, p. 1.
14. ARANTES, Altino. *Op. cit.*, p. 322.
15. *O Estado de S. Paulo.* 12 de novembro de 1917, p. 7.
16. ARANTES, Altino. Op. cit., p. 389. A expressão latina "*erat in fatis*" pode ser traduzida como "era o destino".
17. ARANTES, Altino. *Op. cit.*, p. 277.
18. CARONE, Edgar. *A República Velha, evolução política.* São Paulo: Difusão Europeia do Livro, 1971, p. 315.
19. DEBES, Célio. *Washington Luís:* primeira parte: 1869-1924. São Paulo: Imprensa Oficial do Estado, 1994, p. 299.
20. *Ibid.*, p. 297.
21. LOPREATO, Christina Roquette. *Op. cit.*, p. 209.

Fontes e Bibliografia

PERIÓDICOS

A Cigarra
A Gazeta
A Platéia
A Plebe
A Província de São Paulo
A Redenção
Avanti
Correio Paulistano
Diário Popular
Fanfulla
Gazeta de Campinas
Guerra Sociale
Illustração paulista
Il Pasquino Coloniale
O Combate
O Commercio de São Paulo
O Estado de S. Paulo
O Furão
O Pirralho

LEIS, DECRETOS, RELATÓRIOS

ANNAES DO PARLAMENTO BRAZILEIRO, Câmara do Srs. Deputados. *Fala do trono, sessão de 5 de maio de 1879*. Rio de Janeiro: Typographia Nacional, 1879.

CONGRESSO AGRÍCOLA RIO DE JANEIRO 1878. *Edição fac-similar dos Anais do Congresso Agrícola, realizado no Rio de Janeiro em 1878*. Rio de Janeiro: Fundação Casa de Rui Barbosa, 1988.

DECRETO N. 1.759, DE 26 DE ABRIL DE 1856. Autorisa a incorporação de huma Companhia para a construcção de huma Estrada de ferro entre a Cidade de Santos e a Villa de Jundiahy, na Provincia de S. Paulo.

DECRETO N. 3.503, DE 10 DE JULHO DE 1865. Transfere ao Estado o resto das acções da Companhia da Estrada de Ferro de D. Pedro II.

DECRETO N. 4.283, DE 28 DE NOVEMBRO DE 1868. Concede à Companhia Paulista da estrada de ferro de Jundiahy a Campinas a necessária autorisação para funccionar e approva os respectivos Estatutos.

DIRECTORIA GERAL DE ESTATISTICA. *Synopse do recenseamento de 31 de dezembro de 1900*. Rio de Janeiro: Typographia da Estatística, 1905.

DIRECTORIA GERAL DE ESTATISTICA. *Recenseamento do Brasil*. Rio de Janeiro: Typ. da Estatística, 1927, v. 5, Indústria.

DIRECTORIA GERAL DE ESTATISTICA. Recenseamento do Brasil 1920. Rio de Janeiro: Typographia da Estatística, 1926, v. IV, População.

FUNDAÇÃO IBGE. *Estatísticas históricas do Brasil*. 2. ed. rev. e atual. do v. 3 de Séries Estatísticas Retrospectivas. Rio de Janeiro: IBGE, 1990.

LEI N. 145, de 25 de junho de 1881. Autoriza o presidente da província a garantir o juro de 7% ao ano, pelo prazo de 30 anos, ao capital de cinco mil contos de réis, de um banco ou companhia que se estabelecer nesta província.

LEI N. 660, DE 28 DE AGOSTO DE 1899. Autoriza o governo a reformar o contrato celebrado com o Banco de Crédito Real de São Paulo.

LEI N. 1.237, de 24 de setembro de 1864. Reforma a Legislação Hypothecaria, e estabelece as bases das sociedades de crédito real.

LEI N. 1.713, DE 27 DE DEZEMBRO DE 1919. Fixa a despesa e orça a receita do Estado para o exercício financeiro de 1920.

RELATÓRIO da commissão encarregada de proceder a um inquerito sobre as causas principaes e accidentaes da crise do mez de setembro de 1864. Rio de Janeiro: Typographia Nacional, 1865.

OBRAS GERAIS

ADDUCI, Cássia Chrispiniano. *A pátria paulista*: o separatismo como resposta à crise final do império brasileiro. São Paulo: Arquivo do Estado/Imprensa Oficial, 2000.

_____. "Nação brasileira e 'mística paulista': uma análise dos memorialistas da rebelião militar de 1924 em São Paulo". Lutas Sociais. São Paulo, PUC-SP, n. 5, 1998.

AMERICANO, Jorge. *São Paulo naquele tempo (1895-1915)*. São Paulo: Carrenho, 2004.

_____. *São Paulo nesse tempo (1915-1935)*. São Paulo: Melhoramentos, 1962.

ANDRADE, Mário de. *Amar, verbo intransitivo*. Belo Horizonte: Itatiaia, 2002.

_____. *De São Paulo*: cinco crônicas de Mário de Andrade, 1920-1921. Org. intr. e notas de Telê Ancona Lopez. São Paulo: Editora Senac, 2004.

ANDRADE, Oswald. *Memórias sentimentais de João Miramar*. Rio de Janeiro: Civilização Brasileira, 1973.

_____; ALMEIDA, Guilherme de. *Mon coeur balance/Leur âme*. São Paulo: Globo, 2000.

_____. *O perfeito cozinheiro das almas deste mundo*. Edição fac-similar. São Paulo: Ex-Libris, 1986.

_____. *Um homem sem profissão*. São Paulo: Livraria José Olympio, 1954.

ÂNGELO, Ivan. *85 anos de cultura:* história de Sociedade de Cultura Artística. São Paulo: Studio Nobel, 1998.

ARANTES, Altino. *O diário íntimo de Altino Arantes (1916-1918)*. Coord. e ed. Robson Mendonça Pereira e Sonia Maria de Magalhães. Jundiaí: Paco, 2015.

AZEVEDO, Carmen Lúcia de; CAMARGOS, Márcia; SACHETTA, Vladimir. *Monteiro Lobato:* furacão na Botocúndia. São Paulo: Editora Senac, 1997.

BANANÉRE, Juó (Alexandre Ribeiro Marcondes Machado). *La divina increnca*. São Paulo: Editor Folco Masucci, 1966.

BARDESE, Cristiane Ikedo. *Arquitetura industrial:* patrimônio edificado, preservação e requalificação – o caso do Moinho Matarazzo e Tecelagem Mariângela. São Paulo, 2011. Dissertação (Mestrado) – Faculdade de Arquitetura e Urbanismo, Universidade de São Paulo.

BARROS, Maria Paes de. *No tempo de dantes*. São Paulo: Paz e Terra, 1998.

BASSANEZI, Maria Sílvia Beozzo. *São Paulo do passado, dados demográficos: capital VIII*. Campinas: Unicamp, Núcleo de Estudos de População, 2000.

_____. *São Paulo do passado, dados demográficos:* capital VII. Campinas: Unicamp, Núcleo de Estudos de População, 2000.

_____. *São Paulo do passado:* dados demográficos – 1836 – I. Campinas: Unicamp, 1998.

BATALHA, Cláudio. *O movimento operário na Primeira República*. Rio de Janeiro: Jorge Zahar, 2000.

BEIER, José Rogério. "A contribuição de Daniel Pedro Müller para a transição do ensino de engenharia militar para a civil na província de São Paulo (1802-1841)". *Revista História e Cultura*. v. 4. Franca, Unesp, n. 1, mar. 2015.

BELLUZO, Ana Maria de Moraes. *Voltolino e as raízes do modernismo*. São Paulo: Marco Zero, 1991.

BETHEL, Leslie. *A abolição do tráfico de escravos no Brasil*. São Paulo: Edusp, 1976.

BIANCATO, Vicenzo S. *Scelta di discorsi e interviste del Conte Francesco Matarazzo*. São Paulo: Typ. Paulista, 1926.

BIONDI, Luigi. "A greve geral de 1917 em São Paulo e a imigração italiana: novas perspectivas". *Cadernos AEL*, v. 15, n. 27, 2012.

BOSI, Ecléa. *Memória e sociedade*. São Paulo: Companhia das Letras, 2007.

BRAGA, Cincinato. *Magnos problemas econômicos de São Paulo*. São Paulo: Secção de Obras d'O Estado de S. Paulo, 1921.

BRUNO, Ernani da Silva. *História e tradições da cidade de São Paulo*. São Paulo: Hucitec, 1984.

BUENO, Beatriz Piccolotto Siqueira. "Tecido urbano e mercado imobiliário em São Paulo: metodologia de estudo com base na Décima Urbana de 1809". *Anais do Museu Paulista*. São Paulo, v. 13, n. 1, jan./jun. 2005.

CALDEIRA, Jorge. *História da riqueza no Brasil*. Rio de Janeiro: Estação Brasil, 2017.

_____. *Júlio Mesquita e seu tempo*. São Paulo: Mameluco, 2015.

_____. Júlio Mesquita, fundador do jornalismo moderno no Brasil. In: MESQUITA, Júlio. *A Guerra (1914-1918)*. São Paulo: Terceiro Nome, 2002.

CAMARGO, Luís Soares de. "Dom João VI e o cotidiano das mulheres em São Paulo: um reflexo na moda". Informativo Arquivo Histórico Municipal. São Paulo, ano 3, n. 17, mar./abr. 2008.

CAMARGOS, Márcia. *Villa Kyrial:* crônica da Belle Époque paulistana. São Paulo: Editora Senac, 2000.

CANDIDO, Antonio. A vida como arte. In: CAMARGOS, Marcia. *Villa Kyrial:* crônica da Belle Époque paulistana. São Paulo: Editora Senac, 2000.

CANO, Wilson. *Raízes da concentração industrial em São Paulo*. Rio de Janeiro: Difel, 1977.

CAPELATO, Maria Helena; PRADO, Maria Lígia Coelho. *O bravo matutino*: imprensa e ideologia no jornal. *O Estado de S. Paulo*. São Paulo: Editora Alfa-Ômega, 1980.

CAPELLI, Vittorio. *Imigração italiana e empreendedorismo no Brasil*: dois estudos de caso. In: FAY, Cláudia Musa; RUGGIERO, Antônio de. *Imigrantes e empreendedores na História do Brasil*: estudos de caso. Porto Alegre: EdiPUCRS, 2014.

CARONE, Edgar. *A República Velha, evolução política*. São Paulo: Difusão Europeia do Livro, 1971.

CLEMENCEAU, Georges. *Notes de voyages dans l'Amerique du Sud: Argentine, Uruguay, Brésil*. Paris: Hachette et Cie., 1911.

DEAN, Warren. *A industrialização de São Paulo (1880-1945)*. Rio de Janeiro: Bertrand, 1991.

_____. *Rio Claro*: um sistema brasileiro de grande lavoura 1820-1920. Rio de Janeiro: Paz e Terra, 1977.

DEBES, Célio. *Washington Luís*: primeira parte: 1869-1924. São Paulo: Imprensa Oficial do Estado, 1994.

DEL ROIO, José Luiz. *A greve de 1917*. São Paulo: Alameda, 2017.

DULLES, John W. Foster. *Anarquistas e comunistas no Brasil*. Rio de Janeiro: Nova Fronteira, 1977.

EKSTEINS, Modris. *A sagração da primavera*: a grande guerra e o nascimento da era moderna. Rio de Janeiro: Rocco, 1991.

FAUSTO, Boris. "Pequenos ensaios da história da República". *Cadenos Cebrap*. São Paulo, 1970.

_____. *Trabalho urbano e conflito social*. Rio de Janeiro: Difel, 1977.

_____. "Conflito social na República Oligárquica: a greve de 1917". *Estudos Cebrap*. São Paulo, n.10,1984.

FEBVRE, Lucien. *O problema da incredulidade no século XVI*: a religião de Rabelais. São Paulo: Companhia das Letras, 2009.

FERNANDES, Florestan. *A revolução burguesa no Brasil*. Rio de Janeiro: Zahar, 1976.

FERREIRA, Marieta de Moraes; PINTO, Surama Conde Sá. "Estado e oligarquias na Primeira República: um balanço das principais tendências historiográficas". *Tempo*, v. 23, n. 3, 2017. Disponível em: <https://doi.org/10.1590/tem-1980-542x2017v230301>.

FRANCO, Gustavo H. B.; LAGO, Luiz Aranha Correa. *A economia da República Velha, 1889-1930*. Rio de Janeiro: Departamento de Economia PUC-Rio, versão preliminar, 2011.

FREITAS, Afonso A. de. *Tradições e reminiscências paulistanas*. Belo Horizonte: Itatiaia, 1985.

GATTAI, Zélia. *Anarquistas, graças a Deus*. Rio de Janeiro: Record, 1980.

GOLDMANN, Lucien. *Ciências humanas e filosofia*. São Paulo: Difel, 1972.

GRAHAM, Richard. *Escravidão, reforma e imperialismo*. São Paulo: Perspectiva, 1979.

HANLEY, Anne G.; MARCONDES, "Renato Leite. Bancos na transição republicana em São Paulo: o financiamento hipotecário (1888-1901)". *Estudos Econômicos*. São Paulo: USP, v. 40, n. 1, jan./mar. 2010.

HOLANDA, Sérgio Buarque. *Caminhos e fronteiras*. Rio de Janeiro: José Olympio, 1957.

_____. Prefácio. In: PETRONE, Maria Thereza S. *O Barão de Iguape*: um empresário da época da Independência. São Paulo: Editora Nacional, 1976.

HOLLOWAY, Thomas H. *Imigrantes para o café*: café e sociedade em São Paulo 1886-1934. Rio de Janeiro: Paz e Terra, 1984.

JARDIM, Eduardo. *Eu sou trezentos*: Mário de Andrade, vida e obra. Rio de Janeiro: Edições de Janeiro, 2015.

LEITE, Sylvia Helena Telarolli de Almeida. *Chapéus de palha, panamás, plumas, cartolas*: a caricatura na literatura paulista. São Paulo: Fundação Editora Unesp, 1996.

LEUENROTH, Edgard. Dados sobre o anarquismo no Brasil. Mimeo. In: LOPREATO, Christina Roquette. *O espírito da revolta*: a greve geral anarquista de 1917. São Paulo: Annablume, 2000.

LOBATO, J. B Monteiro. *Negrinha*. São Paulo: Brasiliense, 1950.

LONGHI, Carla Reis. *Mãos que fizeram São Paulo*: a história da cidade contada em recortes biográficos. São Paulo: Celebris, 2003.

LOPREATO, Christina Roquette. *O espírito da revolta:* a greve geral anarquista de 1917. São Paulo: Annablume, 2000.

LUKÁCS, György. *Historia y consciencia de clase.* México: Grijalbo, 1969.

LUNA, Francisco Vidal; KLEIN, Herbert S. *História econômica e social do estado de São Paulo (1850-1950).* São Paulo: Imprensa Oficial, 2019.

MACHADO, Antônio de Alcântara. *Brás, Bexiga, Barra Funda.* São Paulo: Nova Alexandria, 1996.

MACHADO DE ASSIS, J. M. *Crônicas.* Rio de Janeiro: W. M. Jackson Inc., 1957, v. 2 (1864-1867).

MARCONDES, Renato Leite. "O financiamento hipotecário da cafeicultura no Vale do Paraíba paulista (1865-87)". *Revista Brasileira de Economia.* Rio de Janeiro, Fundação Getúlio Vargas, v. 56, n. 1, mar. 2002.

MARCOVITCH, Jacques. *Pioneiros e empreendedores:* a saga do desenvolvimento no Brasil. São Paulo: Edusp/Saraiva, 2006, v. 1.

MARTINS, José de Souza. *Conde Matarazzo, o empresário e a empresa.* São Paulo: Hucitec, 1976.

MATOS, Maria Izilda Santos de. *Trama e poder:* a trajetória e polêmica em torno das indústrias de sacaria para o café (São Paulo, 1888-1934). 2. ed. Rio de Janeiro: 7Letras, 2002.

MELO, João Manuel Cardoso de. *O capitalismo tardio.* Campinas, 1975. Tese (Doutorado) – Instituto de Filosofia e Ciências Humanas, Universidade Estadual de Campinas. Mimeo.

MELLO, Zélia Maria Cardoso de. *Metamorfoses da riqueza, São Paulo 1845-1895.* 2. ed. São Paulo: Hucitec, 1990.

MELNIXENCO, Vanessa Cristina. A Estrada de Ferro de Cantagallo (1857-1873). *Anais Eletrônicos do 14º Seminário Nacional de História da Ciência e da Tecnologia* – 14º SNHCT. Belo Horizonte: Campus Pampulha da UFMG, 8 a 11 out. de 2014.

MESQUITA, Júlio. *A Guerra (1914-1918).* São Paulo: Terceiro Nome, 2002, v. 3.

MOMBEIG, P. *Pioneiros e fazendeiros de São Paulo.* São Paulo: Hucitec, 1984.

MUNAKATA, Kazumi. *O lugar do movimento operário. Anais do IV Encontro Regional de História de São Paulo*/ANPUH – Movimentos Sociais. Araraquara, 1980.

NOVAIS, Fernando; SILVA, Rogério Forastieri da. *Nova história em perspectiva.* São Paulo: Cosac Naify, 2011.

PENNA, Antonio Gomes. "Consciência real e consciência possível". *Revista Brasileira de Psicologia.* Rio de Janeiro, out./dez. 1985.

PERISSINOTTO, Renato M. *Classes dominantes e hegemonia na República Velha.* Campinas: Editora Unicamp, 1994.

_____. *Estado e capital cafeeiro em São Paulo (1889-1930).* São Paulo: Fapesp/Annablume, 2000.

PETRONE, Maria Thereza S. *O Barão de Iguape:* um empresário da época da Independência. São Paulo: Editora Nacional, 1976.

PICCHIA, Menotti del. *A longa viagem.* São Paulo: Livraria Editora Martins, 1970.

_____. *A longa viagem, 2. etapa,* São Paulo: Livraria Editora Martins, 1972.

PRADO JR., Caio. *Evolução política do Brasil.* São Paulo: Brasiliense, 1972.

_____. *História econômica do Brasil.* 12. ed. São Paulo: Brasiliense, 1970.

_____. Introdução. In: BARROS, Maria Paes de. *No tempo de dantes.* São Paulo: Paz e Terra, 1998.

RAGO, Margareth. *Do cabaré ao lar:* a utopia da Cidade disciplinar, Brasil 1890-1930. Rio de Janeiro: Paz e Terra, 1997.

RESENDE, Maria Efigênia Lage de Resende. O processo político na Primeira República e o liberalismo oligárquico. In: FERREIRA, Jorge; DELGADO, Lucília de Almeida Neves. *O Brasil Republicano.* 3. ed. Rio de Janeiro: Civilização Brasileira, 2008, v. 1.

SAES, Flávio Azevedo Marques de. *As ferrovias de São Paulo: 1870-1940.* São Paulo: Hucitec, 1981.

_____. *Crédito e bancos no desenvolvimento da economia paulista (1850-1930).* São Paulo: IPE/USP, 1986.

SAINT-HILAIRE, Auguste de. *Viagem à província de São Paulo*. São Paulo: Edusp, 1972.
SCHULZ, John. *A crise financeira da abolição*. 2. ed. São Paulo: Edusp, 2013.
SILVA, Sérgio. *Expansão cafeeira e origens da indústria no Brasil*. São Paulo: Alfa-Ômega, 1976.
SODRÉ, Nelson W. *A história da imprensa no Brasil*. Rio de Janeiro: Civilização Brasileira, 1966.
THOMPSON, Edward P. *A formação da classe operária inglesa*. Rio de Janeiro: Paz e Terra, 1987, v. 1.
TOLEDO, Roberto Pompeu. *A capital da solidão*: uma história de São Paulo das origens a 1900. Rio de Janeiro: Objetiva, 2003.
_____. *A capital da vertigem*: uma história de São Paulo de 1900 a 1954. Rio de Janeiro: Objetiva, 2015.
VAZ, Leo. *O professor Jeremias*. Rio de Janeiro: Bom Texto/Fundação Casa de Rui Barbosa, 2001.
VIANNA, Luiz Werneck. *Liberalismo e sindicato no Brasil*. Rio de Janeiro: Paz e Terra, 1976.
VICENTINI, Rita de Cássia Carvalho. *O percurso de um precursor*: as atividades de um empreendedor paulista na São Paulo imperial e republicana. São Paulo, 2007. Dissertação (Mestrado) – Faculdade de Filosofia, Letras e Ciências Humanas, Universidade de São Paulo.
VOVELLE, Michel. *Ideologias e mentalidades*. São Paulo: Brasiliense, 2004.
WALKER, José Roberto. Entre o litoral e o planalto, 150 anos de ferrovia no Brasil. In: WALKER, J. R.; GURGEL, A.; LACERDA, G. *Ferrovia*: um projeto para o Brasil. São Paulo: Contexto, 2005.
WALKER, José Roberto; BRAZ, Pedro José. *Sala São Paulo*: café, ferrovia e a metrópole. São Paulo: Arquivo do Estado, 2001.
WEINSTEIN, Barbara. Impressões da elite sobre os movimentos da classe operária. A cobertura da greve em *O Estado de S. Paulo*, 1902-1907. In: CAPELATO, M. H.; PRADO, M. L. *O bravo matutino*: imprensa e ideologia no jornal *O Estado de S. Paulo*. São Paulo: Alfa-Ômega, 1980.
ZALUAR, Augusto Emílio. *Peregrinação pela província de S. Paulo (1860-1861)*. São Paulo: Cultura, 1945.

O autor

José Roberto Walker é historiador, escritor e produtor cultural. É o autor de *Neve na manhã de São Paulo*, um romance de não ficção, baseado nos documentos deixados por Oswald de Andrade, que narram a história de seu caso de amor com uma jovem normalista, na *garçonnière* do escritor, na rua Líbero Badaró, em 1918. O livro, editado pela Companhia das Letras, foi escolhido como finalista do Prêmio São Paulo de Literatura e do Prêmio Rio de Literatura.

Também é coautor dos livros *Theatro São Pedro: resistência e preservação*, *Sala São Paulo: café, ferrovia e a metrópole*, *O presépio napolitano de São Paulo* e *Ferrovias, um projeto para o Brasil*.

Realizou, na área de vídeo e televisão, mais de cem documentários e gravações de espetáculos de música, ópera e dança, e como produtor cultural dirigiu e coordenou importantes projetos, entre eles diversas edições do Festival de Inverno de Campos do Jordão, e a exposição "Cotidiano vigiado – repressão, resistência e liberdade nos arquivos do Dops 1924-1983", que reinaugurou o prédio do antigo Departamento de Ordem Política e Social (Dops) de São Paulo. Criou o projeto de instalação do Museu do Imigrante, além de inúmeras exposições em espaços públicos em São Paulo.

Dirigiu a Cia. Brasileira de Ópera, que percorreu 26 cidades brasileiras com o espetáculo *O barbeiro de Sevilha*, e produziu as óperas *La Cenerentola*, com a Orquestra Sinfônica do Estado de São Paulo (Osesp), e *L'elisir d'amore*, no Theatro São Pedro.

Recebeu o 14º Prêmio Carlos Gomes em 2010 e o Prêmio da Associação Paulista de Críticos de Artes (APCA) 2010 pela produção da turnê nacional do espetáculo *O barbeiro de Sevilha*, o Prêmio APCA 2016 de melhor musical na categoria Música Erudita pelo programa "Prelúdio" e o Grande Prêmio da Crítica APCA 2017 na categoria Rádio, pelo Especial 40 Anos da Cultura FM.

Agradecimentos

Este livro nasceu de uma pesquisa anterior que buscava desvendar os segredos da *garçonnière* que Oswald de Andrade manteve na rua Líbero Badaró, entre 1917 e 1918, e que resultou no romance *Neve na manhã de São Paulo*, lançado em 2017. O grupo de jovens literatos que se reunia todas as tardes no "Covil do Oswaldo" participava ativamente da vida da cidade, e as suas trajetórias podiam ser seguidas facilmente através de notícias e notas que a imprensa publicava. A leitura atenta dos jornais daquele período provocou questionamentos sobre outros temas que agitavam São Paulo no final da Belle Époque. São eles que este livro procurou esclarecer.

Muitos contribuíram com orientação e sugestões para que o trabalho se completasse. Devo agradecer, em primeiro lugar, aos professores Antônio Pedro Tota e Maria Izilda Santos de Matos, da PUC de São Paulo, que acompanharam todo o processo de pesquisa. Também sou grato aos professores Alberto Luiz Schneider, Carla Reis Longhi, Denise Bernuzzi de Sant'Anna, Yvone Dias Avelino, Antonio Rago Filho e Sérgio Adorno, que, em diferentes momentos, foram generosos e contribuíram de diversas maneiras para que a pesquisa atingisse seus objetivos.

Entre todos, devo também agradecer especialmente a Fausto Couto Sobrinho, que, mesmo à distância, leu e corrigiu dezenas de vezes os originais.

Lucien Febvre, a quem a minha formação de historiador deve muito, afirmou diversas vezes que o anacronismo é o maior pecado do historiador, o erro mais grave que se pode cometer num estudo histórico. Embora seja impossível evitar de todo esse pecado, este livro tenta fazer um esforço para não permitir que as nossas ideias do século XXI contaminem a compreensão dos conflitos e dos embates dos paulistanos do início do século XX.

Como Febvre também disse, "compreender é complicar".

CADASTRE-SE
EM NOSSO SITE,
FIQUE POR DENTRO DAS NOVIDADES
E APROVEITE OS MELHORES DESCONTOS

LIVROS NAS ÁREAS DE:

História | Língua Portuguesa
Educação | Geografia | Comunicação
Relações Internacionais | Ciências Sociais
Formação de professor | Interesse geral

ou
editoracontexto.com.br/newscontexto

Siga a Contexto
nas Redes Sociais:
@editoracontexto

GRÁFICA PAYM
Tel. [11] 4392-3344
paym@graficapaym.com.br